保育も子育ても新しく！

# 21世紀の証拠に基づく「子ども育て」の本

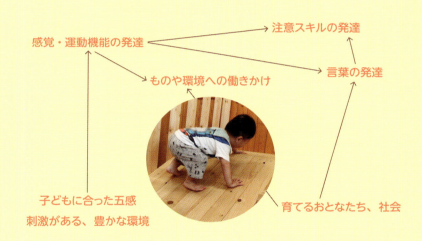

掛札逸美 ❋ 酒井初恵 ❋ 髙木早智子／著

株式会社 ぎょうせい

# はじめに

　子どもを育てるということは、おとなたちがその子どもの「今」の隣にいて、その子の足元を見つつ、ほんの少し先にも視線を投げつつ、遠い先も思い描きながら少しずつ、一歩一歩、決してせかさずに進んでいく歩みです。

　成長発達は、目標を決めて進めることができません。「逆算」はできないのです。たとえば、「3歳までに○○ができるように」「小学校入学までに○○ができるように」といったゴール設定はできず、将来の目標から「逆算」して成長発達を考える方法は、危険ですらあります。

　なぜでしょうか？　もっとも大切な原則は2つです。

● 成長発達の順序は決して変わらないが、成長発達の速さは個体差が大きく、かつ、成長発達のステップ（段階）を飛ばすことはできない。
● 成長発達の初期段階こそ、おとなの目には見えない部分であっても堅固に育てる必要がある。

　歩く前提になるのは、立ちあがる動きです。立ちあがるためには、横になった姿勢や座った姿勢から立ちあがるのに要するすべての部位の発達と協働が不可欠です。体の動きだけではありません。自分の気持ちを表現するためには、その気持ちを表す言葉を知っているだけでなく、その言葉を適時適切に表現するスキルを要します。「成長発達の順序は変えられず、ステップを飛ばすこともできない」とは、そういう意味です。何かができるためには、その前にあるすべてが十分にできなければなりません。

　そして、他のあらゆるものと同じく、基礎はきわめて重要です。成長発達の初期に起こる育ちほど、その後のさまざまなスキルの基盤になりますから、初期の成長発達こそ確実に、十分以上に支える必要があります。

　この2点を無視しても子育てや保育はできますし、子どもも育っているように見えるでしょう。たとえば、「早く立って、早く歩いてほしい」という目標を設定して、立つ練習、歩く練習をさせることは可能です。その子はおそらく、他の子よりも早く立って歩けるようになる（できているように見える）でしょう。でも、座位や臥位から立ちあがる時に使

う部位の発達は飛ばしているので、立ち方、歩き方にはどこかで問題が起きます（問題が起きたとしても、「赤ちゃんの時に自分たちがせかしたせいだ」とは考えず、別の何かの責任にするでしょう）。

　あるいは、「鉛筆や箸を早く、正しく持てるように」を目標にして、持ち方の練習もできるでしょう。けれども、そこまでに背筋や腹筋が育ち、肩の関節をスムーズに動かせて、手首も…となっていなければ、「教えられた通り、鉛筆や箸を正しく持っているように見える」としても体には無理が出ます。

　認知スキル、非認知スキルと呼ばれるスキルの場合は、もっとはっきりします。未就学児期、特にその前半の時期は、身のまわりにあるものや自分の体が感じていることをおととのやりとりのなかで理解し始め、ものや感覚を表す言葉をその時々におとなたちから学び、言葉にする練習を始める時期です。この時期、おとなたちが赤ちゃんと、子どもとたくさんたくさんかかわり、やりとりをすることで、こうしたスキルの基礎が形づくられます。一方、「計算をできるように」「ひらがなを読み書きできるように」「英語ができるように」とせかせば、基本のステップは飛ばされてしまい、認知・非認知スキルは育ちません。さらに、「歩く」「鉛筆や箸を持つ」とは異なり、「できているように見える」とはならず、将来にわたってできないままです。

　本書は、家庭、未就学児施設、子どもが過ごすすべての場所、ひいてはこの社会全体で、子ども一人ひとりの「少しずつ、着実にできるようになっていく」が尊重され、基礎が十分に育てられるよう願い、もっとも新しい科学的根拠と実践をまとめたものです。実践は保育施設の取り組みですが、子育てにも活かせる内容です。

　でも、なによりもまず、未就学期の子どもたちはおとなとずいぶん違う生き物であること、そして、生まれた瞬間からたった12か月の間にも赤ちゃんは想像できない勢いでまわりのおとなとやりとりをし、身のまわりにある世界のすべてを吸収していること、その姿のおもしろさを味わっていただければ、と願っています。この小さな生き物たちは、受け身で育っていく存在ではありません。放っておいて育つ存在でもありません。まわりのおとなと社会を育てながら、一緒に育っていく存在です。

# お読みいただく前に

## 1．本書は子どもの典型的な成長発達の流れに基づいています

　聴覚や視覚が典型的な発達状態※にない子ども、その保護者に関しても本書に書いた内容と同様の研究や成長発達に関する情報が多数あります。自閉症や発達の遅れ（の可能性）が認められる子どもについても同様です。ですが、本書では取りあげていません。典型的な流れのなかにコラムなどの形で置くと、あたかも典型的な発達を「基準」にして、子どもたちを「基準に合うよう」育てていくべきと読めてしまう危険があるからです。

　本書をお読みになって、あなたのお子さんは「し始める」「できていく」の典型的な流れと違うかもしれないと考えた時は、できる限り早く専門家にお尋ねください。発達支援はすべて早ければ早いほうが良く、有効性に科学的根拠のある支援（137ページの脚注）であれば、誰が受けてもプラスになります。

※日本語では「定型発達」とする場合もありますが、本書では、英語の論文で通常使われるtypical development を訳した「典型的な発達」を用いています。

## 2．言葉の使い分け：保護者、保育者、おとな

　発達の研究は、特定のおとなと乳幼児のかかわりを扱っていますので、未就学児施設を明らかに想定している場合以外は「保護者」を使っています。この「保護者」には「保育者」と読み替えられるものもあります。保護者、保育者などの立場とは無関係な箇所は「おとな」を使っています。

　また、研究の記述に「母親」が多出しますが、これは「子どものケアをする人＝母親」という偏見ゆえではなく、子どものケアはどの社会でも女性がいまだに主であるため、条件を揃えて研究の参加者を確保しようとすると母親にならざるをえない現実の反映です。

## 3．言葉の使い分け：能力、適性、スキルなど

● 適性（ability、アビリティ。狭い意味の「能力」）：その人がもともと持っているもの。
　例：運転適性検査では、身体的適性や気質（行動パターン）を調べる。
● 知識、技術：誕生から死ぬまで、学び、身につけるもの。
● スキル（skill、スキル）：適性、知識と技術、知識と技術を用いた経験を効果的に使う応用力。学習、トレーニングによって身につけるもの。
● コンピテンシー（competency）：上のすべてやその他を活かして、達成すべき作業や課題を成功裡、効率的に進める力。

- 認知スキル cognitive skills
- 能力でもあり、スキルでもある。たとえば、数学の能力が高く生まれても、知識、技術を身につけ、練習をしなければ数学のスキルは得られない。逆に、数学の能力が低ければ、どう勉強しても、到達できる数学のスキルには限界がある（でも、数学以外に能力の高い側面が必ずある）。
- 記憶、合理的思考、問題解決などのように乳幼児期から育てることが不可欠なスキルもここに含まれる。
- 非認知スキル non-cognitive skills。感情のスキル、社会性のスキル
- 認知スキルではないもの。
- 「スキル」、つまり、身につけていくもの（適性や能力は影響する）。
- その人の脳の特性や気質、性格に応じて身につけていく。たとえば、自閉症や統合失調症を持つならば、その状態に応じた、必要な非認知スキルを身につける。
- おとなになってから身につける部分もある。
- 乳幼児期に身につけることが不可欠な側面もある（興味を持つ、自由に考えるなど）。

## 4．証拠探しの方法

　文末に「論文」「メタ分析」とあるものは査読論文、すなわち他の研究者による検討（査読）の後に発表されたものです。「研究論文」は独自研究、「レビュー論文」は過去の研究結果を各種の方法でまとめ、検討したもの、「メタ分析」は複数の研究から数値を取り出し、一定の方法で計算し直し、一連の結果が証拠としてどれほど強固かを検討したものです。

　知見については、包括的で新しいレビュー論文やメタ分析を選んでいます。ただし、「自我の形成過程」や「赤ちゃん言葉」のように知見が確立している分野については、その時点のレビュー論文です。乳児の脳発達などの新しい分野は、まだ研究論文のみです。

　論文は発表年だけでなく、掲載誌の質、研究グループの研究歴なども勘案し、より適切なものを選んでいます。すべてインターネット上で入手可能です（数本を除き無料）。

　また、記事は著名メディア、大学等の発達専門研究センターなどのものです。

## 目次

はじめに
お読みいただく前に

# 見てわかる！　生後数年が体と脳を育てる鍵

### 体の成長発達

- 誕生から約2〜3か月の間／8
  - **コラム** 誕生すぐから「タミー・タイム」／8
- 生後約2〜6か月の間／10
  - **コラム** この時期にしてはいけないこと／11
- 誕生〜生後6か月頃（座り始める時期）のかかわり方や玩具／12
  - **コラム** 子どもの視界をさえぎらないで／12
- 生後7〜10か月頃／14
- 生後8〜12か月頃／16
  - **コラム** 「立ちあがる」「歩く」を急がせないで／16
- 生後12〜18か月頃／17
- 生後7か月頃〜歩き始めのかかわり方や玩具／18
  - **コラム** 環境／19
  - **コラム** ここまでの時期、子どもとかかわりながらおとなが観察する視点／21

### 手と指の発達

- 誕生後〜生後12か月頃／22
  - **コラム** 安全に育つことができる環境の基本／22

### 体から指先まで育てる

- 誕生後〜生後12か月頃／24
- 1歳〜3歳になるぐらいまで／26

### 体の発達と日々の活動

- 2歳後半以降／28
- 子どもが進めて、おとなが支える活動／30

### 口腔機能の発達

- 授乳期〜離乳食期／32
- 歯ぐき食べ期＋手づかみ期から手つまみ期へ／33
- スプーンやフォークを使って食べる時期／34
- 食器の工夫、実践の例／35

- あなたの笑顔と言葉が最高の成育環境／36
- 認知、非認知（社会）スキルを育てるやりとり／38
- 口腔機能の発達に関連して食べ物の話3題／40
  - **コラム** 排泄を「汚い」「恥ずかしい」と言わないで／46

- さまざまな活動が育つことに関連して遊びの話3題／47
- 成長発達には大量のエネルギーが要る：睡眠の重要性／51

## 家庭でも園でも活かせる保育施設の実践

（小倉北ふれあい保育所）
- ランドセルに入った給食袋：0歳から始まる縫いさし／56
- 体が育つと、「描く」も育つ：閉じた丸を描くまで／60
- 稲刈りから精米、そしてご飯へ。すべて人力！／64
- 2018年から続く、宇宙の探索と遊び／66
- 子どもたちが、私たちの保育を変えてくれた／70

（花園第二こども園）
- 「やりたい」「できる」を判断できる子どもを育てたい／76
- 4歳児うどんプロジェクト（2023年度）／78
- 「指示する」保育から「支持する」保育へ／80

## 証拠の縦糸：生まれた瞬間から始まる子ども育て

- 遺伝子は設計図だが、「運命」ではない：気質を例に／84
- おとなの目に見える「できる」ではなく、基礎が「できていく」／87
  - コラム おとなの体も「見えない部分」が重要／89
- 外界とのかかわりから生まれる「自我」：主体とは何か／90
- 「どう応え、どう話すか」は世界共通：赤ちゃん言葉の効用／93
- 発信しても応えがなかったら？：おとなの応答の大切さ／95
- 応答を理解し、言葉も手に入れる：赤ちゃんが泣く理由／97
- アタッチメントは備わっているもの？　学習するもの？／100
- 赤ちゃんは心を持った一人の人格：マインド・マインデッドネス／101
  - コラム 「安全基地でいてくれたかどうか」も鍵／104
- 成長発達の要素は、すべてがつながっている／105
- 自分と他人をつなぐ最初の鍵、学びの第一歩：見つめあいと共同注意／106
  - コラム 「目を見る」のは、胎児期から？／107
  - コラム スマートフォンが共同注意を阻んでいる／110
- 電気仕掛けの玩具や動画は脳を育てる？：やりとりと脳発達／111
- 「思いやり」や「良かれ」は他者理解の障壁：「心の理論」の発達／113
- 「イヤ！」「貸してあげない！」は自己主張の練習：自我の確立と言葉／119
- 「貸して」「いいよ」や「思いやり」は、世界に通用しない／121

- 「私を真似て！」と赤ちゃんは言っている：模倣の始まり／122
  - コラム 「いつも同じ」が持つ強い力／125
- お手伝いが模倣による学習、人とのつながり、人生の習慣を育てる／126
  - コラム 「一緒にする」が「助け」のきっかけ、学習に／130
- 「ごっこ」と「本物」、どっちがいい？／131
- 目に見えて「できる」まで、「できない」わけではない／133
- 「今はこれ。別のものは無視し続けよう！」：共同注意から選択的注意へ／134
- 環境の視覚刺激が注意スキルの育ちを妨げる：未就学児施設の壁面／138
- 「自分で選んで取り組む」対 ごほうび：動機のスキル／141
  - コラム 数十人の子どもが参加した実験で、意味がある？／144
- やりとりが赤ちゃんの脳を育てる：「3000万語」とソーシャル・アンサンブル／145
- とりあえずつなごう。作業はそれからだ：脳神経回路の驚異／149
- 「保護者の経済力がすべて」は嘘：米国の介入プログラムと学業到達度の関係／152
  - コラム 「統計学的な有意差」とは？／154
- 保護者、まわりのおとなも子どもと一緒に育つ：実行機能の発達／155

# 証拠の横糸：子どもを育てるおとなたちを支える

- 育てるから「親」に育つ：妊娠、出産と女性の脳、男性の脳／160
- 「虐待の連鎖」が見えなくしているもの／163
- 「産んだからかわいい」ではない：Nobody's Perfect（髙木）／166
- 「この子のため」が生む優しい虐待（髙木）／167
- 子どもの脳は嘘をつく。おとなの記憶もつくられる：記憶よりも記録／168
- 「記憶」は美化されるけれど、「記録」は美化されない（髙木）／170
- 写真や動画の記憶は残らない：記録よりも記憶／171
- 子どもの時間はゆっくり流れる：時間認知と感情認知／173
- 創造力の芽を育てる臨界期は乳幼児期／178
- ぼんやりな脳、退屈した脳が新しいものを生む：デジタル機器と脳／185
- 「父親の育児参加」？？ 「夫婦共育児」をお勧め（髙木）／193
- 「うちの子、こんな感じなんだね！」：一日保育士体験（髙木）／194
- 未就学児施設で長時間を過ごす影響は？：日本独自の研究が必要／195
- 「保育の質」から「子育て、保育に使える証拠」へ／202
- 未就学児施設で「してはいけないこと」は？／218

おわりに：著者3人から／225

# 見てわかる！　生後数年が
体と脳を育てる鍵

カラーページ（8～39ページ）は、コピーをして園や自治体から保護者の方にお渡しいただけます。著作権は放棄していませんので、商用利用は厳禁です。ページ下のクレジットが必ず表示されるようにコピーをしてください。

## 体の成長発達
# 誕生から約2〜3か月の間

生まれてからしばらくは、この姿勢です。何か月もの間、こうやって羊水の中にいた安心の形。

子どもにとってもっとも大切な成育環境は、保護者の笑顔と優しい声です。新生児の目はまだ焦点がうまく合いませんが、目の前のおとなの顔（特に目）をじっと見つめ、胎内にいた時から聞き慣れていた声に耳を傾け、すぐに表情と声で返事や真似をし始めます。赤ちゃん言葉で、たくさん話してあげてください。

この姿勢は、胎児期から見られる反射のひとつで、子どもの首を左右どちらかに向けると、向けた側の手が伸び、反対側の手が曲がります（非対称性緊張性頸反射、ATNR。「フェンシングのポーズ」とも）。体の動きや、目と手の協調した動きを左右それぞれに練習し始めています。この反射が、生後3〜9か月で消えていくことが大切です（21ページ）。

### 誕生すぐから「タミー・タイム」

へその緒が取れたら、腹ばいで過ごす時間（タミー・タイム）を1回あたり数秒〜数分、1日に数回つくりましょう。徐々に時間を延ばし、生後2か月で1日計20分程度にします。無理をさせてはいけませんが、おとなが笑顔でかかわることで、子どもも腹ばいに慣れていきます。

腹ばいは筋骨格系の成長、運動機能の発達を促します。腹ばいで過ごす時間が長いほど、その後の発達全体が良いという結果が、複数の研究結果をまとめた分析から明らかになっています（88ページ）。（タミー tummy＝おなか）

畳や、沈み込まないマットの上で。最初はこんな姿勢です。

抱っことタミー・タイムを組み合わせて。

生後2〜3か月頃、両目の焦点が合い始め、自分の手を「発見」して、口に入れたりもし始めます。

動くものを目で追う「追視」も活発になっていきます。

横向きになると、肋骨全体、体の側面の筋肉、神経に刺激を与えるだけでなく、子どもも両手を使うことができます。保護者が子どもと向きあって横たわると、子どもは保護者の顔を見て、やりとりをしながら体を動かすことができます。

- 玩具は、子どもが認識しやすく、注視（＝じっと見る）しやすい、はっきりとした色（赤や青、黄色）のものを。動きを追いやすいよう、目の前でゆっくり動かします。おとなが持つものなら、木製などの硬いものでもかまいませんが、子どもには持ちやすく、握ったり口に入れたりでき、柔らかく、軽いものを渡してください。自分の顔の上に落とすことがあるからです。
- 斜め上や横など、視野に入る位置にモビールなどを吊るすのであれば、単純な形でゆっくり動くものにしましょう。ただし、ヒモが首にからんだり、ぶら下がっているものを取って口に入れたりしないよう、手が届かない位置に。

- 寝かしつけは常にあおむけ。未就学児施設では睡眠チェックも必須です。
- 窒息リスクがありますので、横向きや腹ばいの時は必ずおとながついてください。
- この時期の子どもは、頭の向きや姿勢を自分で変えることができません。成長発達に影響しないよう、姿勢や頭の向きを時々、変えてあげましょう。ぐずったら抱きあげたり、姿勢を変えたりも。「抱きぐせがつく」？　いいえ、抱っこは安心感の基礎です。

掛札逸美、酒井初恵、髙木早智子（著）『保育も子育ても新しく！　21世紀の証拠に基づく「子ども育て」の本』ぎょうせい、2025年

## 体の成長発達
# 生後約2～6か月の間

- 体の動きが徐々に左右対称になっていきます。手足をバタバタさせる時も左右対称。
- 大きな関節（股関節、肩関節）を思い切り動かし始めます。股関節から脚を外へ倒したり（広げたり）、脚を回したりもします。
- お尻を持ちあげているように見えるくらい、脚を大きく上げます。足で空気を蹴ろうとする動きは、腰をひねる動き、寝返りへとつながっていきます。
- 体の縦の中心線（正中線）で手を合わせたり、足を触れあわせたりし始めます。両手が顔の前で触れあうため、視界に入りやすくなり、手をじっと見る（注視）時間も長くなります。その後、足の指が目に入って手が届くようになると、足の指を持って遊んだり、口に入れたりします。
- 首がすわると、頭を左右に向け、横にあるものも見るようになります。

足でも玩具でも、口に入れて確かめる時期です。「汚い！」と、むやみにやめさせないでください。

曲がってたたみこまれていた腕がだんだんまっすぐになっていきます。

- 4～6か月児のタミー・タイムは、1日計1～2時間ぐらい。腹ばいで頭を高く挙げるようになり、そのままの姿勢でいる時間も長くなっていきます。
- 背中や首、胸の筋肉を育てるだけでなく、体幹をねじる、手を前や横に出すといった、ハイハイなどにつながる動きをバラバラに練習する時期で、すべての動きが成長発達の基礎になります。あおむけだけでは育たない部分です。

## この時期にしてはいけないこと

- 体が自由に動けない状態にすること。同じ姿勢、同じ向きを長く続けさせること。例：ベビーラックに寝かせ続ける。
- 「動けなくて安全だから」と、体を固定するイスやクッションに座らせること。発達に必要な体の動きをする時間が減るだけでなく、座るまでには育っていない体にとって負担です。子どものそばから数分間離れる時は、ベビーベッドやサークルを使いましょう。ベビーラックを使うのであれば、固定用のベルトなどが緩んで首にかからないように。
- 厚着も危険です。服は薄着で熱がこもらないようにし、手足を自由に動かせるものを着せましょう。自分の足に触れられるよう、裸足がお勧め。
- 両脇を持って「たかい、たかい」をする、抱っこして強く揺らす、首と頭を支えずに他のおとなに手渡すなどは、首がすわらない時期、きわめて危険です。
- 首がすわるまでは、縦抱きをしないでください[※]。顎を挙げる力が弱いため、呼吸が十分にできないリスクがあります。また、重力に抗して体を縦に支える骨や筋肉は育ち始めたばかりですから、無理な負担がかかります。

※授乳後、すぐにあおむけに寝かせると吐き戻す危険があるため、おとなの肩に抱き寄せてゲップ（排気）をさせます。授乳後、食道や胃に違和感があるために、寝かせるとぐずる子どももいます。この時は、しばらく縦抱きしてみてください。

- あおむけでも腹ばいでも、体の横に玩具を置くと、手を横に伸ばす動き、体の向きを変える動きも生まれてきます。子どもが前を向くことに慣れてきたら、斜め前や横からも話しかけます。左右を見ることに慣れてきたら、斜め後ろあたりから声をかけると、体幹をねじる動きに誘うことができます。
- 腹ばいの時、振ると小さな音や心地よい音がする玩具を子どもの目の前に置いて鳴らしてみましょう。子どもが興味を持ったら、少し離した場所に置いたり、頭の上で鳴らしたりすると、上体をそらし、頭と視線を上に向けようとします。

掛札逸美、酒井初恵、髙木早智子（著）『保育も子育ても新しく！　21世紀の証拠に基づく「子ども育て」の本』ぎょうせい、2025年

# 誕生～生後6か月頃（座り始める時期）の かかわり方や玩具

- 玩具を渡す時は、子どもが目で見て確かめ、自分で手を伸ばして握る動作ができるよう、目を見て話しながらゆっくり渡します。「なんだろう？」「触ってみたい」と、子どもが手を伸ばして取ろうとすることが大切です。
- おとなが玩具を持って目の前で動かす時は、子どもが目で追えるよう、ゆっくり。
- 布を使って遊ぶ際、顔にかかったままになると危険ですので、おとなが一緒にいる時だけ使いましょう。

- 左右対称の動きが出始めたら、両手両足ではさめるものも良い玩具になります。たとえば、空気を少し抜いたビーチボールを吊るしてみましょう。
- 肩関節や股関節をいっぱい動かす時期です。両手を肩から大きく動かして水をパシャパシャとたたいたり、紙をくしゃくしゃにしたりもします。

## 子どもの視界をさえぎらないで

- 空間を少し仕切ることには、子どもが集中できる、壁面を活かせるといった利点があります。でも「仕切る」と「囲む」は違います。
- 子どもの視線の高さになって、何が見えるか、何が見えないかを確認してください。四方を柵や壁で囲むと、見える範囲がきわめて限られ、子どもは常に、同じ距離の壁や模様を見ていることになります。
- 柵や壁に模様の紙や布、キャラクターの絵などを貼ると、子どもの注意をそらしてしまいます。
- 近く、遠く、動いている人など、いろいろなものが見える環境を。

ハイハイをするには、体幹をねじりながら手足を交互に動かす必要があります。この時期、子どもたちは必要な動きをバラバラに練習します。

たとえば、「スカイダイバーのポーズ」とも呼ばれる姿勢は、四肢の動きがまだバラバラな状態の子どもの「見たい！」「動きたい！」「取りたい！」という主張でもあります。何をしたいのか、どんな気持ちなのか、ゆっくり優しく、いっぱい、子どもとやりとりしましょう。

もうひとつ、おなかを中心にして回る動き（ピボット・ターン）が見られることもあります。上体を起こしてねじり、右手を少し左前に出し、そこで支えながら左手を出すのですが、左手は体の左側につくため、体は前に進まず、左に回ります（足はまだ動いていません！）。これをくりかえすと…、左回りにクルクル回ることになる

のです。あなたもぜひ試してみてください。ハイハイ＝匍匐前進は難しいのです！
　右だけ、左だけに向くといった「向き癖」が見られる場合は、あまり向かない方向から誘ってみましょう。

● 子どもが興味を持っている玩具を、動いて自分で取れる位置（前、横、斜め後ろなど）に置くことで、さまざまな動きを引き出せます。

「これを取ってみて！」「がんばって！」といったあいまいな言葉よりも、玩具をよく見せ、反応を見ながら「あれ？　鈴の音がしてるね。あ、見えた！　おててが届くかな？　がんばってみて。よいしょ、よいしょ」など、おとながしていること、子どもがしていることを具体的な言葉にしましょう。

掛札逸美、酒井初恵、髙木早智子（著）『保育も子育ても新しく！　21世紀の証拠に基づく「子ども育て」の本』ぎょうせい、2025年

## 体の成長発達
## 生後7〜10か月頃

- 腹ばいから、まず両手を前に出して床につき、一人で数秒間、座る姿勢をし始めます。座っていられる時間は少しずつ長くなっていきますが、常に安定しているわけではなく、急に左右どちらかへ倒れることもあります。
- この時期、自分ではまだ体の向きを変えられず、動くこともできません。座ったままにはさせず、機嫌が悪くなったら抱っこをして話しかけ、あおむけ、腹ばいなどに変えて、体を動かせるようにしましょう。倒れるひとつの理由は「これ（座っていること）、もういやだ！」という主張かもしれません。

倒れそうな方向にクッションを置く時は、体から少し離して。体につけて置くと、クッションで体を支えてしまいます。
イスなどに座らせるのも、体への負担になります。

- 腹ばいの姿勢から、ハイハイが始まります。そして、ずりばいから、高ばいへ。
- 典型的なハイハイをせずに育つ子どももいますから、ハイハイをしないからといって心配したり、無理にハイハイをさせたりする必要はありません。でも、腹ばいで体を動かすことは発達に必須。どんどんしましょう。

ずりばいの様子。おなかをつけて手も床につき、首や胸を持ちあげます。タミー・タイムの腹ばいからつながる姿勢です。この姿勢で、主に手を使って前に進みますが、つま先にも力を入れています。

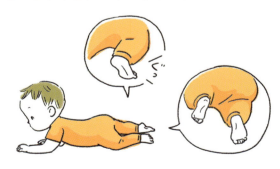

- 座った姿勢で最初は下を向いていますが、だんだん前向きになっていきます。視界が広くなり、周囲をよく見ます。
- 不安定ではあるものの、座って両手を自由に使えるようになります。
- 手掌把握反射（ものが手のひらに触れると握る反射）は3～6か月頃に消え、ものを渡されると目で見て握る行動がはっきりしてきます。
- 手の届く範囲にあるものを取り、口に入れて確かめたり、両手に持って打ち鳴らしたりもします。片方の手からもう片方の手に持ち変えることもあります。
- この時期、「ものを投げて困る」と言いますが、わざわざ投げているわけではなく、肩を大きく動かす練習をしているのです。投げても安全な玩具を使いましょう。

・玩具は、口に入れてよいもの、なめて安全なものを。いろいろな感触、素材のものを用意しましょう。
・危険なものやおとなの持ち物を子どもが持っている時は、別のものを「どうぞ」と見せると、今、持っているものから手を離すことがあります。「あぶないから（私のものだから）くださいな」と理由を言うのも大切です。
・危ないものを口に入れていたら、そっと声をかけて、別のものと替えてください。大きな声を出したりすると驚き、かえって危険です。

子どもと一緒に、同じ姿勢で動いてみてください。筋力や柔軟性が必要なことがわかります。おとなも同じ姿勢で動けば、子どもも大喜び！　子どもは真似をしあうことが大好きです。

生後すぐから続けてきた、腹ばいや横向きの動きが筋骨格系を育て、頭部を支え、座っている力につながります。高ばいでは、手のひらと足の裏を床につけ、手足で体を持ちあげ、つま先で蹴って前に進みます。脚を突っ張り、つま先に力を入れてふんばりながら蹴ります。

　子どもの目の高さよりも上に、玩具をぶら下げておくと、子どもは手を突っ張って頭を挙げ、体をそらす動きをたくさんします。

　玩具を上に置いておくと、手を伸ばして顔の上に落とす危険がありますから、ぶら下げるもののほうが安全です。下げるヒモは極力短くして、強く結びます。

掛札逸美、酒井初恵、髙木早智子（著）『保育も子育ても新しく！　21世紀の証拠に基づく「子ども育て」の本』ぎょうせい、2025年

## 体の成長発達
## 生後8～12か月頃

- 高ばいだけでなく、手と膝をついた四つばいをすることもあります。
- 高ばいの姿勢からお尻を落としたり膝をついたりすることで、自分で座ることもできるようになります。
- 座位で向きも変えられるようになってきます。腹筋、背筋を使って、まっすぐ座れるのは8か月頃からです。
- つかまり立ちは最初、数秒です。自分で座位やハイハイに戻ることはできないので、イヤになったらすぐに尻もちをつきます。不機嫌になったらすぐに姿勢を変えましょう。支えるなどして立位を続けさせないでください。
- 立ちあがった状態が安定してくると、重心を移しながら横に動き始めます。つかまり立ちをして床のものを拾おうとしたり、片膝をついたりも。

同じ姿勢を続けるのではなく、姿勢を変えるさまざまな動きを続けることが大切です。

### 「立ちあがる」「歩く」を急がせないで

「立ちあがった！」「歩いた！」は、文字通り、成長発達の大切な一歩ですが、急がせる必要はありません。最初の一歩を歩く時期は、遺伝でほぼ決まっていることが双生児の研究からもわかっています。なにより、成長の結果を急がせると、そこまでに必要な発達、今後に必要な発達が足りなくなるリスクがあります。

- ✗ 自分で立ちあがろうとしていないのに、ものをつかませて、立たせようとする。
- ✗ 子どもの手首を握って、立った状態にする。体を支えて、立った状態にする。
- ✗ 腕を引きあげて、歩かせようとする。
- ✗ 歩行器などを使う。

人間はこのような歩き方をしません。

- この時期、他の指とは別に親指を動かせるようになります。何かにつかまって立つために必要な育ちです。
- 肩と肘の動きがいっそう自由になり、たとえば、手のひらを外へ向けて「バイバイ」をするようになります。
- 立った状態から座るのはまだ不得意です。好きな玩具を床に置くなどして、膝を曲げる動きを誘いましょう（後ろに倒れることも想定しながら）。

左手でしっかり、木枠をつかんでいます。

倒れそうになると手を前や横に出す反応（パラシュート反応）は、立ちあがる前から見られ、一生残ります。かといって、転ぶ時にいつも手をつけるわけではありません。子どもには、立って歩く練習も転ぶ練習もたくさん必要です。

## 体の成長発達
## 生後12〜18か月頃

つかまり立ちから左手を離して一歩を踏みだそうとしているところ。視線は前を向き、足は踏みしめています。

- 歩き始めの形は全員、異なります。立位から一歩を踏みだす子どももいれば、体をひねって方向を変えながら、あるいは、立ちあがりながら歩きだす子どもも。
- 足を高く上げて3歩ぐらい歩くことをくりかえします。バランスをとるために両手を広げて挙げ（ハイガード）、足の裏全体を床につけて「ガニ股」で歩きます。バランスを取れるようになり、歩く距離が長くなると手は下がり（ミドルガード、ローガード）、自由に使えるようになります。
- 手押し車や押し箱などを押しながら前に進むことが好きな子どももいます。遊びながら重心移動を体験していきます。
- 歩き始めても、ハイハイやあおむけでする活動はどんどんしましょう！

掛札逸美、酒井初恵、髙木早智子（著）『保育も子育ても新しく！ 21世紀の証拠に基づく「子ども育て」の本』ぎょうせい、2025年

# 生後7か月頃〜歩き始めの
# かかわり方や玩具

- 転がるものや触ると動く玩具（ボールや車など）を見せて話しかけ、子どもが自分から動きたいと思う環境をつくりましょう。
- 座位が安定したら、見えるところに玩具を置くと、手を伸ばしたり、体重移動をしたりが活発になります。この体重（重心）移動は、自分で座位から腹ばいに移るためにも大切です。
- 玩具を見せる時や近くに置く時には話しかけ、まず興味があるかを観察しましょう。
- おとなもあおむけや腹ばいになって、子どもの目の高さで一緒に遊びましょう。

玩具と子どもを見ながら、お話ししながら。

子どもと同じ視点で見る世界は、おとなにとって新鮮です。

もののやりとりは、腕や指もたくさん動かします。

子どもを見ながら、子どもの視線も追いながら。

- ハイハイをし始める頃、前ではなく後ろに進むこともあります。前や斜め前に好きな玩具などを置いて話しかけると、前に進むようになります。おとながハイハイをして、模倣を促す方法も。
- バスタオルを丸めたものや硬めのクッションを置いて、それを乗り越える遊びをすると、つま先で床をつかんで蹴る練習にもなります。

## 環境

　子どもが過ごす環境、子どもが使う玩具には、光が点滅するもの、電子音や大きな音の出るもの、動きが速いものは不必要であり、不適切ですらあります。

　子どもは鮮やかな色や光に注意を向けます。大きな音にも注意をひかれます。ですが、これはただ注意を奪われているだけで、育ち始めた脳に処理できる刺激ではありません。さらに、子どもは100％受け身で、自ら働きかけたり、おとなのかかわりが生まれたりする刺激ではないため、脳の栄養にはならない「空っぽの刺激」なのです（光の点滅には、睡眠を妨げるリスクもあります）。

　脳の発達にとって必要なのは、子どもが「触ってみたい」「持ってみたい」「〜してみたい」（＝ものに対するさまざまな操作）と自分から近づき、手を伸ばし、触り、操作できる玩具であり、素材であり、道具です。それを介しておとなとかかわり、一緒に何かをできる玩具、素材、道具です。

　「では、どんな玩具（素材、道具）が適切なのだろう？」…、後述の通り、子どもの脳は「これ、もうつまらない」「これ、おもしろいな」を判断できますから、子どもに決めてもらいましょう！そして、未就学児施設はそういったものを多様に用意できる場です。

　子ども自身が足の裏の感覚や自分の体勢を意識しながら動けるよう、さまざまな感触の床面や、異なる勾配の環境をつくりましょう。たとえば、クッションや布団で柔らかい山のようなものをつくると、子どもは安全に立ったり座ったり腹ばいになったりをくりかえすことができます。

- 手が届くところにつかまる場所をつくりましょう。つかみそこねて顔や体を打っても大きなけがにならないような工夫も。
- 立ちあがり、歩き始めたら、つまずく、すべる、倒れる、転ぶことを想定し、床に玩具やものが散らからないようにしましょう。
- なんでも口に入れる時期であり、おとなよりも床がよく見える時期です。口に入れてほしくないものやゴミを床に置かないようにしましょう。

掛札逸美、酒井初恵、髙木早智子（著）『保育も子育ても新しく！ 21世紀の証拠に基づく「子ども育て」の本』ぎょうせい、2025年

ハイハイから歩くまで、全身の動きのレパートリーはどんどん増えていきます。でも、立ちあがれたらハイハイは要らないというわけではありません。「座る」「立つ」「寝転ぶ」「ハイハイする」「登り降りする」などを組み合わせて、体を動かすようにしましょう。

足を上げて、大きな箱を出入り。

押し箱を押し、重心移動を体験しています。

テーブルなどを使い、立った状態でもいろいろな作業や遊びができる環境をつくりましょう。「作業＝床やイスに座る」ではありません。
また、腕を挙げて背伸びをする高さの壁面に、子どもが操作したい玩具をつけると、「腕を挙げる」「背伸びをする」といった動きも加わります。

座らずにしゃがむ姿勢も。

　子どもが自力では登れない場所（高さ）に「乗せてあげる」のはやめてください。自分で降りられず危険なだけでなく、登れない場所に登りたがるようになってしまいます。子どもは「今、自分にできること」をくりかえし、まわりの子どもやおとなの動きを見ながら次の段階を試し、進んでいきます。「できない＝かわいそう」ではありません。

子どもが歩き始め、おとなと手をつなぐ時は、おとなの指2本を子どもが握るよう伝え、（万が一の時のため）握っている子どもの指を他の指でそっと包みます。子どもが自分で手を離せるので、肘内障の予防にもなります。安全と同時に、子どもの意志を尊重した手のつなぎ方です。

## ここまでの時期、子どもとかかわりながらおとなが観察する視点

　成長発達の個人差は大きいので、「〇か月だから〜ができなければ」と考える必要はありません。順番に、着実に変わっていく様子を観察してください。

- 動いているものを目で追う行動（追視）をしますか。
- 新生児聴覚スクリーニングや1か月健診の聴覚検査を受けていなければ、子どもの斜め後ろなどから小さな音（鈴など）を鳴らしてみて、振り向くかどうかを見ましょう。生活音（着信音やイヌの鳴き声など）に反応するかも観察を。
- 子どもの目を見て笑顔で話しかけ、あなたの顔を見て笑うか、あなたの声を聞いているか、声を出して応答するかなどを見ましょう。
- ATNR（非対称性緊張性頸反射）とその後のSTNR※、あるいは手掌把握反射が消えずに強く残ると、体全体の動き、手と目の協調、ひいては読み書きなどの課題にもつながります。こうした反射が消えていく様子を観察しましょう。
- ハイハイで、左右交互、左右対称に手足を動かしていますか。肘や肩の動きはスムーズになってきていますか。
- 座っている時、片方にばかり倒れやすいということはありませんか。
- 足の指で床をつかんでいますか。足の指先に力が入り過ぎていて、ハイハイしづらそうにしていませんか。立っている時に、いつも足の指が床から浮いていたりはしませんか。

※生後6〜9か月に現れる「対称性緊張性頸反射（STNR）」は、腹ばいの状態で頭を挙げると腕が伸び、脚が曲がり、逆に首を曲げて頭を下げると、腕が曲がって脚が伸びる反射です。上半身と下半身を別々に動かす基礎となり、ハイハイにもつながります。12か月頃に消えます。

掛札逸美、酒井初惠、髙木早智子（著）『保育も子育ても新しく！　21世紀の証拠に基づく「子ども育て」の本』ぎょうせい、2025年

## 手と指の発達
## 誕生後〜生後12か月頃

　手指の動き、いわゆる「微細運動」も、前ページまでの全身の動き（粗大運動）同様、いつの間にかできるものではなく、育てていくものです。一方、個人差も大きく、「早く箸を持てるように！」と目標を決めるものでもありません。子どもが今、していることを確実に育てつつ、「次」を少しずつ積み上げていきましょう。

・誕生後は手掌把握反射があるため、手のひらに触れたものを強く握ります。生後3〜6か月、この反射は徐々に消え、意図的にものをつかむようになっていきます。

・0歳後半になってもこの反射が消えない場合、手と目の協調などの面で後に課題となることがあります。

4〜5か月ぐらい

 →  →

小指から握り、手のひら全体でつかみます。持たせるとしばらく握っています。

5本の指全部を使ってつかみます。握った玩具を振り始めます。

### 安全に育つことができる環境の基本

・誤嚥窒息や、危険物の誤飲、やけどは、子どもの命を奪う危険があります。

・この時期はなんでも口に入れます。玩具や素材は、口に入れて安全なもの、口に入れた後に洗えるものや水拭きできるものを使いましょう（未就学児施設の場合は、感染性胃腸炎などの予防のため、洗えるものや次亜塩素酸ナトリウム薄め液で拭けるもの）。

・誤嚥窒息のリスクが高いのは、ツルツル（材質）＋コロン（形状）です。形状は「切り口が円」でリスクが高く、球状（コロン）がもっとも危険です。

・つかまり立ちができるようになると、テーブルや棚の上にあるものにも手が届くようになります。

・家庭で他におとながおらず、数分間、目を離さなければならない時は、一時的にベビーベッドやベビーサークルを使ってください。ロックも忘れずに。

［出典］独立行政法人産業技術総合研究所デジタルヒューマン工学研究センター他『子どものからだ図鑑 キッズデザイン実践のためのデータブック』、2013年
＊詳しくは、所、掛札他『保育者のための「ハザード教室」：子どもの「危ない！」の見つけ方・伝え方』、2023年を参照。

- 目の焦点が合う生後3か月頃になると、興味を持ったものに手を伸ばすようになり、持たせると握ります。でも、意図的に離すことはまだできません。そのため、腕を肩から大きく動かしている時に、持ったものが急に手から離れることがあります（＝投げているように見える）。硬いもの、とがったブロックなどは避けたほうが安全です。
- 別のものを見せると、持っているものから反射的に手を離すことも。おとなの持ち物などを持っている時は叱らず、「○○をどうぞ」と別の玩具を見せて交換。

6～8か月ぐらい

親指を独立して動かして握ることができるようになり、筒状のものも持てます。

小さなものをつかもうとする時に、4本の指でかき集めるようにします。

親指を人差し指に向けて動かせるようになります。3本の指の腹でつまむ動きも始まります。

指をそれぞれ独立して動かすことができるようになり、つまみ方も、指の腹から指先に移っていきます。

3本、または2本の指の指先でつまむことができるようになります。

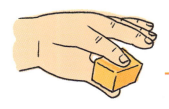

指の関節を動かせるようになり、ボウロのような食べ物をつまんで口まで運ぶこともできるようになります。

10～12か月ぐらい

- 生後半年ぐらいから、左右の手で持ちかえる、両手に持ったものを打ちあわせるといった行動が出てきます。左右の手の連携です。
- ハイハイの時には、手の指も使って前に進みます。つかまり立ちをする時は、指でつかまって立ちあがり、つたい歩きを始めると腕と指を協調して動かし、さらに足とも動きを合わせて体を動かします。

掛札逸美、酒井初恵、髙木早智子（著）『保育も子育ても新しく！ 21世紀の証拠に基づく「子ども育て」の本』ぎょうせい、2025年

## 体から指先まで育てる
## 誕生後〜生後12か月頃

この3点は6歳まで共通します。

- 色、形、大きさ、重さ、触感などが多様な玩具、素材、道具を用意します。つるつる、ざらざら、柔らかい、硬い、薄い、厚い、片手で握れる細いもの、両手で抱えるもの、ひんやりするものなど。同じ形でも、大きさが違うと操作する難易度が変わり、子どもが自分で試して進めていくことができます。
- クレヨン、絵の具、素材や道具は自由に使えるようにしましょう（発達に応じて、危険なものはおとなが管理します）。
- 子どもが「今はこれ！」と思ったものに自分から近づき、使うことができるよう、玩具、素材、道具はしまい込まず、目と手が届く場所、いつも同じ場所に置いてください。そして、子どもの視界をさえぎらないように。

### 0歳児の環境、玩具

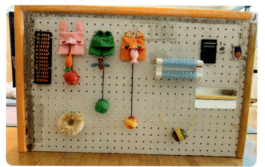

ブザーや電卓は「押す」ため、ピンクや緑の布は、スナップを引っ張るため。

回したり押したり、はずしたりはめたり。自分が今、気に入っているものの操作をずっとくりかえします。

「これ！」という気持ちが精一杯の背伸びに。

手を伸ばして、立ったままで。

いわゆる「ぽっとん落とし」ですが、左から右に、より難しくなります。子どもは自分で難易度を選びます。

子どもが「これ！」と選んで使えるよう、すべての道具、玩具を棚に出してあります。

もっとも簡単な、大きい穴。

穴が小さいと、入るものも変わります。

向きも合わせて…（腰を浮かせた姿勢です！）

チェーンリングを細い容器に。

もっと細い筒にも。

なんでも入れてみたい！ 気づくと、大切なものがゴミ箱に入っていることも…。

はめるだけのフタを開ける操作も、フタをつかんでひねりながら引っ張るという体の動きが必要です。子どもは飽きることがありません。

カラーの板を回して、はまる位置を探します。

掛札逸美、酒井初恵、髙木早智子（著）『保育も子育ても新しく！ 21世紀の証拠に基づく「子ども育て」の本』ぎょうせい、2025年

見てわかる！ 生後数年が体と脳を育てる鍵

25

## 体から指先まで育てる
## 1歳〜3歳になるぐらいまで

- まず、あなたがスプーンでスープをすくい、口に入れてみてください。動きを意識して、体をどう使っているのか、分解してみましょう。体幹から肩、指までを使った複雑な動きです。カップや口が空間のどの位置にあるかも理解して、動きを調整する必要があります。1歳以降、こうした一連の動きがスムーズにできるようになっていきます。
- この時期、「自分でしたい！」という心の発達も育ちを後押ししますが、「やりたいのにできない」「やりたいけど、（おとなに）やってほしい」といった相反した感情でいらだつことが多い時期でもあります。
- 一人で環境やものとかかわり、満足するまで遊ぶことが大切な時期です。「他人」という存在はわかり始めたばかり。「お友だちと仲良く」より、「自分の！」。譲ること、一緒に使うことを促しすぎないでください。

**「一人で遊ぶ」を支える**

大きさなどが異なるものをたくさん用意してありますから、取り合いは起こりません。

一緒に遊んでいるように見えますが、それぞれに遊んでいます。

- 子どもが「次はこれ！」と進めるよう、同じものでも難易度の違うものを用意します。例：ヒモ通しの穴の大きさ、パズルのピース数、各種の描画用具。
- 決まった遊びしかできないものではなく、形や用途をさまざまに変えられる素材を用意します。例：各種のコップや皿、いろいろな形や大きさの洗濯バサミ、フェルトを貼ったかまぼこ板、素材や形、大きさの異なる布、粘土、水、砂、泥。
- すくう（レンゲ、おたま、スプーン）、はさむ（トング）道具も必須です。
- 「自分の！」「いっぱい！」と抱え込み、満足することが大事な時期です。高価な玩具ひとつより、安全で扱いやすい道具や素材をたくさん用意しましょう。

人形のお世話のしかたを教わっています。

保育者の様子を見て、真似をしています。たたんだり（0歳児）、拭いたり（1歳児）。たたむ時は、保育者が「はんぶん」「はんぶん」と言いながら。

- 子どもは模倣が大好きです。0歳児の時からおとなが子どもの前でやって見せながら、具体的な言葉にしていると、子どもは自分だけでも「最初は〜して。次は〜して」「こうして、こうして」と言いながらできるようになっていきます。

洗濯バサミでとめる、つるすをくりかえしています。

細い穴にものを入れたり通したりするのが好きな時期です。
全体のバランスを考えながら、積み木を積むこともできるようになっていきます。

- 0歳よりもずっとはっきり、体の動きや言葉で「したいこと」「イヤなこと」を表現します。「自分でやりたい！」「できる！」という感情を育てるため、先回りせず、子どもに任せ、考えさせましょう。

「子どもに任せる」は、「放っておく」ではありません。おとながかかわらなければ、体の発達も脳の発達も起こりません。

掛札逸美、酒井初恵、髙木早智子（著）『保育も子育ても新しく！ 21世紀の証拠に基づく「子ども育て」の本』ぎょうせい、2025年

見てわかる！ 生後数年が体と脳を育てる鍵

## 体の発達と日々の活動
## 2歳後半以降

- ものにかかわること中心の活動から、「自分がしたいこと」「作りたいもの」という目標に向けて考え、探し、試す行動が増えていきます。子どもがしていること、言っていることにおとなは関心を持ち、子どもに尋ね、一緒に考えます。
- 誕生後から共通する点ですが、結果から見た「器用」「不器用」「成功」「失敗」といった評価は絶対にせず、目標に向けて何度でもくりかえす子どもたちを支えていきましょう。

したいことを自分で選べるように。

ごっこ遊びには手指の動きと、ものの扱い方の理解が必要。慣れた手つきで、看病しています。

したいことはそれぞれ。保育室の中で複数の遊びが進行中です。必要なのは、十分な数の玩具と、たっぷり遊べる時間と場所。

　子どもは何度でも同じことをくりかえし、できるようになっていきます。おとなからは「失敗」「いたずら」に見えることがすべて、実験であり経験です。「失敗しちゃったね」（失敗や恥を教える）、「ダメ！　いたずらしないで！」（理由を説明しない禁止）、「ダメ。こうしなさい」（正解を教える）は得策ではありません。

スナップどめ、ボタンどめ、包んで真結び。難しいこともやってみる！

両手で卵を割ってフライパンへ。調味料もふりかけて。「たまごやき、つくってるの」。ものの使い方もわかり、おいしかった記憶とともに手順を再現しています。

色や形を選ぶ、集める、色を並べる、分ける…。子どもは自分なりの意味、ルールで、色や形、素材を分け、並べていきます。一緒に手を動かして、色や形、数や素材の言葉のやりとりをしながら、子どもが説明していることにとことんつきあうことから始めましょう（子どもの指示に従ってくださいね！）。子どものルール、意味がわかったら、提案や手伝い、励ましをしながら一緒に。

掛札逸美、酒井初恵、髙木早智子（著）『保育も子育ても新しく！ 21世紀の証拠に基づく「子ども育て」の本』ぎょうせい、2025年

# 子どもが進めて、おとなが支える活動

　一貫した活動や作業を何日間でも続けられるよう、子どもたちと一緒に環境を設定します（特に、未就学児施設の場合）。作っているものを置いておける場所を決め、安心して遊ぶことができるルールを子どもと一緒に考えます。「いつでもできる」「続けられる」「やり直せる」を保証することで、子どもはそれぞれがしている遊びを大切にするようになります（じゃましない、壊さないなど）。おとなも遊びの一員ですから、子どもが作ったものを誤って壊してしまったら、謝ります。

小倉北ふれあい保育所、3歳以上児のクラスにある通称「さるのいえ」。2015年の子どもたちが木育（もくいく）で作りました。手前の積み木は何日もかけて積み、いろいろなものを作ります。

収穫した籾をひとつずつ選別（64ページ）。

裂いた布を網シートに固結びし、マットを作りました。

縫いさしに続く活動（56ページ）。

小倉北ふれあい保育所で2018年から続く「宇宙プロジェクト」。情報も道具も増えていきます（66ページ）。

花園第二こども園では、散歩中の「これ、なに？」からうどんづくりへ（78ページ）。

0歳のハイハイから始まり、少しずつ、確実にできるようになっていく体の機能が、数年後に、そして、おとなへとつながります（花園第二こども園、76ページ）。

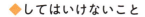

◆してはいけないこと

- お膳だてをして唐突に作業をさせること（例：「七夕飾りを作ります。こうやって作って」）。子どもには、生活の中で生まれる興味と動機が必要です。
- 同じものを一斉に作らせ、おとなが望む仕上がりを求めること。この時期は「Aちゃんは〇〇が得意。自分は〇〇が不得意だけど、△△が得意」といった相対的な比較ができないため、ひとつの苦手意識がすべてに影響を与える危険も。
- 苦手意識があること、したくないと思っていることを「克服してほしい」と考え、無理にさせること。理由は上と同じ。
- 子どもならではの理論や説明を「違う」と否定、嘲笑すること。知識をつなぎあわせる「創造性」の練習をしている子どもの芽をつんでしまいかねません。
- 「叱る」と「ほめる」（いわゆる「しつけ」）で子どもを動かすこと。おとなの評価で動く子どもに育ちます。

掛札逸美、酒井初恵、髙木早智子（著）『保育も子育ても新しく！ 21世紀の証拠に基づく「子ども育て」の本』ぎょうせい、2025年

## 口腔機能の発達
# 授乳期〜離乳食期

　口腔機能と言うと「かみかみ、ごっくん（咀嚼、嚥下）」と考えられがちですが、まず重要なのは、「口を閉じる」「口の中で舌を動かせる」です。月齢（修正月齢※）にとらわれず、機能が確実に育っていることを確かめながら進めましょう。早く進める必要はなく、先取りすれば誤嚥窒息などのリスクを高めます。

- 乳児期、口は半開きの状態で、唇はほとんど動きません。口の横に触れるとそちらを向く「探索反射」、口に入ったものを強く吸う「吸啜（きゅうてつ）反射」が見られます。

- 口を開いた状態でミルクを吸いながら飲む時期ですから、舌は主に前後と、少しだけ上下に動きます。この舌の動きでは、離乳食などを「食べる」ことはできません。

- 離乳食を始めるポイントは、「口を閉じて、飲み込むことができる」と「哺乳のための反射が少なくなる＝子どもの口に指を入れても舌で押し出さなくなる」です。離乳食を口の外にたらしてしまうのは、まだ口をうまく閉じられないため、あるいは、前に押し出す舌の動きがまだ強いためです。

- おとなやきょうだいが食事をしている様子をじっと見たり、自分で口を動かしたり、あるいは食べ物に手を伸ばすといった行動が次第に見られるようになります。

- 乳歯が生え始めます。下の前歯から始まり、上の前歯へ、最後に生えるのが奥歯です。歯が生え始めることもあって舌が後ろに行き、上あごと下あごも合うようになり、唇が閉じます。

- 舌は上下にもよく動くようになり、離乳食を上あごで押しつぶすようにして食べます。

おとなが口を閉じる遊び（あっぷっぷ）や、舌を動かす遊び（べろべろば〜）をしましょう。子どもはどんどん真似をします。

※修正月齢：早産児などの発達で、誕生日ではなく出産予定日を起点にした月齢を用いること。発達（脳や口腔機能も含む）は、約3歳ぐらいまで修正月齢で考える。

## 口腔機能の発達
# 歯ぐき食べ期＋手づかみ期から手つまみ期へ

　あなたが何かを食べている時、口の中の動きを意識してみてください。食物を舌で左右に動かし歯の間でつぶし、つぶしたものを舌で口の中心に集めて飲み込んでいることがわかると思います。舌を左右に動かす、回すといった動きができないと、「かみかみ」「もぐもぐ」「ごっくん」は難しく、丸呑みの原因にもなります。

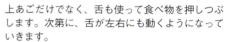

上あごだけでなく、舌も使って食べ物を押しつぶします。次第に、舌が左右にも動くようになっていきます。

舌は左右に動く。

口角が左右同時に伸び縮みする。

上下の唇がねじれ、咀嚼時には交互に口角が縮む。

舌で左右の歯ぐきに食べ物を持っていく様子は、唇のねじれ、口角の動きから観察できます。

- 離乳食を少し乗せたスプーンを見せて、話しながら、子どもの下唇に軽く当てると、自分が食べられる量を上唇で取り込みます（右上写真）。
- 大きく口を開けさせて、スプーンを口の中に入れるのは危険ですし、この方法では自分のひと口量を理解できません（あなたも、カレースプーンに山盛りにした食べ物を口の中に入れてもらう体験をしてみてください）。
- 食べたくない様子の時は無理に食べさせず、「何をしたいか」を尋ねながらかかわりましょう。

### 手づかみ食べは大切な練習

- 手指を意図的に動かし始めると、手づかみ食べも始まります。でも、口に入らなかったり、手のひらで押し込んで横からこぼれたり、指ごと、口の中に入れたり…。目で食べ物を見て、手でつかんでも、口まで持っていって、開けた口に入れるには、空間認知力と練習が必要です。
- 手づかみ食べでたっぷり練習をしつつ、手指の機能も育つにつれ、だんだんこぼさなくなっていきます。「こぼすから」と、おとなが食べさせていたのでは育ちにくい部分です。

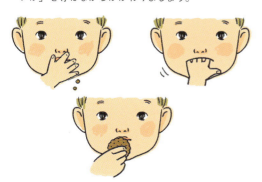

掛札逸美、酒井初恵、髙木早智子（著）『保育も子育ても新しく！　21世紀の証拠に基づく「子ども育て」の本』ぎょうせい、2025年

## 口腔機能の発達
# スプーンやフォークを使って食べる時期

　肩から肘、手首、手指を意識して動かせるようになることで、スプーンやフォークを使う練習も始まります。離乳食期も同じですが、「口を閉じられない」「座っていられない」「こぼす」などが気になる場合は遊びを通じて、全身と手指の動き、空間認知力を育てていきます。食事の時間はあくまでも楽しく！

　1歳前後〜1歳半ぐらいで、舌を自由に動かすことができるようになりますが、奥歯はまだ生えそろっていませんから、弾力のあるもの（コシの強い麺なども）や硬いものを噛みつぶすことができず、丸呑みする危険があります。

　また、箸を正しく、じょうずに使うには、全身から手指までの機能が十分に発達している必要があります。トレーニング箸を使っても、通常の箸の練習になりません。ここまでにお伝えした内容の遊びをどんどんしましょう。

足の裏がつき、腰を立てて座ることで、姿勢が安定します。噛むためには、足のふんばりが必要です。
姿勢は少し前向きで、肘が動かせるよう、高さを調整すると、子どもが自分で見て、食べ物に手を伸ばせます（0歳児）。

足が床につくよう、調節。

手でレンゲを持って器の中のものを混ぜたり、片方の手でざるを押さえてすくったり、食べるふりをしたり…。食事に必要な体の動きを遊びで身につけていきます（1歳児）。

### ◆してはいけないこと

- 丸呑みや無理な飲み込みの原因になること。
  - ・苦手なものを無理に食べさせること。子どもの味覚はおとなと異なり、「苦手」なものがあります。また、好き嫌い自体は悪いことではありません。
  - ・口いっぱいに詰め込ませ、飲み込ませようとすること。
  - ・残さず食べるよう強要すること。
- 眠い時に食べさせること。ネット上の動画などで「食べながら寝ている子ども」が「かわいい！」と評されているのを見ますが、危険です。
- こぼしたり遊んだりするからと、おとなが食べさせたいものだけを目の前に出すこと。食べたくないものは食べないので意味がありません。食事が苦痛にもなります。

## 口腔機能の発達
# 食器の工夫、実践の例

### 生後7〜8か月
　食器の工夫として、顎を挙げずに飲めるノーズカットのコップ（本来は介護用）を使うことができます。飲ませようとして、子どもの顎を無理に挙げないようにしてください。上を向いて飲むと、むせやすく危険です。

### 生後9〜11か月
　コップを自分で持って飲めるよう、両方の手のひらで持つことができるコップを使っています。フタつきのカップや両手マグばかりを使っていると、手で持って飲む動きが身につきにくいため、外出時以外の食事ではこうしたコップを使うことをお勧めしています。

ノーズカット・コップで飲む0歳児

子どももおとなもすくいやすい、「立ち上がり」がある皿を使っています。

スプーンだけでも、子どもの発達に応じて使い分け。柄の長いものは、介助用スプーンです。

グリップをつけたスプーンで食べています（1歳児）。

両手を広げてコップを持っています（1歳児）。ボールで遊ぶ体験とつながっています。

食事はすべて子どもの目の前に。自分で見て、選んで食べます。

スプーンをしっかり握り、肘が上がるようになってきました（1歳児）。

掛札逸美、酒井初恵、髙木早智子（著）『保育も子育ても新しく！　21世紀の証拠に基づく「子ども育て」の本』ぎょうせい、2025年

# あなたの笑顔と言葉が最高の成育環境

生まれた瞬間から猛スピードで育ち始める脳。身近にいるおとなたちとのかかわり、やりとりが幼い脳を育てる唯一無二の方法です。まずは、基本をまとめてみました。

### ソーシャル・アンサンブル
誕生〜6か月ぐらい

「ソーシャル・アンサンブル」は、ワシントン州立大学の「学びと脳の科学研究所」が名づけたもの（2024年。145ページ）。言葉の発達が表に見え始める前から、おとなとのやりとりによって赤ちゃんは社会スキルを身につけていく。

**赤ちゃん言葉で**
- 高めの音程で
- 一つひとつの音を延ばし
- 歌うように
- あたたかいトーンで

赤ちゃんの注意をひきやすく、脳に吸収されやすい

**視線を合わせてやりとり**
保護者と子どものつながりを育て、子どもの認知・非認知スキルの発達の基礎になる

**真似る、応える**
- 模倣のやりとりは、すべての学びの基礎
- 表情の変化ひとつ、言葉ひとつに、あたたかく優しい応答を
（このくりかえしが保護者とのつながりを育て、世界に対する安心感の基礎になる）
- 赤ちゃんの表情や体の動きをはっきり、少しおおげさに真似して応える
- 赤ちゃんが発する声をはっきり、少しおおげさに真似して応える

| 生後数日 | → 生後約2か月 | 保護者の顔があるのに目が |
|---|---|---|
| 保護者の目を見つめ始める | 視線、表情、声でやりとりをする | 合っていないと不安を感じる |

## 3つのT
### 誕生からずっと

「3つのT」はシカゴ大学「初期の学びのための『3000万語』センター」を創ったダナ・サスキンド博士たちが提唱する、子どもの言葉スキル、社会スキルを育てる方法（2015年）。低所得層の家庭を定期的に訪問し、保護者に具体的な方法を伝えるプログラムで効果をあげてきた。詳しくは『3000万語の格差』（訳。2018年）。

見てわかる！ 生後数年が体と脳を育てる鍵

- アナログのラジオで周波数に合わせる（＝チューン・イン）ように、子どもの発信におとなが合わせ、応えること
- 子どもの視線の高さで

- 子どもの視線が何かに向いている時は、そのものを見、子どもの目も見て話す
- 子どもの注意、子どもの言葉、子どもの行動におとながついていく
- 子どもは「今、注意を向けていること」から学ぶ

### Tune In
チューン・イン
注意とからだを子どもに向けて

- 子どもとやりとりをする（「子どもに話す」ではない）
- 子どもが発信元

- たくさん話す
- 「ナレーション」をする
  おとながしていることを言葉にする
  子どもがしていることをおとなが言葉にする
- 「開かれた質問」を使う

### Take Turns
テイク・ターンズ
子どもと交互に対話する

### Talk More →
トーク・モア
子どもとたくさん話す

掛札逸美、酒井初恵、髙木早智子（著）『保育も子育ても新しく！ 21世紀の証拠に基づく「子ども育て」の本』ぎょうせい、2025年

# 認知、非認知(社会)スキルを育てるやりとり

言葉は、自分の感情や感覚をつかむ道具であり、自分の感情や行動を制御する道具です。生活の中で、感覚や感情、行動と、それを表す言葉を吸収し、使っていくことで、子どもは大切な道具を身につけていきます。方法は簡単。まず、自分の感じたこと、していることをおとなが具体的な言葉にしていく。そして、気持ちや考えたことを言葉にしようとする子どもを、やりとりを通じて支えることです。

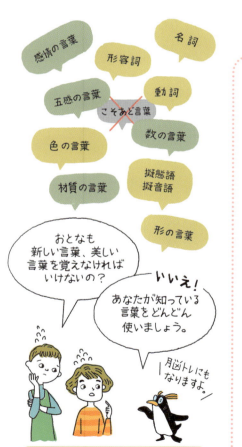

**持っている言葉を使って**

## チューン・インがすべての基礎!

おとなが一緒に探したり考えたりすることで、「興味を持つこと」「探したり考えたりすること」が子どもの習慣になります。

子どもが言葉を話し始める前から「3つのT」を用いてやりとりをすることが大切。そして、言葉を話し始めたら、あらゆることがやりとりのきっかけになります。

## キーワードは…「正しさでなく、豊かさ」

「違うよ。ミミズはニョロニョロだよ」と正す必要はありません。「違う」「正しい言葉は○○」は反応（やりとり）ではなく、また、子どもは間違ったと感じるため、口をつぐむようになります。子どもの考えを言葉にすることが大切です。

## あいまいな言葉より具体的な言葉

こうした言葉は、「ほめられた」という感情しか子どもに残しません。また、結果をほめることで、子どもは「ほめられる成果」だけを目指すようにもなります。ほめ言葉だけで終わらせず、目の前にあるものと過程を具体的な言葉にしましょう。

## 「教える」「聞かせる」よりも、やりとりを

子どもはテレビやDVD、教育用ゲームからも言葉や知識を吸収しますが、今、一緒にいるおとなとのやりとりから吸収する量とは比べものにならないことが、さまざまな実験からわかっています。やりとりすることは、そのおとなとのつながりを強めることにもなり、言葉や知識だけでなくその後のさまざまなスキルの基盤になっていきます。

## 閉じた質問ではなく、開かれた質問を

「閉じた質問」は正解が決まっている質問。「開かれた質問」は正解がなく、自由に考えることのできる質問のしかた。

掛札逸美、酒井初恵、髙木早智子（著）『保育も子育ても新しく！ 21世紀の証拠に基づく「子ども育て」の本』ぎょうせい、2025年

# 口腔機能の発達に関連して
# 食べ物の話3題

## 無理に食べさせない。「お皿ピカピカ」を目指さない

　未就学児施設で、苦手な食べ物を園児にむりやり食べさせる、口の中いっぱいになった食事を飲み込ませようとするなどの事例が明らかになってきました。「好き嫌いなく食べられるように」「たくさん食べられるように」…、おとなの思いが背景にあるにしても、家庭であれ園であれ、方法としては効果的なのでしょうか。

　まず、食に関する進化上、発達上の特徴から。

　乳幼児は、「苦い」「すっぱい」が苦手です。嫌いではなく、苦手。人類以外の多くの哺乳類も苦手です。なぜかと言うと、苦さもすっぱさも生き物にとっては「毒」を検知するための味覚だから[1]。食物の安全を判断できない子どもにとっては、必須のメカニズムです。草食動物が特定の「苦さ」に慣れるように、人間もそれぞれの文化にある「苦さ」「すっぱさ」に少しずつ慣れ、おいしいと感じる人が増えていきます。それでも、たとえば、おとなにとっては「甘酸っぱくておいしい生のリンゴ」が赤ちゃんには苦手！ということはおおいにあります。

　また、2歳前後から7歳ぐらいまで、子どもにはネオフォビア（目新しい食物を避ける。neo＝新しい、phobia＝嫌悪）の傾向が見られます。これも、子どもがなんでも食べていては危険であるがゆえの進化上の戦略と言われ、人類すべてにあてはまります。ネオフォビアのなかで見逃されがちなのが食物の質感（テクスチャー。硬い／柔らかい、均一／不均一など）ですが、子どもは粒や塊が入っていない均一な質感の食物を好む傾向があるようです。3歳から6歳にかけて、より均一な質感を好み、一方でネオフォビアは強まるとする研究もあります[2]。言うまでもなく、「苦い」「すっぱい」にもネオフォビアにも大きな個人差が見られます。

　他方、口腔機能の発達を見ると、奥歯が生えていない子どもには、奥歯で噛みつぶさなければならないタイプの食べ物の味はわかりません。ゆでたサツマイモは歯ぐきでつぶせますから、味がわかります。でも、生のリンゴは薄く切ったとしても歯ぐきでつぶせません。コシのある麺もつぶせません。味がわからず、いやだと感じるか、噛みつぶせないま

ま飲み込むかのどちらかです。

乳幼児の「苦手」「やだ！」「食べない！」や丸呑みは、あたりまえの部分が多いと理解しておくと、おとなもイライラしないでしょうし、「これはつぶせないかも」「これは丸呑みするかも」と判断できるでしょう。

好き嫌いはおとなにもあり、健康にさほどの影響はありません。とは言っても、好き嫌いは別として、より健康な食生活をできるよう育つのは大切ですし、保護者や保育者にできることはいくつもあります。

まず、してはいけないこと。

### ◆無理に食べさせない

幼少期、無理に食べさせられた経験は記憶に残り、その食物を嫌いなままということが少なくないようです。たとえば、無理に食べさせられた経験と現在の野菜摂取を調べた韓国の研究（1,226人の20代を対象）によると、33.4％が家庭または未就学児施設、小学校（低学年時）で無理に食べさせられた経験があると答え、もっとも多かったのが野菜でした。野菜を無理に食べさせられた経験のある人たちはそうではない人たちに比べ、有意に野菜を嫌いで、食べさせられた後に気持ち悪くなるなどした経験がある人、強要されても絶対に食べなかった経験がある人は、特にその程度が強かったのです[3]。

### ◆出されたものをすべて食べることや「お皿ピカピカ」、「完食」※を強要しない

これには複数の側面があります。まず、「残さず食べなさい」とプレッシャーをかけると、食べる量はかえって減ります。未就学児施設に通う3〜5歳（27人）を対象にした実験でも、全部食べるよう言われない時のほうが子どもはたくさん食べました[4]。

もうひとつ、無理に食べるよう言えば、子どもは体が出している「おなかがへった」「おなかがいっぱい！」などのシグナルを無視する学習をします。これは、おなかがへっていないのに食べる、おなかがいっぱいでも食べるなど、生涯の健康に影響する習慣をつくってしまうリスクにつながります。年齢にかかわらず、子どもが自分の体の「おなかがすいた」「おなかがいっぱい」というシグナルに気づけるよう育てる[5]ことが大切です。

### ◆食べ物を報酬や罰として使わない

これは次項に書きますが、上の「無理に食べさせる」「すべて食べるよう強要する」も、裏を返せば「ほめられるために食べる」「叱られたくないから食べる」といった回路を子

どもの脳につくってしまう方法です。

　では、家庭や未就学児施設では、どうすればよいのでしょう？　食事に対する興味や動機を育て、子どもがおとなを模倣するよう、以下のような方法が勧められています[6]。

- メニューを立てる時や買い物、調理に子どもの参加を促す。野菜などを子どもと一緒に育てる。
- おやつの時間を決め、食事の時間にはおなかがへっているようにする。
- 食事中、テレビなどは消す。おなかがいっぱいになった時の体のシグナルに気づきやすくし、かつ、会話を増やすため。
- 一日に一度でも子どもと一緒に食事をして、おとなが楽しく、いろいろなものを食べている姿を見せる。
- 子どもが苦手な食材も食事に出す。「食べないから出さない」ではなく、出して「ちょっと食べてみる？」と働きかける。苦手なものを何種類か出して、「どれを食べる？」と子どもが選べるようにする方法も。
- 家族の間で「どれがおいしい？」「どんな味？」といった会話をする（「まずい」よりも「おいしい」の話を）。

　模倣（後述）は食事の場でも効果を発揮し、嫌いな食べ物を他人がおいしそうに食べているのを見ると、おとなであっても「食べてみようかな」と思うことが実験からわかっています[7]。実験参加者（44人）が嫌いな食べ物の写真、好きな食べ物の写真、さらに、同じ食べ物をそれぞれ、「おいしい」表情、「まずい」表情、「無表情」で食べている人が写っている写真を見せると、好きな食べ物の場合、実験参加者は食べ物だけが写っている写真で「食べたい」という感情がもっとも強くなる一方、嫌いな食べ物の場合は、「おいしい表情で食べている人」が写っている写真を見た時にもっとも「食べたい」という感情が強くなりました。

　家庭でも園でも、「これ、おいしいね」とまわりで食べている様子を見れば、子どもは「自分も食べてみようかな」と思います。もちろん、ほんの少ししか食べない時もあるでしょうし、口に入れて「やっぱりイヤだ」と出してしまう時もあるでしょう。そういう時は「あんまり好きじゃない？」「どんな味（食感）だと好きかもと思う？」「じゃあ、今度は○○（違う調理法やメニュー）にしてみようか」など、子どもの感情をさらっと認めてあげてください。「がんばったね」「ちょっと食べられたね」と、つい言いたくなりますが、食事は「がんばる」ものではありません。

＊「完食」は、大食い競争や早食い競争のなかで生まれた言葉で、「俗語」として辞書に収載されるようになったのは2007年頃から。

1) 英国BBC Science Focusの記事.（2022/12/9）. Food aversion: A psychologist reveals why you hate some foods, but could learn to love them.
2) Chow, C.Y. 他（デンマーク）による研究論文.（2024）. Food texture preferences in early childhood: Insights from 3–6 years old children and parents.
3) Kim, S. 他（韓国）による研究論文.（2023）. Childhood experience of being forced to eat: Focusing on its association with vegetable consumption among young adults.
4) Galloway, A.T. 他（米国）による研究論文.（2006）. 'Finish your soup': Counterproductive effects of pressuring children to eat on intake and affect.
5) 全米小児科学会（American Academy of Pediatrics）の記事.（2014）. No more "Clean Plate Club".
6) クリーブランド・クリニック（米国）の記事.（2022/8/30）. How to teach kids healthy eating habits.
7) Barthomeuf, L. 他（フランス）による研究論文.（2009）. Emotion and food: Do the emotions expressed on other people's faces affect the desire to eat liked and disliked food products?


## 食べ物を報酬や罰として使ってはいけない理由

「おもちゃをかたづけたら、おやつを食べていい」「野菜を全部食べなかったら、デザートはあげない」…、子どもに対して食べ物を報酬や罰として使う場合があります。その場では効果があるように見えるかもしれませんが、この方法は食に対する認知を歪め、食にかかわる行動を将来にわたって崩す基礎すらつくってしまいかねません。

「おなかがへった！」「これ、おいしい」「これはあんまり好きじゃないから、少しだけ食べるね」「おいしかった！」…、食事は命を維持するために必要なものであり、かつ、おいしい、楽しいものでもあります。ところが、報酬や罰として使うと、食べ物は別のよけいな意味を持ち始めます。

まず、報酬や罰に使われるのはたいていお菓子やジュースなど、糖分や油脂分が多く、栄養価の低いものです。未就学児施設では、ゼリーやプリン、蒸しパン、くだものなど、いわゆる「デザート」がこれにあたり、甘みは抑えられているものの、他の食べ物に比べて糖分が多い点は同じです。一般には「体に良くない」とみなされていて、でも、子どもが好きな食べ物や飲み物が報酬や罰に使われる、ここが鍵です。おとなは、矛盾したメッセージを子どもに伝えているのです[1]。

「言う通りにすれば、○○を食べていい」（報酬）、「言う通りにしないなら、○○を食べてはいけない」（罰）。いずれにしても、「（体に良くないから）食べてはいけない」とふだん言われているものを「特別に食べていい」となれば、子どもはこうした食べ物、飲み物をいっそう「特別」と思うようになります。もらえば、子どもは空腹でなくとも食べます

し、飲みます。食べる理由は「空腹だから」ではなく「ごほうびだから」なので、「おなかいっぱいになったからやめる」ブレーキもかかりにくく、食べすぎにもつながり、「自分に対するごほうびとして、お菓子や甘いものをたくさん食べる」という習慣の始まりにもなります。

　他方、部屋をかたづける、宿題をするといった、子どもが「いやだ」「やりたくない」「できない」と感じている行動をお菓子などの報酬で促すと、食べることでストレスに対処する方策を子どもが身につけてしまうリスクもあります。「いやなこと→お菓子を食べるためにする→お菓子を食べて感情的に満足」という認知と感情の回路ができてしまい、短絡的な「ストレスを感じる→お菓子を食べてストレス対処」などの行動につながっていくリスクです。本来、食とは無関係なさまざまな感情やストレスと「食べる」「食べない」が結びついてしまうのは危険です。


　子ども時代、食事に関する保護者のルールが厳格であったり、保護者が食べ物を報酬や罰に使ったりすることがその後の食行動やBMIにどう影響するかは、過去20年にわたって研究されてきましたが、たとえば、オランダで子ども3,642人の4歳時と9歳時のデータを分析した研究[2]によると、4歳時点で保護者が食べ物を報酬として使うことが9歳時の「ネガティブな気分の時に食べすぎる」と「好き嫌いが激しい」に因果関係（＝原因と結果）としてつながっていました。

　逆に、「ネガティブな気分の時に食べすぎる子ども」だったから幼児期に保護者が食べ物を報酬として使いがちだったという向きの因果関係も見られ、子どもの感情の制御に食物が用いられているのも事実のようです。では、9歳の時点で「好き嫌いが激しい子ども」だから、4歳時にも保護者が食べ物を報酬として使っていた？　この因果関係は見られませんでした。なぜでしょうか。「好き嫌いの激しい子どもだから、保護者が食べ物を報酬として使う」という比例関係は、1〜2歳児を対象にした複数の研究ですでに明らかになっているため、「好き嫌いの主張がもっとも強い1〜2歳の時に保護者の行動がほぼ決まり、4歳児の時にはもうその差が見られないのだろう」と、この論文は書いています[2]。

　好き嫌いが激しい子どもに報酬として食べ物を使うことが習慣になり、報酬として偏った食品を使えば使うほど、子どもはいっそうそれ以外のものを食べなくなる悪循環に陥るわけです。ちなみに、このデータでは4歳時点で約3割、9歳時点で半分強の保護者が「食べ物を報酬として使うことはまったくない」と回答していました。


　甘いものやふだんは食べないものを「今日は特別だから！」と味わうことは、おとなで

ももちろんあります。それは行動や感情を変えるための報酬や罰ではありません。体の健康だけでなく心の健康のためにも、食べ物には「おなかがすいた」「おいしい」「おなかがいっぱい」「うれしい」以外のよけいな感情を結びつけないことが重要です。

1) 米国ロチェスター大学医学センターのエンサイクロペディア（辞典）の記事. Why parents shouldn't use food as reward or punishment.
2) Jansen, P.W. 他（オランダ、スイス、米国、英国）による研究論文.（2020）. Associations of parents' use of food as reward with children's eating behaviour and BMI in a population-based cohort.

## 「デザートを先に食べる！」と言った時がチャンス

デザートやお菓子を「先に食べたい！」と子どもが言い張ることがあります。こういう時こそ、子どもの脳に「自分で考えて、自分で計画を立て、自分で決めるための言葉」をあげるチャンスとして活用しましょう。このような対話のしかたは脳の高次の働きである実行機能（後述）を育てる方法で、他のいろいろな場面で活用できます。

「プリン、先に食べる！」、（冷静に）「先に食べちゃったら、ごはんの後にはプリン、ないよ」「食べる！」、（冷静に）「食べるの？　じゃあ、どうぞ。でも、今食べたら、ごはんの後にはないからね」…（子ども、プリンを食べて嬉しそう）。…（食後）「プリン、食べたい！」「あれ？　○○は先にプリンを食べたよね。だから、ないんだ。私、『食べちゃったら、ごはんの後にはない』って言ったよね」「プリン！」「○○が食べちゃったからありません」（決して怒らず、ヘラヘラ笑ったりもせず、真顔で穏やかに言う※）…（子どもは泣くかもしれない）。

（翌日）「ミカン、先に食べる！」、（冷静に）「今食べると、後でミカンがないよ。昨日もプリンがなくなっちゃって、ごはんの後に○○、悲しくて泣いていたよね」「食べる！」…（昨日と同じ流れ）。

（また翌日）「ゼリー、先に食べる！」、（冷静に）「昨日も一昨日も、後でデザートを食べられなかったよね…。食べちゃったら、ないんだよ」…（黙って考えている）…、「じゃあ、ゼリーを半分だけ食べる！」「そう来たか！　じゃあ、半分どうぞ」（ニコニコ）。

この過程でおとなは子どもの脳に「今、食べたら後はない」「○○が食べたから、ない」「ないと、○○ちゃんは悲しい」といった言葉をあげています。「〜すると〜だ」「〜だから〜だ」は因果関係の言葉、つまり、「自分が〜すると〜になる」と自分の行動や決断とその結果を理解するためのとても大事な言葉です。おとなから聞く言葉と、自分がしている行動とその結果が次第につながり、子どもはこの言葉を自分の脳の中でも使えるように

なっていきます。「デザート、食べたいな…。だけど、食べたらデザートはなくなっちゃうし…。今日は食べないでおこう」「ひと口だけ食べよう」と、自分の感情や行動をコントロールする道具として使えるようになるのです。

　おとながただ、「ダメ!」「デザートは後だよ」「ごはんを食べたらね」とだけ言っていたら、「考える道具」は子どもの脳に入らず、せっかくの機会は失われてしまいます。そのうえ、「ダメ!」「ごはんを先に食べなさい!」では、楽しいはずの食事がつらい気持ちの食事になってしまいかねません。

※子どもはおとなの表情や声のトーンと、言葉の内容の間で混乱します。「～してはいけない」「～をして」といった内容を伝える時は、笑わず怒らず、真顔で。

## 排泄を「汚い」「恥ずかしい」と言わないで

　「オムツを早く卒業してほしい」「おもらしをしないで」…、保護者にも保育者にも共通する願いでしょう。コツはたったひとつ、「怒らない」「無理に練習させない」。

　乳幼児にとって尿や便は汚いどころか、「スッキリした!」と感じる、いいもの。そこに「もらしちゃったの?!」「汚い!」「恥ずかしい」「『みんなでトイレへ行こう』って私が言った時に行かなかったからでしょ!」といった叱責を重ねると、子どもは「もらす」「怒られる」というプレッシャーを感じ、いっそううまくいかなくなります。便器(おまる)に座らせて排尿の練習をさせる保育施設もあるようですが、膀胱がいっぱいになる感覚を学ぶには逆効果。怒られたトラウマで、トイレへ行けなくなった幼児もいます。

　子どもがもらして、うわ!と思ったら、まずは深呼吸して「間に合わなかったね(にっこり)」、間に合ったら「よかったね(にっこり)」。どちらにせよ、おとなが大騒ぎしないことで、子どもは緊張せずに自分の体のシグナルに気づけるようになっていきます。

# さまざまな活動が育つことに関連して
# 遊びの話3題

## 子どもはなぜ、同じ動きを何度もくりかえす？：遊びのスキーマ

　赤ちゃんも幼児も、同じ動き、同じ遊びを何度も何度もくりかえします。これは「遊びのスキーマ play schema」※と呼ばれ、自分の体やさまざまなものを使って「こうすると、こうなる」というパターンとその応用を学んでいく過程。何度もくりかえすことで、育ち始めたばかりの脳神経回路はつながりが強くなり、広がり、後の学習や活動に活かしていくことができます。

　ある時期だけ、特定のものや環境を使って、特定のスキーマの動きをするわけではありません。同じスキーマで多様な動きをし、同じものや環境を使って多様なスキーマの活動をし、それは冒頭のカラーページで説明した全身の発達と相互にかかわります。たとえば、肩の関節を大きく動かす時期はまだ、握ったものを意図的に離すことができませんが、なにかの拍子に手から離れて落ちたり、飛んでいったりすれば大喜びでくりかえそうとします。これは体の動きの練習にもなり、握ったものから手を離すとどうなるかという実験にもなります。その後、肘の動きが自由になってくると、腕を水平に動かしてテーブルの上のものを何度も落として喜びます。手指で握ったりつまんだり離したりができるようになれば…。体の動きが細かくなるに従って「こうすると、こうなる」が広がるだけでなく、「もっと！」が体の動きを促し、発達にもつながるのです。

　自分で自分の体を動かし、ものや環境とかかわること、何度もくりかえすことに価値がありますから、子どもが「今は、これで、これをする！」と決められるよう、未就学児施設は基本的な素材や道具を用意しておきましょう（土や砂も大切な素材です）。限られた働きかけしか子どもができない玩具や、応用のきかない玩具はお勧めしません。一方、家庭の場合、子どもにとって危険でないならば、どんなものでも遊びのスキーマの道具になります。

　遊びのスキーマの主なものは、以下の通りです。年齢が上がるにつれて複数のスキーマを含んだ活動になり、「なぜ？」も増え、科学や技術に対する興味も広がっていきます。

軌跡を描く（Trajectory）：ものを高い位置から落とす。坂を転がす。投げる。高い位置から飛び降りる。

置く、並べる（Positioning）：ものを並べる。色や形や大きさなどでグループ分けして置く。いずれも子ども自身のルールで。

回す（Rotating）：フタなどを回す。ヒモなどをクルクル回す。自分がくるくる回る。

囲む（Enclosing）：自分が遊んでいる場所を囲む（囲い、段ボールの家など）。並べた玩具のまわりに囲いを作る。描いたものに境界線を書く。

包む（Enveloping）：自分やものを完全に包む。ものを箱に入れる。隠す。布などをかぶって隠れる。

つなぐ（Connecting）：線路や経路（道）をつないだり、切ってつなぎ直したりする。つなぐために接続部分を開けたり閉めたりする。ものをテープやノリでつなぎ合わせる。ヒモを結ぶ、つなぐ。

移す（Transporting）：ものを運んだり、移動させたりする。ものをポケットや入れ物、バッグに入れて運ぶ。

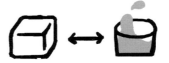

変える（Transforming）：固形を液体へ、など、ものの状態を変えていく。色水や泥だんごを作る。自分の食べ物を混ぜ合わせる。服やペインティングで、自分を変える。

向きを変える（Orientation）：いろいろな方向、いろいろな向きから見る。ものを天地逆に置いたり、横向きに置いたりする。

※「スキーマ」は、認知や行動の枠組み。遊びのスキーマは、ピアジェが提唱した「シェマ」（フランス語読み）を、英国のクリス・エイシーらが1970年代以降、発展させたもの。
Boulton, P. 他（英国）による研究論文. (2022).　How does play in the outdoors afford opportunities for schema development in young children?


## みんなで遊ぶことが育ちのゴールではない：遊びの発達

　ミルドレッド・ベルニース・パーテンは1932年に発表した論文[1]で、子どもの遊びを発達に従って分類しました。

①何もせず、周囲を観察している状態。

②他の子どもが遊んでいる様子を見ている。注意を向け、やりとりもするが、遊び自体には参加しない。

③一人で遊ぶ。他の子どもがしていることには興味を向けないか、気づいていない。2～3歳児で多く見られる。

④並行して遊ぶ。お互いを見、同じ遊びをしているものの、それぞれ一人で遊んでいる。

⑤やりとりをしながら一緒に遊んでいるが、目標は共有していない。

⑥グループの中で共有された目標（ルール）があり、個々の役割のある遊びをする（鬼ごっこなど）。4～5歳から徐々に増える。

　この分類は今も使われていますが、発達の段階として正しいのか、たとえば、3歳未満の子どもは本当に⑥のような遊び方をしないのか（そう見えないだけで、脳の働きを見れば、している可能性がある）などは議論されているようです。社会性の発達に伴って遊び方は変わるにしても、一人で何かに熱中して取り組むことがなくなるわけではなく、他の子どもと一緒に遊ぶよりも一人で何かをするほうが好きな（得意な）子どももいます。

　つまり、この分類は、⑥がそれまでの段階よりも良く、すべての子どもがいつも⑥の段階でいられるように育たなければならないという意味ではありません。また、子どもが集団で過ごす未就学児施設の場合、多様な素材や道具がたくさんあり、その時々、子どもが一人で、複数で、集団でそれぞれに遊べる空間を保証する必要があります（単純な面積の話ではありません）。子どもが「今、これをしよう！」と思うものがない、あっても他の子どもが使っていて使えない、思った時に遊ぶ場所がないのでは、遊びの発達どころではないからです。

1 ) Parten, M. B. による研究論文. (1932).　Social participation among preschool children.

## 子どもの活動には、おとなの「足場かけ」が必須

　子どもは自ら外界に働きかける存在であり、生まれた瞬間からまわりのあらゆるものに注意をひかれ、かかわろうとします。でも、「子どもの主体性に任せよう」という言い回しを曲解して「子どもは放っておいても育つ」と考えるなら、間違いです。

　レフ・ヴィゴツキー（心理学者。1896〜1934年）が提唱した通り、子どもは生まれ落ちた社会のシステムと文化のなか、おとなの助けを借りて育っていく存在です。ヴィゴツキーが言う「足場かけ scaffolding」、すなわち「今の段階からほんの少し複雑で難しい段階へ行けるよう、おとなが環境や促しを設定すること」が必要なのです。子どもに指示して、できるように練習させる、ではありません。「少し難しい、挑戦したいこと」「まだ無理なこと」は子どもの脳がわかっていますから、そのシグナルを見て足場をかけていく。これが「着実にできていく」鍵です（下の図は英語の情報サイトや発達の教科書に出てくるものですが、原典は不明）。

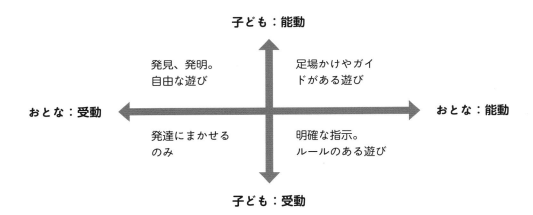

# 成長発達には大量のエネルギーが要る
## ：睡眠の重要性

　子どもは、どのくらいのエネルギーを消費しているのでしょう？　赤ちゃんは寝ている
だけだから、たいしたことがない？　いいえ。赤ちゃんとおとなの体の大きさを同じとみ
なして換算すると、生後1か月児の総エネルギー消費量はおとなとほぼ同じ。基礎代謝量
（生命維持に必要なエネルギー量）もおとなの78%です[1]。

　総エネルギー消費量の内訳を見ると、

[　総エネルギー消費量 ＝ 基礎代謝量 ＋ 身体活動量 ＋ 食事誘発性熱産生　]

です。生後1か月児はおとな並みにエネルギーを消費しているにもかかわらず、基礎代謝
量はおとなよりもやや低め、身体活動量はとても低い。つまり、そのぶんのエネルギーを
成長のために費やしていることになります。子どものエネルギー消費量は誕生から約2年
にわたって上がり続け、生後9〜15か月の総エネルギー消費量と基礎代謝量はおとなの
1.5倍（体の大きさが同じとみなして換算）に達します。その後、5歳ぐらいから下がり
始めて20歳頃、一定になります[1]。

　「成長のためにエネルギーを費やす」と書きましたが、生まれてまず育つのは脳で、未
就学期の子どもの脳は総エネルギー消費量の3〜4割を使っています（おとなは約20%）[2]。
進化の過程で頭部（≒脳）が大きくなった人類は、胎児と母体を守るため、頭部がまだ小
さく、脳も体もきわめて未熟な状態で生まれるという稀な生存戦略をとりました[2]。でも、
脳が胎内ではほぼ育たず、誕生直後から育てられていく、育てていくことができるという
事実は、人類にとっての宝物である「脳の可塑性」そのものです[3]。


　脳のエネルギー源はグルコース（ブドウ糖）、脳を育てる栄養は保護者やまわりのおと
なとのやりとり。もうひとつ必須なのが、十分な睡眠です。

　成長を促し、さまざまな物質の代謝を調節する成長ホルモンが脳下垂体から集中的に分
泌されるのは夜間、深い睡眠の間です。睡眠不足が原因で乳幼児期、目に見えるほど体の
成長が阻害されることはまずありませんが、代謝バランスの崩れが脂肪の蓄積、肥満につ
ながるリスクは指摘されています[4]。また、世界じゅうの約70研究をまとめた結果から、
認知スキルと感情制御の問題は睡眠不足によって起こるとわかっています[4]。単純に考え
ても、眠ればいらだつでしょうし、学びにも影響するでしょう。けれども、脳内で起き

ている現象はもっと深刻です。

未就学児の脳は神経回路の基盤をつくる段階である以前に、起きている間も身のまわりのあらゆる刺激を吸収し、毎秒毎秒、脳の神経回路を新しくつなぎ、つなぎ替える忙しい作業をしています。そして、眠っている間、脳は吸収した刺激や情報を整理し、記憶し、要らないものを捨てるといった作業をこれまた忙しくしています（これは、おとなの脳も同様）。睡眠が足りなければ、とりあえずつないだ神経回路を整理して効果的な回路を作り、脳全体の強固で効率的な連携を作ることは難しくなります。

たとえば、米国の脳発達研究プロジェクト（12,000人以上が参加）のデータを用いた分析[5]は、9〜10歳で睡眠が9時間以上（この年齢の推奨値）の子どもと未満の子どもで、性別や家庭の収入などの条件を合致させて比べました（それぞれ4,000人以上）。すると、睡眠9時間未満の子どもたちは研究開始時点で健康面と行動面（衝動性、不安、攻撃性など）に課題があり、認知スキルの面でも意思決定や学習、ワーキング・メモリなどが低く、睡眠9時間以上の子どもと比べ、その差は統計学的に有意（偶然以上の確率）でした。この差は2年後にも見られ、睡眠9時間未満の子どもの脳の画像を分析すると、こうした側面にかかわる部位の容積や密度が睡眠9時間以上の子どもよりも低かったのです。

日本のおとなは世界でももっとも睡眠不足で[6]、これ自体、おとなの健康に対する懸念材料です。そして、保護者が寝不足だということは、子どもも睡眠時間が足りていないリスクがあります。乳幼児の脳発達に睡眠が果たしている役割については研究が多く、その重要性は言うまでもありません。おとな（保護者）の睡眠不足を解消することで乳幼児の睡眠を確保する方策がいまや必要でしょう。

さらに日本の場合、未就学児施設の昼寝（午睡）や仮眠の役割も考えるべきです。子どもは体も脳もおとな以上にエネルギーを使っており、急な眠気に襲われることもよくあります。「午睡の時間じゃないんだから、寝ないで」ではなく、こんな時、しばらく横になれる場所を設定しておくと役立ちます。静かでなくてかまいませんし、他の子どもたちも気にすることはありません。小倉北ふれあい保育所の3歳以上クラスでは、子どもたちがかつて木育（もくいく）活動で作った「さるのいえ」がその場所のひとつです（30ページの写真）。

一方、決めた午睡時間、眠くない子どもまで暗い部屋で何時間も寝かせると、夜間の睡眠の質に影響を及ぼすリスクもあります。「昼寝をしないと、夕方、機嫌が悪くなるから」「『帰宅してすぐに寝てしまう』『習いごとにさしつかえる』と保護者が言うから」と未就学児施設は言いますが、この時期に一番大事なのは何なのか、社会にも保護者にも保育者

にもわかっているはずです。眠くない子どもを寝かせようとするにせよ、眠い子どもを無理に起こしておくにせよ、それは「体のシグナルを無視しなさい」と教えているのですし、「寝なさい」と言えば言うほど子どもは緊張して眠れなくなり、園でも家庭でも入眠自体が難しくなるリスクがあります。「眠らなければ」と思えば思うほど眠れないのはおとなも同じ。それが習慣になるのは危険です。

　最後にもうひとつ。昼食後すぐに子どもを寝かせる未就学児施設もありますが、食後は胃などの消化器が活発に動いていますから眠りに落ちにくくて当然です。すぐ横になれば、胃酸などが食道に逆流しやすくもなります。食事後しばらく起きていることで、次第に眠くなります。「眠くなったら、タオルケットを持っていって寝よう」「体を休めるためだから、ぐっすり寝なくてもいいんだよ」と声をかけてください。


　結局のところ、「（夜）寝る子は（体も脳も）育つ」のです（子どもの睡眠に関しては日本語でさまざまな情報がありますので、そちらをご覧ください）。

1）Pontzer, H. 他（世界各国）による研究論文. (2021).　Daily energy expenditure through the human life course.
2）Kuzawa, C.W. 他（米国）による研究論文. (2014).　Metabolic costs and evolutionary implications of human brain development.
3）ダナ・サスキンド著. (2022).　『ペアレント・ネイション：親と保育者だけに子育てを押しつけない社会のつくり方』
4）World Health Organization のガイドライン. (2019). Guidelines on physical activity, sedentary behaviour and sleep for children under 5 years of age.
5）Yang, F. 他（米国）による研究論文. (2022).　Effects of sleep duration on neurocognitive development in early adolescents in the USA: A propensity score matched, longitudinal, observational study.
6）World Economic Forumの記事. (2019/4/10).　Which countries get the most sleep – and how much do we really need?

家庭でも園でも活かせる
保育施設の実践

# ランドセルに入った給食袋
## ：0歳から始まる縫いさし
### 小倉北ふれあい保育所

　まず、以下の内容は、縫いさし（縫いもの）を子どもの活動としてお勧めするためのものではありません。あくまでも、0歳からの積み重ねの大切さをお伝えする一例、手と目を中心にした動きを発達に応じて体験していく例です。いわゆる「手先の器用さ」はそれぞれに違いますが、基本になる発達、その練習は未就学児期がとても大切で、子どもたちは生活の中で少しずつ、確実に身につけていくことができます。

　年長児の縫いさしは、刺繍針に糸を通すことから始めます。これが難しく、初めは20分以上かかることもあります。通せても、また糸が抜けてしまい、何度も奮闘することになります。でも、途中で「いやだ！　やめる！」と言った子どもは、私たちの園で今までに一人もいません。

　20年前、5歳で縫いさしを始めた時は、表裏交互に針を刺すこともなかなか難しく、布を縫うまでには至りませんでした。ところが、この10数年、子どもたちはじょうずに縫うようになりました。「もっと縫いたい」とも言います。

　なぜ、できるようになったのでしょう？　「縫う」ために必要なことは何なのでしょう？　「必要なことを少しずつ身につけていく」とはどういうことなのでしょう？

　まず、年長の子どもたちが作った縫いさしを見てください。縫い目が実に細かくて、美しいのです。このためには、
1）針と糸をそれぞれの手指で持ち、操作できること。
　利き手の指で細い針を持って動かせることと、片方の手で布を持つこと。そして、

2）表、裏、裏、表…、交互に穴の中に刺したり、抜いたりができること。

　０歳、子どもは容器にチェーンリングやお手玉を入れることがとても好きです。これをひたすらくりかえすことで、肩や腕、手首を思う通りに動かせる体とスキルが育っていきます。

　目で見て、自分が思った場所に自分が持ったものを持っていくこと。「空間認知」です。見て、距離を理解して、自分の体の動きをどう調整すればそこに持っていけるかを判断する。何度もくりかえす。０歳から育つ力です。縫いさしは「細い針を布にくりかえし刺す」ですから、空間認知の力がとても大切です。

　一方、いわゆる「手と目の協応」と言われること、つまり、目で見たものに対して、手を使って操作する力です。子どもたちは０歳から「刺す」が大好きです。１歳児クラスでは、毛糸で編んだヒモをパーテーションに通せる！と気づき、し始めました。誰かがすると、他の子どもも真似をします。細い穴に毛糸という柔らかい素材を通すのです。穴に入らず毛糸が落ちても、中途半端にひっかかっても、子どもは「毛糸が落ちた」「ひっかかった」という、今、できたこと、今、起きたことをおとなと一緒に喜んで、何度でも続け

ます。この時、保育者は座って子どもと話をしていますが、励ましたり、失敗を笑うような言い方をしたりは決してしません。子どもは、「今、これをする」と決めたことを続けます。

　ここでもうひとつ大切なのは、姿勢よく座ること、です。乳児から腹ばいでする活動が大事な理由です。

2歳ぐらいになると布で包んで結ぶようになり、3〜4歳になると、あやとり、指編みになっていきます。私たちの園では、クラスに羊毛フェルトや毛糸を置いていますので、子どもたちは自分で素材を決め、保育者に聞いて、作りたいものを作ります。指編みでポシェットを作った子どももいますし、冬にマフラーを編んで、毎日、巻いて登園する子どももいます。

　5歳になると、いよいよ縫いさしです。5月頃から始めます。私たちの園では縫いさし用の道具を使っていますが、セットでなくてもかまいません。
1）裁縫箱に入れるもの：針山、糸切りはさみ、針（太めの刺繍用とじ針）、刺繍糸または毛糸。
2）台紙：画用紙に等間隔に短い線を描いたもの。徐々に長い線や図形、動物など、難しいものを準備していきます。最初は「組み紙」を用意するとよいでしょう。
3）下敷き：穴を開ける時、台紙の下に敷く。コルクや厚手の段ボールなど。
4）穴を空ける道具：千枚通しや目打ちの代わりに、先端に針がついた縫いさし用の道具を使っています。

　手順です。
1）下敷きの上に台紙を置き、描いた線の両端に穴を開けます。
2）子どもが針に糸を通し、おとなが糸を玉結びにします。
3）針を利き手で持ち、台紙を片手に持ちます。
4）1針めは、裏から表に針を通します。そして、裏、表、表、裏…と縫っていきます。これが運針の基本です。最初はとても難しいので、色紙を使った「組み紙」をお勧めします。
5）線を縫い終わったら、おとなが糸を留めます。子どもがセロハンテープで留めて糸を切ってもかまいません。
6）針を必ず針山に戻します。

　気をつけることは、主に次の3つです。
・子どもの腕の長さを考え、糸が長すぎないようにします。
・針の扱い方をはっきり伝えます。人に向けない、針山に必ず戻す、などです。

・縫いさしをする場所を部屋の中で決め、子どもは間隔を開けて座ります。

　おとなは、子どもが使う道具の安全には十分に気をつけます。「年長になったから、縫いさしの道具を使える」というわけではありません。ここまでの間に子どもがさまざまな道具の使い方を理解して、自分でも安全な行動ができるようにしていきます。私たちの園では「木育（もくいく）」として、子どもが工具を使う活動もしています。

　直線、曲線、図形、乗り物や動物といった絵を紙の上で縫うことができるようになったら、いよいよ布を縫います。だいたい11月頃です。

　自分が何を縫うか、どんな布が必要かを話しあい、家庭で布を用意してもらいます。今年は、小学校で使う給食袋を縫っていました。袋を3枚縫った子どももいますし、給食袋の後に通園用のリュックを縫った子どももいます。

　20年前と違うことは何だったのでしょうか。当時は、「手仕事のおもしろさを伝えたい」「自分で作ったものを生活で大事に使ってほしい」と考えて、5歳になったら始めただけでしたから、そこまでに育つべき体の動きやスキルが積みあがっていなかったのでしょう。今は、5年かけて日々の遊びで培ってきたスキルがあり、続ける習慣があります。縫いさしはその先にあるため、できるようになっていたのです。0歳の時から、「やってみたい」「もっと続けてみたい」と自分で選んだことを続けてきたからこそ、自分で最後まで縫いたい、給食袋を仕上げたいという気持ちも強いのだと思います。

　今年の春、小学校に入学した後、保育所へ遊びに来た子どもたちのランドセルは空っぽでしたが、その中には自分で縫った給食袋がきれいにたたんで入れてありました。

　縫いさしというゴールを遠くに見ながら発達に応じた遊びの計画を立て、子どものそばにいて一緒に悩み、常に励まし、困った時にはほんのちょっと手助けすることが私たちおとなの役割だなあと、毎年、真剣に縫いさしをしている子どもたちを見るたびに考えます。

# 体が育つと、「描く」も育つ
## ：閉じた丸を描くまで
### 小倉北ふれあい保育所

　小さな子どもが絵を描くことは「スクリブル」と呼ばれ、日本語では「なぐりがき」とも言われます。なぐりがきと聞くと、「乱暴に描き散らす」という印象を受けますが、子どもが描く行為は乱暴でめちゃくちゃでしょうか？　違います。そこには、観察すればするほどおもしろい発達の道筋があり、個人差が見られ、おとなの役割もあります。なにより、自分で何かを描く、つまり自分で無から何かを生み出すことの楽しさを０歳児からたっぷりと味わい、全身と表情で表している姿は、育つことのすばらしさ、生み出す力の強さをおとなに見せてくれます。

　ここでは保育の場面からスクリブルについて考えてみましたが、内容は家庭でも同様だと思います。


　園で使っているのは、蜜蝋クレヨンのブロックタイプです。子どもが握りやすい、どの面からも描きやすい、色彩が美しい、そして、口に入れても害がないから、です。クレヨンも紙も、子どもがいつでも使える場所に置いてあります。

　私たちの園では基本、イスに腰かけて、机の上に紙を置いて描きます。姿勢が安定してきたら、床に座って描く、立って壁面に描くといったこともできるようになります。クレヨンを持たせる時期の目安（保育施設の場合）は、０歳児クラス、おおむね１歳頃からですが、粗大運動面として不可欠なのは、イスに座る、姿勢が安定しているという２点です。床で描くにしても、しっかり座り、両手を使えることが必要です。また、微細運動の面では、右手、左手で別の動きをできる、片手でものをつまめる、つかんだものを離すことができるといった段階です。

　もうひとつ、蜜蝋クレヨンは口に入れても問題ないとは言え、おもちゃを口に入れない、つまり、おとなが「これは入れないでね」と言うと、しない段階であることを確認しています（それでも口に入れることはもちろんありますが…）。


　子どもが自分でクレヨンの使い方を見つけ、描くことに興味を持てるよう、おとなはそばについて子どもの発見や好奇心につきあいます。「こうだよ」「こうして」とおとなが描

いて見せることは、子どもの発見を奪うことになりますから、見本を見せたり、指示をしたりはしません。もちろん黙っているわけではなく、「テンテン」「シュッシュ」「グルグル」といった擬音語や擬態語をたくさん使い、色や形について笑顔で穏やかに話をします。子どもは自分が描いているものを見、おとなを見ながら、いろいろなことを言葉にしますから、子どもとのやりとりをたくさん楽しんでください。

　では、閉じた○（丸）を描くまでのおおよその流れを見ていきましょう。個人差がとても大きいので、月齢は示していません。

1）座った姿勢で子どもが初めにするのは、肩を大きく動かし、上から下に腕を振る動きです。テーブルをたたいたり、お風呂で水をバシャバシャたたいたり。では、クレヨンを持ってこの動作をすると…？　たたいた所（紙やテーブル）に色がつくことに気づき、驚いた顔をします。何が起こっているんだろう？　これ

は何？　ちょっと戸惑っておとなを見ます。こんな時は紙についた色を指さしてニコニコ、ゆっくりと説明し、子どもが安心するよう、かかわります。

　この時期、まだ指にさほど力は入りませんから、クレヨンをつまんだり、握り込んだりと、持ち方はいろいろです。

2）続いて、点と短い線を描き始めます。両手でクレヨンを持って同じように動かすのではなく、片方の手で紙を押さえ始めます。日々の遊びのなか、両手で別のことをする体験が増えていくからです。

　紙の上でクレヨンを滑らせ、縦線を描きます。クレヨンを動かすと色がつく（自分の行動と結果の因果関係）とはっきりわかってくるため、線を描いては、嬉しい！という表情をします。その嬉しさをおとなが受けとめて言葉にし、色や描かれているものを指さしながら話をすると、子どももどんどん話をします。

3）体の中心から外側に向かって腕を広げる動きが増え、横から斜めの線になります。腕を大きく左右に動かしもしますが、まだ、肘よりも肩の動きのほうが大きいため、紙からはみ出したりもします。肘と手首を細かく動かせるようになるのも、紙の端を意識して動きを止めるようになるのももう少し後ですから、机にまで描く時期です。「はみ出さないで」「テーブルに描かないで」と言わず、紙の大きさや形を変える、描いてもかまわないテーブルを使うなど工夫して見守ってください。

この頃から、肘を伸ばすことそのものもおもしろくなり、棚の上のものを横になぎ倒して落とすことをくりかえしたりもします。

4）曲線が、縦から横、斜めへと広がっていきます。大きく手を伸ばして、紙の上のほう（体から離れた場所）にも描くようになります。肘が伸び、しっかりクレヨンを握っていますから、筆圧も強くなります。いろいろな方向の線を描くだけでなく、クレヨンを往復させて描くようにもなります。その後、うねうね、ギザギザ、ジグザグといった線を描き始めます。

肩と肘だけでなく、手首も使って描くようになり、丸や曲線を紙いっぱいに書きます。グルグルと円を描く動きは、たとえば、お皿からスプーンで食べ物をすくう動きともつながっていますから、描く遊びをたくさんすることが生活の行動の練習にもなるわけです。

5) いよいよ、丸が閉じます。つまり、描いている長細い丸の始点と終点が重なるのです。手首を細かく使って丸や渦巻きを描けるようになることと、目で見たものと手を使ってしている動きが一致すること（目と手の協調、協応）の両方がそろって成り立つ段階です。

　この時期、描いたものに名前をつけたり、説明をしたりという言葉の育ちも見られますから、子どもとたくさん話をできます。おとなも一緒に描いてみてはいかがでしょう？　この時、「え、○○には見えないよ（笑）」と否定したりバカにしたり、「○○なら〜じゃなきゃ」「こう描いて」と子どもの絵を直したりは絶対にしないでください。「もうやりたくない」という気持ちを育ててしまうからです。

6) 細長い丸の中に点や線、丸を書いて「顔」を描くようになり、いわゆる「子どもの絵」と言われる段階につながっていきます。

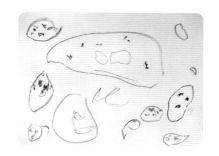

　私たちの園にも1歳3か月で閉じた丸を描き、「ママ」と言いながら顔を描いた子どもがいます。保護者に尋ねたところ、家庭で子どもが好きなキャラクターの絵や好きな食べ物などを描いて見せ、一緒にお話をしているとのことでした。子どもが「やりたい！」「おもしろい！」と感じている時、身近なおとなが描いて見せたり一緒に描いたりすることの大切さをあらためて感じました（早期に顔を描くことが良い、描ける子どもが優れている、と言っているわけではありません）。

　「絵を描くこと」は保育の世界で従来、「おとなが設定して子どもにさせるもの」として大切にされてきた活動です。でも、私たちの園では、乳幼児期の描画を「おとなから特別に与えられる活動」から、積み木やままごと同様、「自分がしたいと思った時にいつでもできる遊び」にしたいと考えてきました。子どもの「今、これをやりたい！」を笑顔で支えるおとながそばにいれば、絵を描くことが好きな人に育ちます。「うまい」「へた」を決して言わず、おとなが目指すものを描かせることなく、子どもは描きたいように描く。描画も、子どもが選んで子どもが行うものです。

# 稲刈りから精米、そしてご飯へ。
# すべて人力！
## 小倉北ふれあい保育所

　私たちの園は、市街地にある大きな自治体ビルの2階にあり、園庭は屋上緑化程度の狭いものです。それでも、「身近な自然」として田んぼと畑を作り、年長児と園芸担当の職員が活動しています。稲を育てている園はたくさんあるでしょうから、ふれあい独特な、稲刈り後の様子を紹介します。

　毎年5～6月に田植えをし、台風や虫、鳥と闘い、収穫にこぎつけます。年によって天候不順や虫やカラス、スズメの影響で、収穫の質も量も変わります。子どもたちは「カラスもご飯を食べないと困るよね」「雨が降らないと大変なんだ」と毎日、話しています。
　9～10月に稲刈りをし、ここからが年長の子どもたちの出番です。人力で稲から米、ご飯になる過程を体験します。

　稲を刈って、葉を1枚1枚取り除いた後、保育室で稲を乾燥させます。園の窓を開けることはできないのですが、天気の良い日は窓の近くに吊るすこともあります。

　稲穂を1本ずつ手に持ち、しごくようにして米を取り、良いコメと育っていない籾を分けます。分けながら、米粒を1粒ずつ並べ、数十、数百と数えることも。「大きい」「ぷっくりしている」「細い」…とぶつぶつ言いながら、そして、「汗かく～！」「肩こった！」とも言いながら、毎日コツコツ続けます。日によってメンバーは変わりますが、毎日、この作業を続ける子どももいます。トレイの下に積み木を置くと、肩がそれほど疲れないことに気づいたりもしました。

　次いで、すり鉢とすりこぎで籾を取ります。力加減が難しいので、ここは保育者も手伝います。力を入れすぎると粒が砕けることも学びました。さらに、もみ殻と玄米を1粒ずつ分け、良い米だけを選びます。ここでも数えながら分けました。

　精米は、瓶に入れた玄米をひたすらつきます。瓶を持つ人が2人、つく人が1人、計3人で息と力を合わせます。息が合わないと、うまくつくことができませんから、かなり真剣です。ただ、自分たちの好きな時間に友達を誘ってする作業でもありますし、子どもの力ですから、つき終わるには数か月かかります。途中で少し飽きることもありますが、いつも誰かが思い出したようにまた始めて、続けます。時折、瓶から玄米を出して脱穀加減（色）を確認しながら、2〜3月まで続きます。

　いよいよ3月。保育所のみんなに食べてほしいと、調理室で炊きます。収穫量が少ない年は白米に混ぜますが、2023年は収穫した米だけで炊くことができました。白米に混ぜた年でも、自分たちが作った米の粒はわかるのでしょう、「おいしい」「いいにおい」と、口々に感想を言っています。

　こうした手順は決まったものですから、創意工夫はないようにも見えます。でも、毎日同じことをくりかえしながら、子どもたちは「こっちのほうがやりやすい」「こうすればうまくいく」と考え、お互いに伝えながら進めていきます。帰宅時間はたいてい誰かしらが米をついているので、保護者も興味を持ち、子どもと米やご飯について話すようになります。「こんなこと、わざわざするんですか？」と驚いた保護者もいましたが、その後、その方は「家で『お米が残っているよ、最後まで食べて』と注意されました」と笑いながら話していました。

　稲から米、そしてご飯へと、自分の手の中で変わっていく体験は、私たちが大切にしている「手間ひまかけて、考えながら毎日コツコツ」そのものです。

# 2018年から続く、宇宙の探索と遊び
小倉北ふれあい保育所

　私たちの園は夜12時までの保育ですから、夜間保育の子どもは保育所で夕食を食べます。夕飯前の時間、保育室から見える夕焼けがとても美しい日もあります。夕焼け、一番星、のぼる月などを子どもたちは毎日のように見て、保育者と話をしています。

　2018年5月、こんなことが起こりました。Yさん※が「宇宙の絵」を描いたことから会話が弾み、年長の子どもたちが絵を描いて壁に貼り始めたのです。ところが、絵を見たNさんが「星って、ほんとは☆の形じゃないんだよね」とひと言。「そうなの？」「宇宙のことを調べよう！」と子どもたちは図鑑を開き、まず、太陽系の惑星の名前を覚え始めました。

　これが「宇宙に行ってみたい」「行くには、宇宙飛行士になってロケットに乗らなきゃ」「ロケットを勉強しなきゃ！」となり、ロケットについて調べ始め…。日本のロケットとアメリカのロケットを図鑑で見るうちに、国旗を見ただけでどの国のロケットかがわかるようになった子どももいました。国旗に興味を持った年中の子どもたちの間では、国旗の遊びも始まりました。

　ある時、宇宙には空気がないと学び、Nさんが「宇宙に行ったら息ができない」と言ったことが、みんなにとってずいぶんな驚きだったようです。「これは？」「あれは？」と、次々、子どもが保育者に聞いてくるようになったので、宇宙につい

66

て調べられるコーナーを作りました。一方、ペグ指しやゴムかけ、積み木などを使って宇宙を表現する子どもたちも。運動する時も「宇宙の動き」と言って、年少の子どもたちもまじえ、まるで無重力のように体を動かしていました。

　6～7月、七夕の絵本や星の図鑑などを見て「部屋を宇宙にしたい」という話になり、星、太陽、地球をペーパーマッシュで作り、星も折り紙で立体的に作って保育室じゅうにぶら下げました。これは年度末の3月まで続き、作り足しながら飾っていきました。子どもたちは、「床に寝転ぶと宇宙にいるみたいだよ」と話していました。

　そして9月、年長の子どもたちは念願のプラネタリウムに行き、それぞれ、自分の星座に興味を持つきっかけが生まれました。そこで、保育者がクラス全員の星座を作って壁に貼ったのです。「私／僕の星がある」「この形がきれい」、北斗七星、オリオン座など、知っている星や星座の名前を教えあい、さらに学んでいきました。おやつに「宇宙ゼリー」を考えて、栄養士と一緒に作ったこともあります。

　10月のお泊まり保育の夜は、保育者が簡易プラネタリウムを作り、子どもたちと一緒に天体望遠鏡を組み立てました。中秋の名月の時には、近くの陸橋など月が見える場所を探し、みんなで満月を見に行きました。子どもたちは月のクレーターや月の表面のでこぼこに感動していました。片目で望遠鏡をのぞくことはまだ容易ではないのですが、年少の子どもも天体望遠鏡を懸命にのぞきこみ、驚き、喜んでいました。

　毎日のように、押し入れや「さるのいえ」※※の中で簡易プラネタリウムを見ているうちに、年長の子どもたちは夜空のオリオン座と北斗七星を見つけられるようにもなりました。

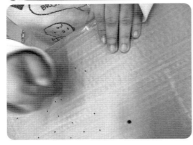

そして…。
「自分のプラネタリウムを作りたい」という話が持ちあがり、「どうすれば暗くできるか」「どうすれば星を明るく輝かせることができるか」…、子どもたちはいろいろなものを頭からかぶって相談を始めました。

たどり着いたのが、段ボール箱！ ぴったりの段ボール箱を見つけてから、本格的に製作が始まりました。穴を開けては頭を入れて、どんなふうに見えるかを確かめ、穴の大きさを変えると光り方が変わることも発見しました。テープのすき間で流れ星も作れる、セロハンで色をつけることもできる…。子どもたちは「先生も見てみて！」と職員を次々招待してくれました。もちろん園長も。

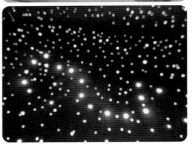

プラネタリウムと、自分が作った宇宙の作品は2月、家に持って帰りました。プラネタリウムで、寝ている時にもお部屋が宇宙みたいになったと、子どもたちは喜んでいました。保護者からは、「子どもがとても大切に毎日使っている」「就寝前に家族も貸してもらっている」「子どもがいない時に自分で見てみたこともある」といった話が聞こえてきて、「おとなも癒される」「落ち着く」そうです。

年が明けた2019年1月には、ホールで子どもたちとイプシロン4号の打ち上げを見ました。一緒にカウントダウンをしながら、子どもたちは自分たちのプロジェクトと同じように大喜びしていました。その後はさらに、宇宙の柄の布を保護者と選び、小学校で使う給食袋を縫ったりもしました。

3月の卒園式、「将来の夢は宇宙飛行士」と、3人が宣言しました！

2024年の今でも宇宙の遊びは続き、保育室に置いてある天体望遠鏡で皆既月食や宇宙ステーション「きぼう」が飛ぶ様子を見ています。玄関ホールの廊下、天井いっぱいに宇宙のモビールが下がっています。

そして、2018年から3歳児以上児クラスに受け継がれている「宇宙ノート」には、流れ星や星の名前の中国語も書いてあります。中国から来た大学院生さんに尋ねて教えてもらったものです。

　子どもの興味や関心には際限がなく、次にどんな「これは何？」「どうして？」が出てくるか予想もつきません。子どものなかにはどんな話題でもたいてい「○○博士」がいて、いろいろ調べてくれるものですけれど、調べ始めた子どもたちの質問には私たちもお手上げという時があります。でも、「わからないね」「むずかしい」で終わらせず、保護者に聞いたり、周囲の専門家に聞いたり…。おとなが一緒に考え、調べ、知識を増やしていく習慣が園全体にできあがってきたように感じます。

　蛇足になりますが、ずっと皆が宇宙のことに取り組んでいたわけではなく、国旗のように、どんどん脇道にそれて広がっていくことも多々あります。異年齢クラスの中で、年長児が調べたり、考えたりしている様子を年下の子どもはよく見ていますから、いろいろな話の中でそれぞれが興味を持ち、たとえば、年中の子どもが家庭で氷の溶け方の速さを調べてくるなど、実験も流行します。それもまた保育者の勉強につながり、保育者の間でも「そうなんだ！」「おもしろい！」が増えていきます。

※性別によるステレオタイプを避けるため、子どもは「さん」にしています。
※※「さるのいえ」は、2015年の子どもたちが木育（もくいく）の活動の一環として作った木の家で、今も3歳以上児クラスで使っています。集団から離れてちょっと落ち着きたい時、ちょっと眠りたい時などにも（30ページ）。

# 子どもたちが、私たちの保育を変えてくれた
小倉北ふれあい保育所

## 小倉北ふれあい保育所の簡単な歴史と私（酒井）の保育者歴

　社会福祉法人正善寺福祉会が神岳（かんたけ）保育園を開いたのは、1935（昭和10）年。北九州市でもっとも歴史ある保育園のひとつです。小倉北ふれあい保育所の前身となる神岳第二保育園は1982（昭和57）年３月、全国初の認可夜間保育園８園のひとつとして開園しました。市の保育施策として開園したもので、その後の1999（平成11）年、今の場所に移り、名称も変えて現在に至ります。午前０時まで開所する、北九州市唯一の認可夜間保育所です。

　園は市の中心部にある北九州市総合保健福祉センターの２階に位置します。７階建てのセンターには、夜間休日急患センター、医師会、保健所、各種の福祉センターなども入っています。ビルの２階ですから屋上緑化として小さな園庭もあり、桜やマキの木が植えられ、５月には田植えをし、夏野菜も育てています。

　午前７時から午前０時まで17時間開所、夜間におよぶ保育を実践している園で、後に書く通り、これも保育に大きな影響を及ぼしています。園自体は、乳児専門保育所である乳児部30名と、夜間部45名の２つの保育所から構成され、０〜２歳児クラスは乳児部と夜間部が年齢ごとに同じ保育室で一緒に過ごします。３歳未満児クラスはいわゆる「育児担当制」の保育、幼児クラスは異年齢縦割り保育です。34名いる職員は、乳児部、夜間部の区別なく協力して、保育と園運営にあたっています。栄養士と調理師は計４人います。

　私自身は保育学科を卒業後、附属幼稚園の教諭として17年間、働きました。保育時間は午前９時から午後２時まで、毎週水曜日は研修日で午前中３時間半。当時、「園は教育を行う場所。しつけは御家庭で」という考えを私自身も持っていました。それがある日突然、１日５時間の保育から17時間の保育の場に移ったわけですから、驚きの連続でした。

　夜間部の園長（酒井義秀。現・全国夜間保育園連盟会長。私の夫）は生家が保育園ですから、生まれた時からたくさんの親子や保育士と暮らしてきました。さらに、保母資格（当時は男性も「保母」資格）取得第１号の中の一人でもあります。でも、長年、保育以

外の仕事もしていましたので、「どうして？　なぜ？」が次々と出てきました。そして、同じように「なぜ？」と考える仲間がまわりにいることに気づきました。私たちの、たくさんの「なぜ？」が保育を変えていくことにつながったのかもしれません。

## 子どもたちの姿が、変えるきっかけに

　保育を利用する時間は子ども（＝保護者の就労）によって、さまざまです。医療に従事している保護者などの場合、シフトに応じて保育時間も変わります（夜間部の基本時間は午前11時〜午後10時、最大6時間の延長保育が利用可能）。つまり、生後3か月から就学までの子どもたち一人ひとりの登園時間、降園時間だけを見ても、かなりバラバラだということです。

　一斉に同じ時間に同じ保育をしていた当時は、こんなことがよく起きました。登園したら朝の集まりが始まっていたり、すでにクラス全体の活動が盛りあがっていたりして、子どもが保育室に入りづらい、保護者から離れない。帰る時間になっても、この活動は今日しかできない、次はいつできるかわからないと感じるのか、なかなか帰る気になれない様子の子どもも。そんな姿がとても気になっていました。

　夜間保育所ですから、昼食、おやつに加え、夕食も提供しています。以前は食事の時間も一斉でしたので、眠くなる子ども、早く食べ終わって席を立とうとする子ども、ゆっくり食べる子どもと、さまざまでした。保育者は、みんなで楽しく食事をしたいという思いで一所懸命でしたが、一人ひとりの子どもに十分対応しようとしても追いつかないことがあり、申し訳ない気持ちに駆られていました。おとなは多少のことには慣れていくものかもしれませんが、子どもははっきりしています。子どもが見せてくれた「正直な姿」が、保育を変えるきっかけとなりました。およそ20年前の話です。


　「子どもを尊重する保育」「したいもしたくないも、選ぶのは子ども」が当初のキーワードでした。私たちは、「自分なりの幸福に向かって、自分で自分の人生を決めるおとなに育ってほしい」、それを目指して「一日の生活の中で、子どもが自分で活動を選択し、子ども自身が学ぶことを保証する」と考えました。こう書いてしまうとありきたりですが、現実の保育にするのは容易ではありません。

　目標に向け、保育者は具体的に「穏やかに子どもとたくさん遊ぶ。1対1でかかわり、子どもとたくさん話す」を始めました。そのためにまず、私たちおとながとにかく保育について話すこと、自分の意見を言うこと、人の意見を聞くことから始めたのです。

## 保育を変えるためにしてきたこと

　とにかく始めようと、さまざまな保育理論や方法を学ぼうとしました。私自身、修士課程にも進みました。「夜間保育は難しいからわからない」と言われつつも、もがいていれば助けを得られるもので、たくさんの方にいろいろなことを教えていただきました。

　たとえば、外部から講師の方に来ていただき、３年間、指導を受けました。それぞれの保育を撮影して「もっと良くするには、どうかかわればいいか。どう動けばいいか（批判ではなく、改善方法）」を具体的に話しあう「ビデオ分析」を毎年計12回実施するという園内研修も始めました。50分の１縮尺の保育環境図を書き、玩具や什器の数や場所をすべて書き出し、子どもとおとなの活動の場所、動線を分析しました（必要に応じて、今もしています）。

　さらに、一人ひとりのその日の流れをほぼ毎日、５分ごとに書くという作業を始めました。保護者からも子どもの食事や睡眠の記録が細かく出てきますから、こうすることで一日の流れとしてその子にとって最適な形をだいたいつくることができます。保育利用時間が大きく異なる夜間保育だからこそ必要なことではありますが、家庭にいる間、どう過ごしたかはその日の子どもの様子に影響しますから、不可欠な作業だと考えています。

日課表
（現在も毎日作成）

　通常の保育をしながら、変えていく作業を続けました。「苦労のわりにはうまくいかないなあ」と感じる時期が続きましたが、子どもの育ちと同じで、急に「できる」を目指しても無理。「できるようになっていく」時間は必要だったのでしょう。それでも音をあげなかったのは、今の乳児部園長をはじめとする仲間がいたからです。この時、一緒に取り組んだ仲間たちが、主任や副主任、クラスリーダーとなり、今の保育を支えています。そして、「ふれあいの保育」を一緒につくっていこうという人たちがそれぞれの仕事を担っています。

保育のビデオ分析は「所内研修」としてその後は各クラス年2回、今も続いています。保育士だけではありません、栄養士も看護師も事務の職員もみんなで保育の勉強を続けてきました。

　特に、いわゆる「育児担当制」の保育をするには、給食チームの協力が不可欠です。発達に応じた食事の提供はもちろんのこと、子どもの食事時間に応じて配膳し（と言っても全体で1時間半ほどの幅）、食器や食具も一人ひとりに合わせます。給食室の職員が保育を理解して、「子ども一人ひとりのために」とわかっているから、できることです。そして、事務の職員が保育を理解することで、保護者との連絡や登降園時の対応といった側面で保育を強力にサポートしてくれます。職員の役割分担と連携が保育を変えていく大きな原動力となりました。

　そして、保育者以外の職員も子どもの成長発達を理解して動くことで、子どもたちとのかかわりも変わってきたのです。子どもたちは調理室の窓越しに給食チームと「今日の〇〇、おいしかった」「今度、〇〇も作ってほしい」といつも話しています（右写真）。また、子どもたちは事務のエリアに入ってきて、いろいろな報告をしてくれます（私たちの園には事務「室」がありません。カウンターで仕切られているだけです。下写真）。

　言うまでもなく、保育の方法を大きく変えるには保護者の理解も不可欠でした。それまで子どもが一緒に同じ時間にしてきた活動や、皆でする行事を見直してきたからです。理由を説明して具体的に変えていき、変わっていく子どもの姿が保護者にも見えることで乗り越えました。一方、子どもの起床から就寝までの流れと、その変化を園と保護者双方が理解するため、保護者は必ず毎日、「育児日記」を記入しています。園では毎日、それをパソコンの記録表に記入して、一人ひとりの保育に役立てています。

　保護者とのつながりが強くなってきた背景には、保護者に向けてさまざまな発信をしてきたこともあります。保育を変えるなかで「こうやっていけばいいのかも！」と感じ始めた私たちは、子育ての当事者である保護者に向けて私たちの専門性を活かした情報を発信

し始めたのです。たとえば、保育参加や保育参観の時には、一人ひとりの24時間の流れを記録した表と、その流れに対する保育士の役割や動きを掲示しています。給食試食会では食事場面のビデオを流し、食事の説明をし、保護者の意見を聞きます。離乳食開始から年長児までに使う食器や食具も展示します。

　新型コロナウイルス感染症がとても広がっていた間は、リモート配信を活用して同じことを続けてきました。自分たちがどういう保育をしているのか、なぜしているのか、すべての職員が自分で変えてきたことであり、今も変え続けていることですから、いつでも保護者に説明し、見せることができます。「いつでも聞いてください」「いつでも説明して、お見せします」という気持ちは、職員が感じている自信でもあります。

　今年度の職員アンケートでは、回答者全員が勉強会、所内研修、クラス会議での学びの大切さを挙げ、日頃のコミュニケーションの良さが保育の質向上に役立っていると答えていました。私たちの強みは「職員間の連携、保護者との協力体制」です。こう書くと、またありきたりにしか読めませんが…。


　考えてみれば、夜間に及ぶ長時間という難しい保育環境だったからこそ、保育を一から変えることにつながったのかもしれません。夜間保育、長時間保育が子どもの不利益にならないようにという思いが根底にあるのです。

　でも、いまや都市部を中心に、認可保育所も長時間保育です。働き方自体が変わっている今、保育を必要とする親子に必要な支援が届くことは重要です。保育所の開所時間に合わない働き方をしているから、保育を利用できないというのは理不尽です。一方で、開所している時間は常に子どもを預けるという流れにも疑問はあります。質の高い子育て環境、保育環境で育つ権利を子どもに保証するのは、おとな、社会の義務です。私たちの園の保護者は、子育ての大切さ、子どもと過ごす時間の大切さをわかっています。それは園が保育の内容、子どもの成長発達をとても細かく伝えているためでもあると思います。

## 1年めの卒園式の様子。そして、今も続く変化

　保育が変わったと感じたのは、ある時ふと、「保育室が静かになった」と気づいた時でした。大きな声で子どもたちに呼びかけていた保育者の声が小さくなったのです。そして、保育者が子どもたちに話す、伝えるという様子がどんどん少なくなり、子ども同士が話している場面、子どもと保育者が話している場面が見られるようになりました。子どもは元気いっぱいで騒がしい存在ではなく、自分が好きなこと、熱中していることをしていたら

とても静かです。会話をしている時、子どもも保育者もとても豊かな表情をしています。いつしか、子どもたちが保育室を走り回ることもなくなりました。

　そして、今でも、保育を変え始めてから１年経った時の卒園式の様子を皆で思い出します。子どもたちの落ち着きには目を見張るものがあったのです。私たちおとなが変わることで、子どもたちはこんなにも変わるのかと驚いたとともに、もっと良い保育をしたいと皆で心に誓いました。

　以上、取り組んできたことを書きましたが、しなくなったこと、使わなくなった言葉もたくさんあります。たとえば、「トラブル」「失敗」という言葉です。未就学児施設では「子ども同士のトラブル」と言うことがありますが、子どもは「トラブル」を起こしません。子どもは０歳から自分の意志を表現し、おとなに、まわりの子どもに、玩具や環境に働きかけているだけで、それを「トラブル」と言うのはおとなの価値観にすぎないからです。子どもにはトラブルも失敗もありません。

　私たちがあたりまえと思って使っている言葉、あたりまえと思ってしていることすべてについて、「なぜ？」「これでいいのかな？」「もっと良くできないかな？」と考えることで、変化が生まれてきます。そう考えるきっかけは子どもたちの姿のなかにあります。私たちにとっては、なにかつまらなそうにして、疲れているように見える子どもたちの姿がきっかけになりました。私たちは常に、「まずは子どもをよく見よう、理解するために学び続けよう」と言っています。

　今の私たちの保育はすべて、子どもたちが教えてくれたことです。

# 「やりたい」「できる」を
# 判断できる子どもを育てたい
## 花園第二こども園

　当園には、木で作ったロフトや構築物※がクラスの中にも園庭にもたくさんあります。一連の写真は０歳児クラスにあるものですが、０歳児以外、どのロフトにも階段やハシゴはついていません。子どもたちは自分の身長よりもずっと高い場所に手足だけで登ることをだんだん学んでいきます。他の子どもたちの登り方をよく見たり、時には友だちに教えてもらったりしながら。

　ロフトにはすべて、下の写真のような注意書きを貼っています。子どもの「やりたい」「できるようになりたい」をおとなが支えるための大切な決まりです。

　０歳児がロフトの階段を登ろうとしている時、坂をハイハイで登ろうとしている時、保育者は助けません。落ちそうになった時のために近くで見てはいますが、子どもが保育者を見たり話しかけてきたりしない限り、声もかけません。急に声をかけたり手を出したりしたら、かえって危険だから。０歳や１歳の子どもたちも自分で手元足元を見、ゆっくりゆっくり、「これはどうかな？」「こうしてみたら？」とでも言いたそうな顔をしながら動きます。時々、「どう？」という顔で保育者を見たら、保育者はニッコリして後押しの言葉をかけます。

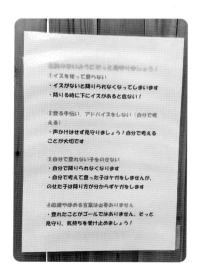

子どもたちは毎日、少しずつ新しい動きができるようになっていきます。

こんな環境ですから、園見学に来る保護者さんは必ず、「これに登るんですか？」「これ、落ちますよね？」とお尋ねになります。私が明るく、「はい、登ります」「はい、落ちることもあります」「けれども、登れる子は頭から落ちないことが多いです」と答えると、「そうですよね…」。

子どもができるようになっていく価値を感じてくださる保護者さんは、私たちの園、そして、園の子どもたち全員の味方になってくださいます。

※井上寿さん（一級建築士／こども環境アドバイザー）の指導のもと、作って設置しています。

# 4歳児うどんプロジェクト (2023年度)
## 花園第二こども園

散歩途中、色が変わり始めた麦畑を見て「これ、お米かなあ？」「なんだろう」と、子どもたちが話し始めました。一人の男の子が「これは小麦だよ。僕のお姉ちゃんと同じ名前」と教えてくれたことをきっかけに、小麦に興味が湧いたよう。

小麦に色の違いがあることに気づき、園に戻って図鑑を引っ張りだしたものの、違いはわからず、サークルタイム※でも話し合い、「家で調べてこよう」となりました。

麦についてサークルタイムにみんなで話し、紙に書いて広げてもいきました（書いたのは担当保育者）。

そのうち、農業高校の先生を親に持つ子どもが、家で聞いてきた情報をみんなに伝えました。そして、小麦からいろんな食べ物ができると図鑑で知った子どもたちが「作ってみたい！」と言い始め…。

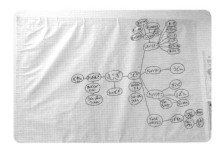

事前に担任が用意していた、小麦に関連する本の中に「うどん」の絵本を発見！ 子どもたちは「作り方がわかった！」。

**うどん作りに挑戦！**

1回めのチャレンジでは水の分量を間違えて、すっかりゆるい生地になり、すいとんとしておいしくいただきました。でも、どうしてもうどんを作りたい。2回めのチャレンジでは水も間違いなく計って、みごと！ うどんができました。

2023年4月の散歩で見かけた麦が6月に黄色くなったことで、小麦、うどんに興味を持った子どもたち。作ったうどんを実際、食べるに至ったのは2024年の3月中旬でした。

※サークルタイムは、朝、子どもたちが輪になって話しあったり、発表したりする時間。新しいプロジェクトのきっかけになるだけでなく、「そろそろ運動会だけど、みんな、どうしようか？」と保育者から子どもに投げかける場にもなる。

# 「指示する」保育から「支持する」保育へ
花園第二こども園

　2017年、保育所保育指針が改定され、翌2018年４月に施行されました。同時に幼稚園教育要領も小学校の学習指導要領も改訂されました。その時から、「アクティブ・ラーニング」や「非認知能力」などをキーワードとして目にするようになりました。「これからは子ども自身が考え、やりたいことをやりきることができる保育にしていかなくては！」と強く感じたことを覚えています。

　それまでも私たちの園では、３～５歳児の異年齢保育や、０～２歳児の「ゆるやかな担当制」など、いろいろな取り組みを続けていましたが、基本的に保育中はみんな同じように行動する、いわゆる「設定（または一斉）保育」と呼ばれる保育形態でした。遊びも製作も給食も、挙句の果てにはトイレまでもだいたいの時間や内容が決まっていて、その流れを崩すまいと保育者は一所懸命に声を張りあげ、子どもをなだめすかし、動かそうとしていたのです。子どもたちの「やりたい」より、保育者の「やらせたい」（指示）が大きかったように思います。

　「今までの保育がすべて悪かったのか？」と言われると、私はそうは思いません。なぜなら、それまでは社会から「みんなと同じ行動がちゃんとできる、いい子」を育てることを暗に要求されていたからです。画一的な行動ができる子どもを育てるためには画一的な保育が必要だったのだと、今でも思います。ただ、時代が大きく変わり、今の子どもたちが生きる世界は、これまでの世界とも今の世界ともまったく違うでしょう。今までのままの保育ではもうダメなんだ！と危機感すら覚えました。

　さあ、どうする。職員と一緒に保育指針や指針の解説書を読みあわせしながら、検討を始めました。「今までの保育がダメなんじゃない。時代に合わせて私たちも保育をアップデートしなくては！」というところでは合意に達したのですが、さあ、そこからどうする？　まず、「子どもの興味、関心に沿う」ってどういうこと？　保育をどうすればそうなるの？　子どもの好き勝手、自由にさせるの？　それって危なくない？　いろんな「？」が私の頭の中でも、職員全員の頭の中でもグルグル回っていました。

　そこで、百聞は一見に如かず。先駆的に「子ども主体の保育」に取り組んでいる園へ見

学に行きました。ただし、1日だけ2～3人が見にいって、帰ってきて報告するだけでは保育は変えられないと私は思っていましたから、先方に無理を言い、2か月程度かけて保育者全員（正規職員も短時間勤務の職員も）を2～3名ずつ、丸1日、保育室に張りつかせていただいたのです。行くだけでも片道3時間かかる園でした。でも、職員はみんな、「保育を変えるんだ！」という気持ちで乗り切ってくれました。

　この見学は保育者の意識を大きく変えました。たとえば、「自由に製作するために、ノリやハサミを出しっぱなしにするなんて危ないよね」と私たちは話していたのですが、その園では普通に出しっぱなしのうえに子どもが自分たちで考えて安全に使っていた。その姿を目の当たりにして「できるんだ！」と気づきました。さらにたとえば、0歳児が時間差で保育者と1対1、給食をゆったりと食べている姿を見て、「一斉の給食じゃなくていいんだ！」と腑に落ちる。そんな経験を山ほどしてきた保育者たちは、どんどん自分たちの保育を変えていきました。

　保育の方法次第で、子どもたちの「やりたい」は実現できると納得できた保育者たちは、次に保育の環境について頭を抱え出しました。3～5歳児の部屋では、コーナーで遊びを分けようとして、今まで使ってきた6人がけの机をコーナーに見立ててみたものの、すべてがぐちゃぐちゃに混ざりあい、子どもが遊びこめている様子がない。床にハサミが落ちていたり、机にノリが塗りたくられたりなど、保育者が思い描いていたのとは違うことが起こりすぎる毎日。0～2歳児は、給食を時間差で個別に食べようとしても今まで使ってきた机が大きすぎて場所もとるし、使い勝手も悪く、落ち着かない。何があの園と違うんだろう？　模索の毎日が続きました。「やっぱり、保育を変えるなんて無理なんじゃない？」、保育者のそんな声もちらほら聞こえるようになっていました。

　そんな時、私は保育環境の研修がてら、ある園の見学をする機会を得ました（2018年11月）。その園では、子どもの背の高さまで計算した木製のL字つい立てでコーナーを区切り、子どもたちは落ち着いて遊びに集中していました。また、保育室内にも園庭にもさまざまな高さのタワーやロフトがあり、軽々と登る子がいたり、自分も登ろうと果敢に何度もチャレンジする子がいたり、その下ではおままごと遊びに興じる子もいたりするという、まさに「子どもが自分のやりたいことをやりこむ」環境が目の前にあったのです。

　その後の2019年10月、私が見学した園にも関わっている井上寿さんに、自園の保育環境研修をお願いしました。井上さんの保育環境研修の根底にあるのは「子どもの力を信じる」「信じて見守る」、そして、それができる環境を私たちがつくることです。私たちは子

どもをどこまで信じられるのか、どうすれば見守ることが可能になる環境をつくれるのか、必要なものをそれぞれが自分で作りながらも、保育者の戸惑いが見えるようでした。

　折しも2020年４月、新型コロナウイルスの流行で緊急事態宣言が出されました。登園する子どもの数は通常の３分の１以下になり、保育者は子どもとゆったり接しながら保育室の改造を続けました。保育環境研修を続けるなかで、「保育室の机を全部、小さいサイズに変えたい」「保育室の押し入れを取り払いたい」「今までの園庭遊具をすべて撤去したい」「園庭に大きな築山を作りたい」といった大胆な意見が保育者から続々と出、私も園の運営者として相当な勇気（資金面とのかねあい）を必要としましたが、「主体的な子どもを育てる保育者が、主体的でなくてどうする」という信念のもと、可能な限り保育者の要望に応えていきました（写真は、サイズを変える前の机と変えた後の机です）。

　徐々に園児の登園が増えてきた時、私たちは子どもたちの力を目の当たりにすることになります。彼ら彼女らは保育室内に新しくできたロフトやコーナー、園庭に目を輝かせ、自分の好きな遊びを見つけていきました。最初は新しい環境に戸惑い、今までの保育者とのかかわりもあって、「これしていい？」「あれしていい？」といちいち保育者に許可をもらっていた子ども

も、やがて、一心不乱に自分の好きな遊びに没頭していきます。私たちはついに、「間違ってなかったんだ！」という確信を得ることができたのです。保育者の間でも、たとえばインパクト・ドライバーの使い方を習得して「新しい世界が開けました！」と言う声が聞こえたりもします（写真は、必要なものを自分たちで設計して作っている様子）。

　しかし、保育者の迷いは続きます。「主体的な子ども育ち」を支える（支持する）とはどういうことなのか、これでいいのか、毎日毎日、子どもたちの姿に教えてもらいながら、これからも正解のない保育を探求していきたいと思います。

証拠の縦糸：
生まれた瞬間から始まる子ども育て

# 遺伝子は設計図だが、「運命」ではない
## ：気質を例に

　成長発達を理解する第一歩は、「遺伝子」と「環境」の相互作用です。

　遺伝子は、生物学上の父母から受け取る設計図ですが、設計図は「運命」ではありません。ある設計図が発現するかしないか、どのような形で発現するかは、育つ環境によって大きく変わります※。そして、生まれたばかりの赤ちゃん、子どもたちにとっての「環境」はまず、まわりにいる人たち、特におとなです。おとなのなかには、子どもと遺伝子を共有している人もいれば、していない人もいます。

　さらに私たちが「環境」と聞いた時に思い浮かべるすべてのものが、成長発達に影響します。静かで穏やかな場所に住んでいるのか、騒音と大気汚染の中で暮らしているのか、平和なのか戦争のただなかなのか。飲んでいる水の質は？　環境中の化学物質は？　食べ物の質は？　教育システムは？　貧困は？　差別は？

遺伝子と環境の相互関係と言えば、誕生後はまず、「気質 temperament」＊＊です。子どもは全員、「気質」の人たちです。気質は、生物学的な母親と父親から受け継いだ遺伝子で決まり、外界の刺激に対する反応のパターン、感情のパターンなどの基礎となります。犬や猫でも、目の前で動くものをじっと見ている個体、すぐにパッと手を出す個体などそれぞれに違い、これが気質差。魚にも気質の差は見られるそうです[1]。

　生後すぐに始まる環境との相互作用のなか、気質を土台にして「性格 personality」＊＊＊が徐々につくられていきます。性格は、遺伝（気質）、周囲の人とのかかわり、知識、経験、その人をとりまく文化など、あらゆる環境要因によって形成されていき、人生のなかで変化していきます。

　「成長発達の当初には気質というものがある。でも、気質はその子の運命ではない」、そう考えてください。


　たとえば、「この子はいつも機嫌がいい」や「この子は気難しい」が気質です。

　いつもニコニコしている生後３か月児に、あなたはどう接しますか？　「かわいいね」「○○ちゃんの笑顔を見ていると、私もうれしくなるよ」と、何度ものぞきこんで話しかけるでしょう。あなたのその笑顔、あたたかな声、くりかえす言葉かけがその赤ちゃんにとっては「環境」であり、「経験」です。この子どもはあたたかな環境の中で、笑顔のやりとりを習慣にし、言葉をどんどん吸収し、周囲に明るく話しかける子どもに育っていく基礎ができていきます。

　一方、気難しい生後３か月児にあなたはどう接しますか？　顔を見るたびにいらだった声で「かわいくないね」「すぐ泣くし、うるさい」と言い、できる限りかかわらずに放っておくでしょうか？　あなたのムッとした顔、冷たい声がその赤ちゃんにとっては「環境」であり「経験」です。言葉かけも少なく、聞こえる声も冷たい。おとなはめったに近づいてこないので、泣かなければ自分の要求は満たされず、泣けば「また泣いている！」。「気難しさ」や「泣く」といった気質は強化されるばかりで、自分の要求を伝えるための言葉も学べません。

　けれども、気難しい０歳児のその後の性格やその後の人生は、気質で決まるわけではありません。「気質というものがある」とおとながわかっていれば、この赤ちゃんにも意識的にあたたかく、ニコニコと接するでしょう。保護者が生物学的な父母なら、赤ちゃんの気質の出どころにも思い当たる節があるかもしれません。そして、少しむずかり出したこの子に「○○ちゃん、おしっこかな？　おなかがすいたのかな？」とあたたかな声で話しかけ、泣いたとしてもあたたかく「ウンチだったんだね。オムツを替えてあげるよ」と接

していれば、「環境」も「経験」もまったく異なります。


　まず、乳幼児はほぼ「気質」の人たちであること。でも、気質を含め、遺伝子は運命ではないこと。育っていく時に起こる変化は、周囲のおとなのかかわりがもたらすもの。これが鍵です。


※成長発達や代謝等に直接影響する遺伝子変異や、悪性腫瘍のリスクを高める遺伝子変異（例：乳がんを中心に各種のがんリスクを上げるBRACA1/2など）では、発現自体の制御は困難か不可能な場合もあるが、影響をできる限り小さくする方法はそれぞれにある。

※※アレキサンダー・トーマス博士とステラ・チェス博士による分類（1960年代〜）は、気質を9側面に分類している。どの側面も両極端の分類ではなく、程度の違い。

・活発さ、活動性：体を動かす〜静かにしている。

・変化に対する順応性：高い〜低い。

・新しい人、ものに対して：積極的に近寄る〜当初は避ける〜避ける。

・持続、集中：する〜しない。

・気の散りやすさ：周囲の音や動きで気が散りやすいかどうか。

・喜怒哀楽の表出の激しさ：激しい〜表に出ない。

・気分：いわゆる「機嫌がいい」〜「気難しい」。

・五感の敏感さ：肌ざわり、光、音、におい、味、食感などに対する反応。

・生理的な規則性：睡眠、排泄、食事などが規則的なタイプとそうではないタイプ。

※※※性格とは、「個人がその人の人生に対する適応方法として形成する特徴と行動（気質に由来する特性、興味、動機、価値観、自己認識、能力やスキル、感情パターンなど）のセットで、長期にわたって維持される」[1]。1940年代以降、研究が続く「ビッグ・ファイブ」（5大性格因子）の分類は以下の通り。気質同様、両極端の分類ではない。また、長期追跡研究から、性格の各側面は安定しているものの、変わることも明らか。

・新しいものごとや経験に対する態度：好奇心が強い、新しいことが好き〜安定を好む、変化に慎重。

・ものごとに対する細かさ：効率的、細かい、整理・計画された状態を好む〜（左に挙げたようなものとは逆）。

・外向性〜内向性。

・他人に対する態度、共感：他人に興味を持ち、共感的〜（左とは逆）。

・不安、感情の不安定さ：心配性、不安定〜感情の揺れに強い、落ち着いている。


1）全米心理学会（APA）のAPA Dictionary of Psychology（心理学辞典）、temperamentの項、personalityの項。

# おとなの目に見える「できる」ではなく、基礎が「できていく」

　保育や子育ての本、情報を見ていると、「○歳○か月には、~ができるようになる」という記述をよく見ます。「できる」？　子どもは自然にできるようになるのでしょうか？そもそも、「できる」とはどういう意味？

　体の発達の場合、個体差はあるものの順序は変わらず、節目の時期もだいたい決まっています。寝返りをし始める時期、ハイハイを始める時期、立ちあがり始める時期…。こうした時期を決める要因を一卵性双生児と二卵性双生児で比べた研究によると、「支えなしに座る」「ハイハイする」では遺伝と環境（おとなのかかわりや環境の設定）の影響が半分ずつ、一方、「支えなしに一歩を歩く」時期を決める要因は84％が遺伝で、環境の影響は1割強のみでした[1]。遺伝子に組み込まれた情報をもとに、自然にし始める側面は確かにあるようです。

　でも、「~し始める＝できる」ではありません。遺伝の影響が大きい「一歩を歩く」でさえ、まわりのおとなのかかわりや環境による促しに影響されるのです。そして、「一歩、歩く」も「支えなしに座る」も「ハイハイする」も、ある日、突然に始めてその時、完璧に「できる」わけではなく、「だんだんできるようになっていく」です。「○歳○か月頃、~ができます」は誤解を招く言葉とも言えるでしょう。言葉は強力です。「できる」という言葉が、「この子は○歳○か月なのに、まだ~できない」「○歳までに~ができるようにならないと！」という認識のもとになるからです。


　乳幼児はいろいろなことが少しずつできていく存在である。そう考えて「できていく過程」をおとなが学ぶと、体の動き、特に乳幼児期初期の動きには「見えていないけれども、とても重要な部分」がたくさんあるとわかります。

　「歩く」や「箸を持つ」にも、はっきり見えない部分の育ちがたくさん必要ですが、もっと手前、たとえば、立ちあがり始めようとする子どもも同じです。この時期の子どもの姿を考えてみてください。おおまかに言っても背筋、首の筋肉、腹筋、腕の筋肉、脚の筋肉、足首の強さ、足指の強さ、すべての関節のスムーズな動き、それぞれのバランスなどが要求されます。

こうした育ちは「立ちあがる＝できる」という見た目に隠れてしまいがちですが、言うまでもなく、どれもその後のあらゆる動きに不可欠なものですし、生まれた直後から育てていくべきものです。逆に、ただ「立っている」「歩く」だけを子どもにさせていたら、ハイハイから立ちあがる時までに使うさまざまな部位は十分に育ちません。成果として見えない基礎の部分、初期の部分が大切とは、そういう意味です。

　約20年前、乳児発達の専門家たちが「タミー・タイム」（tummy＝「おなか」の子ども語）を推奨し始めました。へその緒が取れたら、目覚めている赤ちゃんを保護者の目の前で腹ばいにして遊ばせる勧めです[2]。これは、1992年、乳幼児突然死症候群（SIDS）を防ぐために０歳児のあおむけが推奨されるようになって以来[3]、乳児の粗大運動機能の発達に遅れが見られるようになったことが背景にあります[4]。あおむけで寝かしつければ死亡は劇的に減ります。反面、起きている時は腹ばいのほうが発達にとって良いのです。

　タミー・タイムの効果を調べた研究論文16本（1998〜2018年に発表。日本を含む８か国、０歳児計4,237人）をまとめて検討した論文によると、子どもが腹ばいで過ごす時間が長いほど、生後12か月までの粗大運動スキルや発達全体が良く、年齢補正したBMIも低く、腹ばい時やあおむけ時、ハイハイの時の動きも良いという結果でした。歩く、立つ、座るといった行動とも正比例する可能性が示唆されたようです[4]。

　生まれた直後から、「今の時期、少しずつできるようになっていくこと」と、今後に起こる体全体の成長発達を見越して、目に見えない発達も促していく、発達の基礎の基礎をつくっていく。でも、節目や成果にとらわれて「〜ができるように！」とせかしたりはし

ない。「○○ちゃんは、こういう動きをし始めたから、こういう環境、こういう促し方で、この動きをしっかりできるように育てていこう。だけど、この前にしていたことも続けて、基礎を築こう」…こんな取り組み方です。

1) Smith, L. 他（英国、スペイン）による研究論文. (2017). Genetic and environmental influences on developmental milestones and movement: Results from the Gemini cohort study.
2) 全米小児科学会による記事. (2023). Back to Sleep, Tummy to Play（寝る時はあおむけ、遊ぶ時は腹ばい）. https://www.healthychildren.org/ でtummy timeを検索。
3) 育児書で有名なスポック博士が勧めたうつぶせ寝が突然死のリスクだとわかった過程は、『ペアレント・ネイション：親と保育者だけに子育てを押しつけない社会のつくり方』（ダナ・サスキンド、2022年）の9章。
4) Hewitt, L. 他（オーストラリア）によるレビュー論文. (2020). Tummy time and infant health outcomes: A systematic review.

## おとなの体も「見えない部分」が重要

　たとえば、あなたが「自分は姿勢が悪いなあ」と思い、インターネットで「良い姿勢の例」を見、その姿勢をしてみたとします。じきにつらくなるでしょうし、早速、体のあちこちが痛くなるかもしれません。必要な全身各所の筋肉や動きが欠けていたり足りなかったりしているまま、無理に「見た目の良い姿勢」をしようとしたからです。あなたの今の姿勢は、あなたの今の体の筋肉や動きが決めているため、それを変えようと思うなら、全身各所を少しずつ変えていくことが鍵。そして、何歳であっても変えられます。
　これはスポーツやダンスでも同じです。教わった通りに動こうとしてもできない、見た目はできても体に無理が生じる、同じ動きの練習だけをしていたら痛みが…。動きはすべて、見えない部分や遠い部分も含めた全身で成り立っていますから、全身のバランスを考慮に入れたトレーニングが必須です。第二次性徴期以前の子どもに特定のスポーツをさせるべきではない、競技スポーツを専門的にし始めるのは遅いほうがいいというのも、同様の理由です[1]。

1) 公益財団法人日本スポーツ協会のリーフレット. (2021).「発育期のスポーツ活動ガイド」.

# 外界とのかかわりから生まれる「自我」
## ：主体とは何か

　保育・教育の世界では「主体性を育てる」「子どもが主体的に〜する」といった言葉をよく見聞きします。「主体性」「主体的」とはどういう意味でしょう？　保育・教育の事典を見ると言葉自体の定義はなく、循環論法や同義反復になっています。

例１　「主体性」の項：「主体性は『主体としての、みずからの活動の認識と意味づけ、そして活動のコントール』の問題として扱われてきている」[1]

例２　「主体的・対話的で深い学び」の項：「子どもが自ら周囲の環境に積極的に働きかけ、粘り強く取り組んでいく『主体的な学び』」[2]

　『広辞苑第四版』によると、「主体的」とは、「ある活動や思考などをなす時、その主体となって働きかけるさま。他のものによって導かれるのではなく、自己の純粋な立場において行うさま」。さらに、「主体」は「性質・状態・作用の主」であり「認識し、行為し、評価する我を指す」。未就学期は自我や思考の基礎の基礎を築く時期ですから、「認識し、行為し、評価する我」が子どもにあると言うのは無理があります。では…？

　「主体性」「主体的」の「性」や「的」は、言葉にあいまいな意味を持たせがちなので、「主体」の部分だけを見てみましょう。

　英語で「主体」にあたるのは、agency（エージェンシー）。定義は、「なんらかの結果をもたらす位置にいる人や物」（『広辞苑』が言う「作用の主」）です。人間でself-agency（セルフ・エージェンシー）と言うと「外界に自ら働きかける自分」、the sense of self-agencyと言うと「外界に働きかけている自分という感覚」となります（物には自我がないため、self-agencyとは言いません）。

　「外界に自ら働きかける自分」と言うと、「主体」のイメージはしやすいと思いますが、その前にひとつ、発達の側面で重要な点があります。主体云々以前に、「自分」という感覚はどのように育つのでしょうか？　つまり、自我を感覚し、その後、自分ではない他者の存在を理解していく発達の道筋です。「自分自身」の線引きがなければ、「外界に働きかける自分＝主体」の感覚は生まれず、他人も自分と同じように自我を持つ存在だとは理解できないでしょうから、この過程は不可欠です。

「自分は自分。それは当然！」ではありません。長年の研究によると、子どもが「自分」という感覚を持ち始める萌芽が明らかに現れるのは生後2か月頃です[3]※。この感覚は体を動かすことで生じる、自分自身および外界とのかかわりで育っていきます。たとえば、赤ちゃんが指を口に入れると、「口に入れている指」と「指が入っている口」の両方で同時

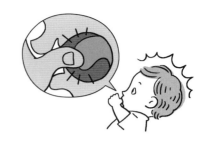

に接触の知覚が起きます。右手で左手をつかむと「つかんでいる右手」と「つかまれている左手」の両方で同時に接触知覚が起きます。このような二重の接触知覚が同期して起こることで、「（自分が）〜すると〜が起こる」という自我の感覚が育ちます。

　生後2〜4か月、視覚がはっきりし始めると、赤ちゃんは自分の手を発見します。生後半年ぐらいには、自分の足も発見します。自分の手足をしげしげと見つめ、動かし、動いている様子に驚き、「すごいよ！」と言いたげな表情をします。発見した手や足が、動かそうとすると動くものだとわかっていく過程で、手を動かして自分の足をつかんだり、周囲のものをつかんだりもし始めます。ものをつかんで動かすと、「自分がこうすれば、このものはこうなる（だろう）」という理解が生まれ、「外界に自ら働きかけ、外界とかかわる主体」として自我の感覚が育っていきます。

　「外界に働きかける自分」、この主体の感覚は、身体的、物的な側面に限りません。まわりにいる人たちとのやりとりを通じて社会的にも育ち、生後2〜6か月にはその様子が明らかに見られます。

　生後2か月ぐらいまでには、子どもは表情、声で保護者とやりとりをし始め、おとなの表情や声を真似し始めます。自分が表情を変えたり、いろいろな声を出したりすると、それに合った反応が戻ってきて、反応するとまた反応が戻ってきて…。ここでも、「こうすればこういう反応が戻ってくる」という想定、理解と、その反応を引き出す主体としての自我の感覚が育ちます。この段階は言語を使う会話の原型で、「原会話 Protoconversation」と呼ばれます[4]。赤ちゃんは生まれてすぐから、おしゃべりが大好きなのです。

たとえば、有名な「能面実験 still-face experiment」[※※]（例は110ページ）の最初の研究（1978年）は生後１〜４か月児を対象としましたが、この時期の子どもも保護者が想定外の反応（笑顔が急に無表情に変わる）をすると驚き、想定の反応（笑顔）を引き出そうと働きかけ、それでも反応がないと気づくとストレスを感じ、保護者から視線をそらす、むずかる、泣く、といった形でストレスを表します。

　この実験法は発達研究でさまざまに使われてきましたが、日常、子どもが発するシグナルにこまめに反応している保護者の子どもは、実験中に保護者が能面になってもむずかったり泣いたりが少なく、笑顔で保護者の反応を引き出そうとする傾向があると、能面実験を用いて2007年までに発表された85研究を集めて検討した論文[5]は示しています。また、こうした保護者の子どもたちは１歳時点で安定型のアタッチメントを示す傾向も見られました。日常のこまめなやりとりのなか、保護者が自分の働きかけに予定通りの反応をするとわかっている子どもは、保護者の突然の無表情にもさほど不安を感じず、働きかける主体である自分の力にも信を置いているのでしょう。

　身体的な線引きとしての自我は、子ども自身の行動と、周囲のおとなのかかわりの両方から生まれてきます。たとえば、自分の手を「発見！」した赤ちゃんに保護者がニコニコと「それは○○ちゃんの手だね。お父さん／お母さんの手でも○○ちゃんの手にさわってみようか？」と話しかけ、自分の手とそれをそっと握っている保護者の手を見比べている赤ちゃんとさらにやりとりをすれば…。体温のあたたかさも通して、より複層的に外界とかかわり、やりとりする自我をつくっていけるでしょう。

※誕生直後の口唇探索反射は、口の周囲に赤ちゃん自身の手が触れた時よりも、自身の手以外のものが触れた時のほうが統計学的に有意に（＝偶然以上の確率で）多く起こるため、誕生の時あるいはそれ以前にも原初的な身体的自我はあると考えられている[3]。

※※能面実験は、３つの場面で構成され、①乳児と保護者が笑顔で通常のやりとりをする、②保護者が急に無表情（能面）、無反応になる、③元のやりとりに戻る、が基本。子どもは②の時、保護者の無表情に驚き、反応を引き出そうとし、反応がないとネガティブな感情表出が増える。その後、③に移っても、子どもはしばらくネガティブな感情を見せる。この反応が起こる理由、②や③で子どもの反応に違いをもたらす要因などが研究されてきた。「still-face experiment Tronick」で動画検索すると、この方法の生みの親であるエドワード・トロニック博士の実験の様子を見ることができる。

1）『保育用語辞典 第8版』ミネルヴァ書房（2015）
2）『保育学用語辞典』中央法規（2019）
3）Rochat, P. 他（米国）によるレビュー論文. (2000). Perceived self in infancy.
4）Rochat, P.（米国）によるレビュー論文. (2003). Five levels of self-awareness as they unfold early in life.
5）Mesman, J. 他（オランダ）によるメタ分析. (2009). The many faces of the Still-Face paradigm: A review and meta-analysis.

# 「どう応え、どう話すか」は世界共通 ：赤ちゃん言葉の効用

　脳の発達にとって、まわりのおとなとのやりとり（発信と応答）が生まれたその日から不可欠であることは、多数の研究結果がはっきり示しています。まずは、赤ちゃんや幼い子どもにどのように話しかけるか？　いわゆる「赤ちゃん言葉」で話すべきか、おとなに話すような話し方をするべきか、これは長年、議論が続きましたが、結論は出ています。おとな同士で話をする時よりも音程が高く、音を延ばし、歌うように、優しいトーンで語りかける「赤ちゃん言葉」のほうが効果的です（「赤ちゃん言葉でなければいけない」「おとなに話すように話してはいけない」と言っているわけではありません）。

　おとなの表情の意味（笑顔、怒っている顔など）を明確には理解できない生後5か月児、120人を対象にした実験によると、この月齢の子どもたちは母語の英語でも、初めて聞く言語でも、明るく、優しいトーンの赤ちゃん言葉に対して、（おとな同士で話すトーンの話しかけよりも）長く反応しました。また、明るく、優しいトーンの赤ちゃん言葉と、子どもを叱る時のきついトーン（言い方は子ども向け）では、明るく、優しいトーンのほうに長く、ポジティブな表情で反応しました[1]。

　「赤ちゃん言葉」とおとなに話す時のトーンの違いを最初に明らかにした1993年のこの研究が発表された後、脳科学も含む多様な研究が進み、2015年のレビュー論文[2]は次のようにまとめています。

・赤ちゃん言葉は、（おとなが発している）言葉に子どもが注意を向けやすい。

・赤ちゃん言葉は、子どもと、ケアするおとなの間のやりとりを促す。

・赤ちゃん言葉は、母語が持つイントネーションやアクセントなどを強調するため、子どもに母語の特徴を伝えやすい。

　生後5か月の子どもも、おとなの声のトーンがポジティブかネガティブかは聞き分けており、眠っている時でさえ、子どもの脳は周囲にいるおとなの怒りのこもった声には反応しています。もちろん、子どもが今、まさに危険な行動をしようとしていることに気づいたら、おとなは「やめなさい！」と止めるでしょうし、そう言えば、たとえ赤ちゃんであっても行動を止めます。でも、そういった場合を除き、おとなはどんなトーンで赤ちゃん

と、あるいは子どもと話せばいいのでしょうか？

　まず通常は、いつも変わらない、あたたかくて愛情のこもった声のトーン。赤ちゃんであれば、そのトーンの赤ちゃん言葉です。乳幼児にとってはいつも同じ、安心できる言葉環境のもと、やりとりをするおとなとのつながりを強めていくことができます。

　この時、もうひとつ重要なのは、やりとりの間の「待つ」です。赤ちゃんの声にあなたがニコニコしながら応えている時、赤ちゃんはじっとあなたの顔（目、動いている口）を見ています。声を聞いています。あなたのにおいを吸い込んでいます。あなたのあたたかさを感じています。赤ちゃんの脳の中にはこうした刺激がどんどん吸収されていますが、処理にはまだまだ時間がかかります。急がず、ゆっくり、反応を待ちましょう。

　一方、「〜してはいけない」「〜しなさい」という類の話をする時は、とがったトーンではなく、（できる限り）冷静で落ち着いたトーンで話します。なぜか？　こちらが怒れば相手は聞いていないから、です。子どももおとなも、怒鳴られた瞬間には脅威を感じ、脳の中でももっとも古い部位に属する扁桃体が働いて「闘うか逃げるか fight or flight 反応」を起こします。これはすべての動物に共通する働きですから、人類に新しく備わった大脳前頭葉の機能（内容を受けとめて理解する機能）も止めてしまいます。つまり、怒られている側には「怒られた」という感情だけが残ります。

　子どもは０歳の時からおとなの行動を真似ていきます。周囲のおとながいつも大きな声で怒鳴っていれば、子どももそれが自分を表現する方法だと思い、真似します。逆に、いさかいの場でもおとなが（できる限り）冷静に議論していれば、子どもはそれをモデルにします。自分の感情や行動をコントロールするスキルが育つ場にもなるのです。

1) Fernand, A.（米国）による研究論文. (1993). Approval and disapproval: Infant responsiveness to vocal affect in familiar and unfamiliar languages.
2) Golinkoff, R.M. 他（米国）によるレビュー論文. (2015). (Baby) talk to me: The social context of infant-directed speech and its effects on early language acquisition.

# 発信しても応えがなかったら？
## ：おとなの応答の大切さ

　「外界に働きかける主体としての自分」、自我の感覚は、生まれた瞬間から外界が反応することで育っていきます。「子どもがストレスを感じている時、アタッチメントの対象になる存在が安定 stability と安全 safety を提供することで」[1] 安定したアタッチメント、つまり、安心して自ら世界とかかわろうとする「個」が形づくられていきます。ここでは英語を「安定」「安全」と単純に訳しましたが、それぞれ、「いつも同じで、赤ちゃんが予想しやすい」「穏やかであたたかく、愛情のこもった」という意味です。

　ここで言う「ストレス」は、おとなが考えがちなストレスではなく、空腹や不快といった生き物の基本的なストレスです。自分の命を守るため、生き物には不快や危険の感覚が生来備わっていますが、そこに人間ならではのストレス、あるいはストレスと一体になった肯定的な感覚や創造性が加わるのはもう少し後です。まず、空腹や不快といったストレスをひとつのきっかけにして、赤ちゃんたちは外界に働きかけていきます。

　働きかけそのものについては次項で書きますが、赤ちゃんや子どもに安定と安心が保証されなかったらどうなるのでしょう？　「働きかける主体」としての自我は育ちません。それを明確に示す悲劇的な社会実験が1966〜1989年、チャウシェスク政権下のルーマニアで起きました。妊娠・出産を奨励し、妊娠中絶を禁止する人口拡大政策のもと、10万人とも50万人とも言われる子どもたちが数百の施設で育ちました。施設には「国は、あなたがた（親）よりもずっと良いケアを子どもに与えられる」というスローガンが掲げられていたそうです[2]。

　施設の質はきわめて劣悪で、幼児もベビーベッドに何人も押し込められ、授乳、食事、排泄、シャワーなどはすべて、おとなが決めた時間でした。2000年以降、支援のプロジェクトでルーマニアを訪れた発達の専門家たちがまず驚いたのは、施設の静けさだったそうです。泣いても誰も反応しないネグレクト環境では、子どもは泣くことすらしなくなるのです。

　2000年、質が多少良かった６施設の子どもを対象に、その後のケアの効果を調べる介入研究が始まりました。まず、介入前、施設にいた95人（生後12〜31か月。「施設群」）

と、近隣で家族のもとに育った50人（比較対照の子どもたち。「家族群」）のアタッチメントを調べた結果によると、「安定型」のアタッチメントは家族群の74.0％に対し、施設群は18.9％。逆に、後の精神病理的問題のリスクが高い「無秩序型」は家族群の22.0％に対し、施設群が65.3％でした[3]。

ですが、研究グループが驚いたのは、アタッチメントの型以前の発見でした。まず、施設群95人のうち12.6％がアタッチメントのどの型にも「分類不能」（家族群は０％）で、「無秩序型」「分類不能」が施設群の計77.9％を占めました。

子どもの動きがアタッチメント行動としてどの程度、典型的かをスコア化したところ、施設群の9.5％は「アタッチメント」とみなしうる行動を一切せず（家族群は０％）、アタッチメントの４タイプいずれかに属する典型的な行動をしたのは施設群のうちたったの3.2％（家族群は100％）でした[3]。「虐待されていても、乳児はおとなに『アタッチメントを形成する』」とボウルビィやエインスワースは常に考えて」[4]おり、ケアするおとなにアタッチメントを形成しない乳児がいるとは、それまで考えられてこなかったようです。

けれども、特に施設で育ち、アタッチメント行動自体が欠ける子どもたちの存在は、ルーマニア以外でも複数報告されています[4]。10研究（計399人の子ども。日本の研究を含む。2003～2015年発表）をもとにしたメタ分析では、全体の54％が「無秩序型」または分類不能でした[5]。


成長発達において、安定したアタッチメントの重要性はよく指摘されるところですが、実のところ、身近なおとなとのつながりすら「保護者だから」「保育者だから」自然に生まれるものではなく、育てるものなのです。いわゆる「チャウシェスクの子どもたち」は、その事実をはっきりと教えてくれています。

1) National Collaborating Centre for Mental Health（英国）のガイドライン. (2015). Children's attachment: Attachment in children and young people who are adopted from care, in care or at high risk of going into care.
2) The Guardianの記事. (2014/12/10). Ceausescu's children.
3) Zeanah, C.H. 他（米国）、ブカレスト早期介入プロジェクトによる研究論文. (2005). Attachment in institutionalized and community children in Romania.
4) Fox, N.A.（米国）他、同上のプロジェクトによる研究論文. (2017). The effects of psychosocial deprivation on attachment: Lessons from the Bucharest Early Intervention Project.
5) Lionetti, F. 他（イタリア）によるメタ分析. (2015). Attachment in institutionalized children: A review and meta-analysis.

# 応答を理解し、言葉も手に入れる ：赤ちゃんが泣く理由

「ネグレクトをしていない限り、大丈夫なのでは？」。ルーマニアの例は、確かに極端です。けれども、安定した（いつも同じ）、安心できるかかわりには「これだけしておけば、子どもの育ちには十分」という線引きがありません。「十分か不十分か」ではなく、少なければ少ないほど悪影響が増え、多いほど良い影響が増えるもので、それは赤ちゃんたちが泣く理由と、いわゆる「チャウシェスクの子どもたち」が泣かなかった理由を考えれば容易にわかります。

生まれたばかりの人間は、まだ言葉を持ちません。言葉は表現やコミュニケーションの道具以前に、自分の脳、自分の体の「#~!_$*」を自分でつかむ道具ですから、まだ言葉を持たない赤ちゃんは、おなかがへっても、頭が痛くても、寒くても暑くても（＝どれもストレス、生理的な不快）、それが何なのかすらわからないのです。

だから、体をもぞもぞと動かし、むずかり、声を出します※。おとなが気づかなければ、やがて泣きます。これがコミュニケーションの「発信」の原型です。人間の赤ちゃんの泣き声を聞くと、子育て経験のないおとなでも脳の、それも生存にかかわる古い部位に特徴的な反応が起こり、居ても立ってもいられない状態になります[1]※※。赤ちゃんのケアをしているおとなもそう感じ、「どうしたの？　おなかがすいたのかな？　ウンチかな？」と声をかけ、そっと抱きあげます。この言葉と行動すべてがコミュニケーションにおける「応答」です。

おなかがへったのか、ウンチなのか、頭が痛いのか…、赤ちゃんに優しく話しかけながらおとながケアをしている間に、その時の「#~!_$*」に当たると赤ちゃんはむずかるのをやめ、安心した顔になるでしょう（応答であり発信）。表情の変化を見て、「ああ、やっぱりおなかがへっていたんだ！　ミルク、いっぱい飲んだね。おなかいっぱい！」とおとなが言う（応答であり発信）と、赤ちゃんの脳の中には、「#~!_$*」という感覚に加えて、その感覚（ストレス）が消えた感覚も加わり、「おなかがへった」「ミルク」「おなかいっぱい」などの言葉も入っていきます。「#~!_$*」は次第に、「おなか」「ミルク」「いっぱい」などの言葉、感覚につながり、赤ちゃんは「#~!_$*」といった自分の感覚を言葉でつかみ始めます。

　「#〜!_$*」や「'&q%^」に対して一日に何回もこのやりとりがくりかえされていくと、まず、赤ちゃんは「#〜!_$*」「'&q%^」という感覚自体が感じるに値するもの、むずかったり泣いたりして発信するに値するものだと学習します。「感覚し、発信する主体である自分の力」を理解するのです。さらに、自分がむずかったり泣いたり（発信）すれば、同じ人から同じ反応が想定通りに返ってくると次第にわかることで、「外界に働きかけ、想定通りの反応を引き出す主体」としての自我の感覚を得ていきます。同時に、あたたかく、優しく、いつも同じ反応をする人に対して感情的なつながりを形成していきます。

　これが無数にくりかえされることで、不快やストレスを感じたとしても、自ら発信することで解消できるという感覚、安全な世界の中で安心していられるという感覚（＝安定したアタッチメント）が育って（学習されて）いきます。そして、自分の感じていることをつかむ言葉、伝える言葉も覚えていき、使えるようになっていきます。

　では、赤ちゃんがむずかったり泣いたりした時、（ルーマニアの施設のように）誰も反応しなかったら？　おとなが怒った声、冷たい声、ものを扱うような動作で反応したら？「小さい子どもに違いはわからないだろう」？　いいえ、子どもは生後数か月でおとなの声のトーン（「優しい」「怖い」など、声に含まれるニュアンス）を理解し始め、怒りやいらだちのこもった声には脳がストレスを感じます。

　たとえば、生後6〜12か月児23人とその生物学的両親（虐待歴や暴力歴はない）を調べた研究によると、口論が多い両親の子どもは怒りなどのネガティブな感情反応につなが

る脳の部位の働きが強いという結果でした[2]。また、眠っている子ども（6～12か月。20人）に「怒った声」「明るい声」「感情のこもらない声」（実験のために録音した、意味をなさない言葉）を聞かせると、ふだん両親の口論が多い子どもほど、怒った声に脳が強く反応することが明らかになりました[3]。

　発信しても反応がなかったり、安心を感じられない声や行動で扱われたりすれば、赤ちゃんは「#~!_$*」や「'&q%^」を自分で感じること、それを発信することに意味があると学べませんし、「#~!_$*」や「'&q%^」自体が悪いことだとさえ感じるでしょう。「外界に働きかける主体」以前に、自分の感覚すら自分のものとして学べないのです。むずかっても泣いても一貫した反応はないため、「チャウシェスクの子どもたち」のように発信（泣くこと）自体をやめてしまうかもしれません。自らの身体感覚も「外界に働きかける主体」の感覚も育たず、「#~!_$*」や「'&q%^」を表現する言葉も脳に入りません。ケアするおとなとの強いつながり、安定したアタッチメントも築けないでしょう。

　後ほど書く通り、子どもの発信に対して身近なおとなが応えるやりとりの質と量は、主体や自我の育ちだけでなく、脳そのものの発達に影響することがわかっています。その影響も「十分か不十分か」ではなく、少なければ少ないほど後々の問題が多く、多いほど良い影響がある、というものです。「ネグレクトをしていなければ、子どもは育つ」「誰かしらおとながいて世話をしていれば、子どもは育つ」のかもしれませんが、それは最低限の成長発達です。

※典型的な発達をしている130人の0歳児（米国の英語話者の家庭）が1年間に発する声のうち40％は、高い声または低い声のまとまったパターンを示し、時期にはばらつきがあるものの、全員がパターンのある発声をしていた。0歳児も発語の練習をしていることを示している[4]。研究では計1,154日（全日。1人平均8.9分）の録音を使い、各日分から5分間を無作為に21個ずつ抜き出し、分類した。

※※赤ちゃんの泣き声にいらだつおとなが少なくないのは、脳のこの働きによる。また、脊椎動物の幼体の泣き声（成体を呼ぶ声）には音の共通点が多く、幼体の泣き声には異なる生物種の成体も反応する[5]。

1) Young, K.S. 他（英国、デンマーク、米国、南アフリカ）による研究論文. (2016). Evidence for a caregiving instinct: Rapid differentiation of infant from adult vocalizations using magnetoencephalography.
2) Graham, A.M. 他（米国）による研究論文. (2015). Early life stress is associated with default system integrity and emotionality during infancy.
3) Graham, A.M. 他による研究論文. (2013). What sleeping babies hear: An fMRI study of interparental conflict and infants' emotion processing.
4) Yoo, H. 他（米国、オーストリア）による研究論文. (2024). Infant vocal category exploration as a foundation for speech development.
5) New York Timesの記事. (2017/9/4). A baby wails, and the adult world comes running.

# アタッチメントは備わっているもの？
# 学習するもの？

　アタッチメントは、身近で日常的にケアし、その子どもとかかわるおとなとの間につくられる感情的つながり。成人期、感情的な支えを人間関係のなかで求めようとする傾向も指します。子どものアタッチメント型は、メアリー・エインスワース博士（1913〜1999年）の「ストレンジ・シチュエーション法」を用いて、「安定型」「回避型」「アンビバレント型」「無秩序型」の4つに分類されます。

　乳幼児とおとなの間にどのようにしてアタッチメントが形成されるのか、何がアタッチメントの形に影響を与えるのかは、議論と研究が続いています。アタッチメント理論の祖であるジョン・ボウルビィ博士（1907〜1990年）は、孵化した時に見たものをヒナが親とみなす「すりこみ imprinting」と同様に、アタッチメントも生得的と考えていたようですが[1]、一方で、学習の側面もあると考えていたようです。つまり、泣くなどして生理的な不快を訴えると誰かが近づいてきて、不快が解消する。このくりかえしが古典的条件づけ、またはオペラント条件づけになってその人を「安全のもと」とみなすようになる（アタッチメント）という流れです[2]。この時、「誰が」「どのように」反応するか（反応しないか）が、アタッチメントの違いの一因になります。

　アタッチメントの型に違いがあるだけでなく、成育環境によっては典型的なアタッチメント行動を示さない（＝型に分類できない）子どももいる現実を考えると、子どもがまわりのおとなとのやりとりを通じて学習する部分は無視できないでしょう。そしてこの点は、先進国の中でもっとも長い時間、子どもが多数のおとな、他の子どもと未就学児施設で過ごしている日本では、軽視すべきではありません。

1) Juan-Pablo Robledo, J. 他（チリ、フランス、英国）によるレビュー論文. (2022). Back to basics: A re-evaluation of the relevance of imprinting in the genesis of Bowlby's attachment theory.
2) Guy Bosmans, G. 他（ベルギー、オランダ、英国）によるレビュー論文. (2020). A learning theory of attachment: Unraveling the black box of attachment development.

# 赤ちゃんは心を持った一人の人格
## ：マインド・マインデッドネス

　エインスワース博士は、「母親の感受性 maternal sensitivity」（現在は「保護者の感受性 parental sensitivity」）を安定したアタッチメント形成の柱のひとつと考えましたが、「感受性」を測る尺度は明確に定義されておらず、その後、研究によって違いが生じる一因になりました[1]。この問題を解決するため、1997年、「マインド・マインデッドネス mind-mindedness」（心があると意識すること）という概念を提唱したのが英国のエリザベス・ミーンズ博士です。

　1971年、母親の感受性に関してエインスワース博士は、「安定したアタッチメントを形成している子どもの母親は『子どもの視点でものを見ることができ』、自分の子どもを『自分とは異なる別個の人格』とみなし、『子どもが今していることを大切と考え、じゃまをしないようにする』」と書いているそうです[1]。つまり、赤ちゃんの生理的な要求やストレスに「いちはやく」「正しく」応えるのも確かに重要ではあるものの、それだけが母親の感受性だとは考えていなかったのです。

　新しい研究を始めたミーンズ博士のグループは、エインスワース博士の当初の考え方と、乳児の自我や主体の発達の新しい知見をもとに5つの尺度、「赤ちゃんが見ている方向が変わったら応える」「赤ちゃんがものに対して何かをしていたら応える」「赤ちゃんの模倣をする」「赤ちゃんが自分で何かをすることを励ます」「赤ちゃんの考えや感情（＝マインド）に合った話しかけをする」を作成し、65組の母子（子どもは生後約6か月）のやりとりを実験室で記録、母親の行動を測りました。そして、生後12か月時、ストレンジ・シチュエーション法を用いて子どものアタッチメントを調べました[1]。

　すると、12か月時の安定したアタッチメントに比例していたのは、上の5つの尺度および母親の学歴のうち、「赤ちゃんの考えや感情に合った話しかけをする」だけでした[※]。従来の感受性の尺度ももちろんアタッチメントと比例していましたが、それとは別にこの「適切な話しかけ」がさらにアタッチメントと比例していました。従来の「赤ちゃんの要求にいちはやく、正しく応える」感受性と重複しつつも、別のメカニズムがアタッチメント形成に寄与していたわけです。

　その後、この「赤ちゃんのその時の考えや感情に合った話しかけをする」が、マイン

ド・マインデッドネスとして広く研究されてきました。

　マインド・マインデッドネスは、「赤ちゃんは独立した一個の人格で、その子自身の感情や考え（マインド／心）があると、おとながしっかり心に留めておく」という意味です。でも、０歳児の感情や考えをおとながどうやって理解して、言葉をかければいいのでしょう？　実験用のマニュアルを見ればわかります[2]※※。
　・赤ちゃんが今、何かをしようとしている。保護者がその意図をわかって言葉にする。
　　例：子どもがイヌのぬいぐるみに手を伸ばそうとしている→「○○（子どもの名前）は、今、イヌのぬいぐるみで遊ぶことに決めたんだね」「ワンワンのぬいぐるみは○○のお気に入りだね」。子どもが段差を乗り越えようとしている→「○○は段差を自分でまたいでみるの？　よし。右足を上げて…。うん、次は…」
　・赤ちゃんが今していることとつながる、過去の話をする。例：子どもが外を歩いているイヌを指さして声を出している→「ワンワンが歩いているのを○○は見ているんだ。あなたと私が昨日、散歩をしている時にも大きなイヌがいたね。覚えている？　ちょっと怖いって顔をしてたよね、○○は。大きいワンワンだったものね」
　・赤ちゃんが感情を表現している。保護者がその感情を言葉にする。例：子どもが持っている玩具をうまく動かせず、イライラし始めている→「○○はイライラしているように私には見えるけど。うまくいかなくて困ってる？　助けようか？」

　一方、「赤ちゃんの考えや感情に合わない話しかけ」とは…。
　・子どもがしていることを明らかに誤って解釈している。例：子どもが何かで遊んでいるのに、「飽きた？」「〜をしたい？」「何をして遊びたい？」と言う。
　・今、子どもがしていることとは無関係な話をする。
　・今、子どもがしていることに対する話しかけかどうかがはっきりしない。例：「それ、かわいいね」「楽しいね」「ワンワンのぬいぐるみだね」

　マインド・マインデッドネスの話しかけは、赤ちゃんが泣き出したのを見て、おなかがすいたのか、それともオムツを替えてほしいのかを正しく、すぐに推測せよという話ではありません。今、目の前で赤ちゃんが（しようと）していること、行動や声から赤ちゃんが考えているであろうこと、表情や声から赤ちゃんが感じているであろうことをおとなが言葉にする行動です。
　もうひとつ、ミーンズ博士たちの研究では、生後数か月の赤ちゃんのさまざまな発声に

それぞれ意味があると考えてそれぞれの発声に応えようとしている母親のグループでは、そうではない母親のグループと比べて、後に安定したアタッチメントの子どもが多いという結果も得られています[1]。生後6か月児はすでに身のまわりのもののおおまかな区別ができ、0歳児の発声にはある程度の意味があるのですから、それを積極的に聞き取り、応えようとする保護者の行動には、それだけでもつながりを強める効果があるでしょう。そして、表情も含め、赤ちゃんの「あ〜あ」に「あ〜あ」と応える、「う〜♪」に「う〜♪」と応える、おとなの模倣の大切さも明らかです。

　おなかがすいたのであれ、頭が痛いのであれ、寒すぎるのであれ、発信すればいつものおとなが優しく、あたたかくケアしてくれるという学習はアタッチメントの一面です。もうひとつには、そのおとなが「うん、〜なんだね。なんでもやってみて。私／僕はここにいるから、何かあったらいつでも戻っておいで」と背中を押すことで、0歳児も前を向き、自分で世界とかかわっていけるという側面があります。どちらもいわゆる「安全基地」ですが、従来の研究は前者の面を主に測っていたことになるのかもしれません。

　2021年に発表されたメタ分析の論文では、2016年8月〜2018年9月に発表されたマインド・マインデッドネスの研究論文42本をもとに計算をし直し、アタッチメントだけでなく、実行機能、言葉のスキル、社会認知スキル（「心の理論」など）の発達も保護者のマインド・マインデッドネスと統計学的に有意に（＝偶然以上の確率で）比例していることを示しました[3]。そして、子どもを育てるうえでリスクが高い条件を有する保護者や出産前の保護者がマインド・マインデッドネスのトレーニングを受けると、子どもとのやりとりが良くなり、トレーニングを受けなかった群に比べ、安定したアタッチメントが増えるといった結果も得られました。

　また、未就学児施設（12施設）の保育者と3歳児の関係を調べたオランダの研究によると、保育者がマインド・マインデッドネスに基づいた話しかけをしているほど、子どもはその保育者に安定したアタッチメントを示しました[4]。

---

※アタッチメント形成上、他の4つに意味がないわけではなく、直接の比例関係にあるのがこの要因だという意味。共同注意（赤ちゃんが見ている方向が変わったら応える、赤ちゃんがものに対して何かをしていたら応える）も、保護者が赤ちゃんの模倣をすることも、どちらも非認知スキル、認知スキルの発達に重要であり、保護者との間のつながりを強める。

※※日本語の文では話している主体を指す言葉や話しかけている相手を指す言葉を省略するため、このような言い方にはそもそも違和感がある。けれども、「私」「僕」「あなた」「○○（子どもの名前）」などの言葉をはっきり言い、そのうえで「私はあなたが〜と感じているんじゃないかと思っている」のように自他を分けて話すことは、「心の理論」のような他者理解に役立つ。

1）Meins, E. 他（英国）による研究論文. (2001). Rethinking maternal sensitivity: Mothers' comments on infants' mental processes predict security of attachment at 12-months.
2）Meins, E. 他（英国）による実験用マニュアル. (2015). Mind-mindedness coding manual, Version 2.2.
3）Aldrich, N.J. 他（米国）によるメタ分析. (2021). Evaluating associations between parental mind-mindedness and children's developmental capacities through meta-analysis.
4）Colonnesi, C. 他（オランダ）による研究論文. (2017). Mind-mindedness of male and female care-givers in childcare and the relation to sensitivity and attachment: An exploratory study.

## 「安全基地でいてくれたかどうか」も鍵

　アタッチメントに影響する要因としては、「結果的に安全基地が得られたかどうか」もあるようです[1]※。それはたとえば、「泣いている時、泣きやむまでおとなが抱っこしてくれていたか」「自分で遊んでいる時、じゃまをせずに遊ばせてくれていたか」などで、抱きあげるのが少し遅れても、少し雑に抱きあげても、泣きやむまで抱っこしていれば、「この人は安全基地だ」と学習するのです。

　一方、泣きやむ前に赤ちゃんをおろす、「バイバイ」と立ち去るふりをする、怖い声を出す、「泣くな！」「悪い子」「言うことを聞かない子」などと言う、泣いている子どもの前に突然、顔を突き出す（おどかす）といった行動は、不安定なアタッチメント型とつながっているようです。「安全基地になってくれると思っていたのに違う！」という感情を子どもに与えてしまうからでしょう。また、子どもが自分から離れないように動きを抑える、遊びをじゃまする、指示し続けるといった、いわゆる「過保護」も不安定なアタッチメントにつながっていました。

※83組の低所得層母子で生後4か月半、7か月、9か月、12か月を調べた。条件をそろえるため、過敏でぐずりやすい気質の赤ちゃんが対象。特に米国でこうした層の研究が数多く行われているのは、知見を増やすのみならず、家族支援にも直接つながるため。

1）Woodhouse, S.S. 他（米国）による研究論文. (2020). Secure base provision: A new approach to examining links between maternal caregiving and infant attachment.

# 成長発達の要素は、すべてがつながっている

　本書では、あちこちに同じ概念や同じ言い回しが何度も出てきます。話が行ったり来たりに見える所も多々あります。成長発達はそれぞれの要素が独立して直線的に進むわけではなく、それぞれがつながり、依存して進むためです。その様子をわかりやすく説明した図が2020年の論文にあります[1]。下線は、特に初期、育たなければならないと著者が指摘している要素です。

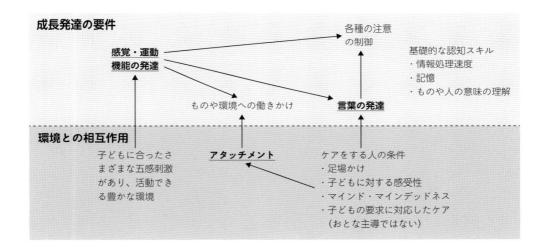

　「ものや環境への働きかけ」を見ても、感覚・運動機能の発達のみではなく、身近なおとなとのアタッチメントをもとに、安心してものや環境に働きかけようとする子どもの意図が必要です。そして、身近でケアをするおとなの行動が子どものアタッチメントの形成、言葉の発達につながり、言葉の発達が注意の各種スキルを育てます。

　もちろん、こうした過程は、子どもとその身近にいるおとなだけが担うものではありません。おとな（保護者、保育者）が乳幼児のケアを十分にできる社会環境、子どもが十分に育つことのできる物理的、社会的な環境がさらに基本的な要件です。

1) Thompson, A. 他（英国）によるレビュー論文. (2020). Sensitive periods in executive function development.

# 自分と他人をつなぐ最初の鍵、
# 学びの第一歩：見つめあいと共同注意

　自我の形成過程と並行して、生後2か月ぐらいから目に見えて始まるのが「共同注意 joint attention」の発達です。この「注意 attention」は「アテンション、プリーズ！」（こっちを見て。ちょっと聞いて）と言う時の意味で、「対象に向かって視線や意識を向ける行動」です。joint（ジョイント）は「一緒に」という意味。

　共同注意とは、「共通した対象に2人が一緒に注意／意識を向けること」。赤ちゃんは生後数日のうちにおとなの目をじっと見つめるようになり（相互凝視 mutual gaze）、お互いの目を見る共同注意が始まります。生後2か月ぐらいには、視線と表情と声でやりとりを始めます。視線が合っている状態から、保護者が別の所へ視線を向けると（視線をそらすと）、赤ちゃんは目が合っていないとわかり、自分の視線に対して保護者の応答がないと不安を感じます。

　生後半年頃、保護者の視線を追うようになり、9か月ぐらいでいわゆる「3項関係の共同注意」をし始めます。3項関係、つまり、あるものを見ている保護者の視線に合わせて、子どももそのものを見る行動です。そして、おとなが指さしたものに視線を向ける、自分で何かをじっと見たり、指さしたりしつつ、声も出しておとながそちらに視線を向けるよう促す、自分が見ているものとおとなの顔を交互に見るなど、共同注意の形は複雑になっ

ていきます。

　保護者の視線を追い、保護者が見ているものに視線を向けるようになっていくことは、子どもが保護者（自分にとって大切な人）の意図に関心を持ち、意図をわかろうとする過程です。ここから、他者が自分とは違う意図や感情を持っているという理解も徐々に生まれます。この時、見ているものを保護者が指させば子どもにはおとなの意図と視線がずっとわかりやすくなり、さらに話もすれば、わかりやすいだけでなく、言葉も一緒に吸収されていきます。

　子どもがまだ言葉では言えない時期であっても、興味をひかれたものを子どもが指さしたり、じっと見たりした時に保護者がその対象を見、子どもにも視線を向けて、ニコニコと「あ、～だね。あなたが大好きな～だ」「～だよ。青い～は速いね！」と言うのを聞け

### 「目を見る」のは、胎児期から？

　目がまっすぐこちらを向いている顔の写真と、同じ顔で目だけが横を向いている写真のどちらを生後2～5日の子どもが好むか（＝長く見るか）を調べた実験から、生後すぐの赤ちゃんも明らかに、視線が自分を向いている顔を好むことがわかっています。また、同じ写真を使って生後4か月の子どもの脳波を調べた実験でも、視線が自分を向いた顔を見ている時のほうが脳の動きが活発でした[1]。

　視力がまだきわめて低い、生後数日の子どもも「自分を見ている目」を注視する。これは生後の学習ではなく、生来の反応だと示唆する研究結果も2017年に出ています[2]。在胎日数231～252日の39胎児が横を向いている時、母親の腹部越しに「∴」の並びの光と「∵」の並びの光を見せると、「∵」を見せた時のほうが統計学的に有意に光のほうを向きました。胎児は「顔」がどのようなものかをまだ知らないため、これは生得的な反応と言える可能性があります（胎児の顔の向きは、4D超音波で確認）。

1) Farroni, T. 他（英国、イタリア）による研究論文. (2002). Eye contact detection in humans from birth.
2) Reid, V.M. 他（英国）による研究論文. (2017). The human fetus preferentially engages with face-like visual stimuli.

ば、発信する自分の力を感じ、自分の興味を肯定的に受けとめて応える保護者をよりいっそう信頼していきます。ここでも、保護者の発した言葉が子どもの脳に入っていきます。

　そして、当初は子どもの目の前にあるものだけを対象にしていた共同注意は、次第に目の前にないものや、「今」ではないことがらにも広がっていき、これが他者理解、すなわち「心の理論」の発達にもつながっていきます。

　共同注意は、感情面、社会面の育ちの基礎をつくるだけでなく、言葉の初期の発達にもかかわることを多数の研究が明らかにしています。また、あらゆる学習において不可欠なスキル、「選択的注意 selective attention」の基盤にもなります。

　誕生直後から生後24か月までの保護者と子どもの見つめあい（相互凝視）、共同注意と子どもの言語発達の関係を調べた77本の論文の結果をまとめて検討した研究[1]によると、共同注意のスキルと言語発達（言いたいことを伝える表出言語、相手の言うことを理解する受容言語）には統計学的に有意な正比例関係がありました。たとえば、12か月児が保護者の視線を追って保護者と同じものを見、保護者が話す言葉を聞き、話している保護者の口の動き※や周囲にも目を向ける一連の行動は、その後の言語スキルに比例します。共同注意にやりとりが加わると、子どもが対象に注意を向ける時間も延び、注意を維持するスキル自体が育ち、学びが多面的に後押しされます。

　共同注意とやりとりの組み合わせが重要なのは、「今」「ここ」にある文脈、生活の流れのなかで子どもが学んでいくからでもあります。ものの名前をより良く学ぶのは、子どもが目の前でそのものを見ている時だという点は、生後6か月を対象にした研究でも示されています[2] ※※。保護者が子どもの興味に沿いながら「今」「ここ」の話をすれば、子どもは効果的に言葉を学べます。次々と吸収していく情報や感覚が関連しあっていればいるほど（＝文脈がわかりやすいほど）、良いのです。

　別の実験でも、言葉が使われている文脈がわかりやすい保護者の子ども（生後14〜18か月時）は、文脈がわかりにくい保護者の子どもよりも、3年後の生後54か月の時点で語彙数が統計学的に有意に多くなりました[3] ※※※。たとえば、生後14か月の子どもの前に食事が入った皿を置いてスプーンを持って座り、「はい、今日はおうどんを食べよう。鶏肉も入ってるよ」（子どもと目を合わせてから、皿の中を見る）、「スプーンで食べる？手で食べる？」（ジェスチャーも加えて子どもに言う）、「手で食べるのね。はい、どうぞ（にっこり）」と言うのと、皿を置いて子どもにスプーンを渡し、「はい、おうどん。食べて」と言うのとでは、まったく違うわけです。

　もちろん、前者の保護者のほうが言葉をたくさん使って子どもとやりとりをしており、

言葉のスキル発達にはその効果もあるでしょう。それだけでなく、54か月時の語彙の差に影響しているのが、やりとりの数や質なのか、文脈のわかりやすさや背景情報の多さなのかは統計分析で区別できます。この実験では、やりとりの数の効果を計算に入れても、文脈の豊かさは統計学的に有意に語彙数の差に影響していました。

　DVDやタブレットからも子どもは言葉を学びます。ですが、言葉は単なる「単語」や「単語の集まり」ではなく、その場の感情や人間関係、その言葉が発せられる「今、この時」を反映しています。タブレットの画面に表示された「イワシ雲」の写真と説明を見て、子どもは形を覚え、「秋の雲」と覚えるかもしれません。でも、空気が日に日に涼しくなっていくのを感じながら、保護者と手をつないでゆっくり歩きながら空を見上げて、「ほら、あれをイワシ雲って言うんだよ。小さい魚がたくさん泳いでいるように見えるでしょう」と聞くのとでは…？　それは「イワシ雲」という言葉を覚え、言葉の使い方を知識として覚えるだけのことではないのです。

※乳児の視線は生後３か月半頃、おとなの目にもっとも集中し、その後、生後６か月ぐらいまでには口も見るようになる。６〜12か月は口に注意が移り、顔のあちこちを見るようになる[4]。ただし、時期の個人差は大きい。
※※2017年に発表された画期的な実験。51人の６か月児に、まったく関係ないものの写真の組み合わせ（例：車の写真とジュースの写真、牛乳の写真と足の写真）、関係あるものの写真の組み合わせ（例：車の写真とベビーカーの写真、牛乳の写真とジュースの写真）をそれぞれ見せながら保護者が「車」と言うと、子どもは「車とベビーカー」よりも「車とジュース」の時に車の写真を長く見た（見る時間の差は統計学的に有意）。幼児やおとな同様、もののカテゴリー（種類）を理解しており、車とジュースほどに違えば「車」というカテゴリーがわかる。家庭のやりとりの様子も録音（１日全日）、録画（別日に１時間）して分析したところ、ものが目の前にあってそのものの名前を耳にする頻度が家庭で多いほど、言葉のカテゴリー理解が高かった。
※※※「文脈のわかりやすさ」は、追跡対象の親子50組が40秒間やりとりしているさまざまな動画を音声のない状態で別のおとな（計218人）に見せ、ある時点の保護者の言葉を画像のみをもとに推測させる方法で調べた（「ヒューマン・シミュレーション・パラダイム」と呼ばれる実験手法。推測が正しいほど、そのやりとりは文脈が明確）。動画から正しく推測できた言葉が５％しかなかった保護者がいた一方、38％の言葉が正しく推測された保護者もおり、保護者の行動の文脈の豊かさには大きなばらつきが見られた（推測の正答率は平均22％）。

1) Çetinçelik, M. 他（オランダ）によるレビュー論文. (2021). Do the eyes have it? A systematic review on the role of eye gaze in infant language development.
2) Bergelson, E. 他（米国）による研究論文. (2017). Nature and origins of the lexicon in 6-mo-olds.
3) Catmill, E.A. 他（米国）による研究論文. (2013). Quality of early parent input predicts child vocabulary 3 years later.
4) Tenenbaum, E.J. 他（米国）による研究論文. (2012). Increased focus on the mouth among infants in the first year of life: A longitudinal eye-tracking study.

# スマートフォンが共同注意を阻んでいる

　能面実験（92ページ）の手法を用いて、保護者のスマートフォン使用が子どもとの共同注意に及ぼす影響を調べた研究があります[1]。共同注意のスキルが急速に育つ時期である1歳前後（平均生後11.36か月）の子ども114人とその母親のペアを無作為に3グループに分け、実験しました。

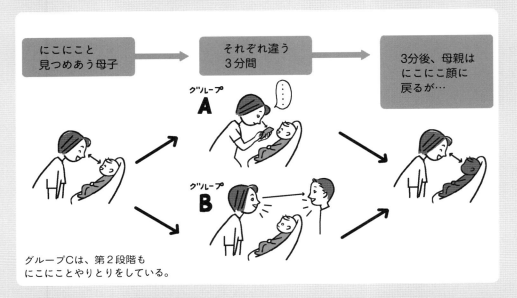

　オリジナルの能面実験の方法では、第2段階が「保護者の無表情、無反応」ですが、この実験ではその部分を「グループA：スマートフォンのメールで質問に答える」と、グループAに対する比較として「グループB：入ってきた実験者の質問に口頭で答える」に変えてあります。A、B両方に対する比較グループCでは、保護者が無表情になる場面はなく、3段階とも同じようにかかわり続けます。

　結果、グループAとBで保護者がかかわらなくなると、声を出す、手を伸ばす、指をさすなど、子どもが保護者に共同注意を促す行動が第1段階の4倍以上に増えました。さらに、グループAとBの間でも大きな違いが見られました。母子の共同注意が続いた時間（累積）を見ると、どのグループも最初の3分間は計約70秒見られ、ずっとかかわり続けたグループCではその後もそれぞれ計約70秒見られたのに対し、グループBでは母親が実験者と話している3分間のうち共同注意は計約35秒、他方、グループAで母親がスマートフォンで文章を打っていた3分間は、共同注意がほぼ0秒だったのです。スマートフォンを打っている間、母親は子どもの働きかけに対して反応しなかったり反応が遅かったりと、共同注意が成立しませんでした。

1) Krapf-Bar, D. 他（イスラエル）による研究論文. (2022). Maternal mobile phone use during mother-child interactions interferes with the process of establishing joint attention.

# 電気仕掛けの玩具や動画は脳を育てる？
## ：やりとりと脳発達

　前項にスマートフォンが登場しましたので、少し横道にそれて玩具や動画の話です。ボタンを押すとピカピカ光り、音が鳴り、子どもに話しかけるおもちゃは、成長発達面で有用でしょうか？　スマートフォンの動画は？

　生後10〜16か月の子どもとその保護者1人の組み合わせ26組を対象に、玩具の種類によるやりとりの数と質を科学的に厳密な方法で調べた、アナ・V. ソーサ博士の有名な実験があります[1]。赤ちゃんや子どもとおとなの間のやりとりの数と質は、脳の神経回路の発達に始まり、将来の学力などまであらゆるものに比例することがわかっています。

　この実験では「動物の名前」「形の言葉」「色の言葉」を共通テーマとして、電気仕掛けの玩具3種類（赤ちゃん用携帯電話、ラップトップ、しゃべる牧場。いずれも「言語発達に有効」と宣伝されている）、昔からあるタイプの玩具3種類（牧場動物パズル、動物の名前などが書かれたゴムのブロック、形と色のはめこみ玩具）、絵本5冊（2冊は牧場の動物がテーマ、2冊は形、1冊は色）の計3セットを保護者に渡し、1日15分×2回、計3日間、それぞれのセットで遊ぶよう伝えました（使う順序が偏らないよう、順序も指示）。

　子どもと保護者のやりとりはすべて録音し、「保護者の言葉の数」「保護者が発した、テーマに関係ある言葉の数」「やりとりの数（一方の言葉／声にもう一方が5秒以内に応えた数）」「子どもが発した声の数」「子どもの声に対して5秒以内に保護者が応えた数」を数えました。結果、電気仕掛けの玩具は昔ながらの玩具に対しても絵本に対しても言葉や応答の数が少なく、その差は統計学的に有意でした（電気仕掛けの玩具と昔からある玩具で「子どもが発した声の数」だけは有意差なし）。

　他方、昔ながらの玩具と絵本を比べると、「保護者の言葉の数」「保護者が発した、テーマに関係ある言葉の数」で、絵本のほうが有意に多くなりました。絵本は描かれている絵、書かれている文字を言葉にするものですから、そうなるでしょう。

　特筆すべきは、「保護者が発した、テーマに関係ある言葉の数」です。電気仕掛けの玩具では1分あたり平均約2回しかテーマに関係ある言葉（動物、形、色）を言っていないのに対し、昔ながらの玩具では1分あたり平均約4回、絵本では平均約7回。電気仕掛け

の玩具は肝心な言葉を言う機械ですから、これも当然でしょう。

　この研究は、特に絵本を一緒に読むこと、あるいは昔からある単純な玩具でおとなが一緒に遊ぶことが子どもの脳発達に有効であるという従来の研究結果を支持しています。もちろん、絵本をおとなが一方的に読むだけ、子ども一人をおもちゃで遊ばせているだけでは効果が薄いのは言うまでもありません。


　デジタル機器で乳幼児が動画を見る機会が増え、子どもの脳が動画にどう反応しているかも研究され始めました。

　2020年に発表された実験[2]では、27人の子ども（平均月齢58.8か月、範囲44〜71か月）が子ども向けの物語をそれぞれ約5分ずつ、「聞く（画像なし）」「絵を見ながら聞く」「動画（アニメーション）を見ながら聞く」間、脳の5部位の相互の動きをfMRIで調べました。すると、「聞く」に対して「絵を見ながら聞く」では、「言語」にかかわるネットワークの中で動きが弱まった一方、別の4部位（視覚認知、視覚イメージ、デフォルト・モード・ネットワーク［DMN、185ページ］、小脳連関）のつながりが高まりました。絵が助けになって言葉の理解にかかわる機能の負担が下がり、その代わり、絵も見ながら話の内容を理解するために脳全体の働きが上がったのです。

　ところが、「動画で見る」は、「聞く」「絵を見ながら聞く」のどちらと比べても脳の部位のつながりが弱まりました。動画は視覚的情報が圧倒的に多いため、視覚認知で容量がいっぱいになり、脳機能の統合的な働きができなくなったことを示唆しています。子どもの脳は動画に注意を奪われますが、脳を育てる栄養にはなりません。機械仕掛けの玩具から出る音や色が子どもの注意をひくものの、意味ある刺激（脳の栄養）にはならないのと同じです。この研究グループは同様の研究成果をその後も出しています。

　誕生直後から保護者が絵本を開き、赤ちゃんと読む（赤ちゃんはおとなの目を見、声を聞いています！）。もう少ししたら一緒に絵本を開き、赤ちゃんが指さすところを一緒に見、やりとりをし、一緒に笑う。ここから始まる「読む習慣」が脳の発達にもたらす価値は明らかです。ただし、大切なのは「子ども主導」という点。「この絵本を読むよ。静かに聞いて」ではなく、子どもが「これ！」と持ってきた絵本を、何度でも子どもと一緒に開きましょう。

1) Sosa, A.V.（米国）による研究論文. (2016). Association of the type of toy used during play with the quantity and quality of parent-infant communication.
2) Hutton, J.S. 他（米国、イスラエル）による研究論文. (2020). Differences in functional brain network connectivity during stories presented in audio, illustrated, and animated format in preschool-age children.

# 「思いやり」や「良かれ」は他者理解の障壁
## :「心の理論」の発達

　保護者の視線をとらえ、その視線の動きや指さしをたどることで、子どもは、他者の意図を理解しようとし始めます。生後9か月頃に始まる「3項関係の共同注意」は、他者の意図に関心を向ける最初の形です。おとながしている行動とその行動の目的のつながりをわかり始め、目的に沿った行動の模倣をし始めるのも同じ時期です[1]。ただし、「意図」と言っても、視線や行動といった表層的なものです。

　一方、生後数か月頃、子どもは鏡に映った自分の姿に興味を持ち始め、生後15か月以降になると、その像が自分自身だと理解し始めます。いわゆる「鏡像認知」が進むと、子どもは「自分を見ている自分」だけでなく、「自分以外の他人から見える自分」という形の自我もつくり始めます。外界に働きかける主体としての自我に加え、他人から見える客体としての自我、自分を見ている自分の形成、すなわち「メタ認知」※です。「他人の目」がわかり始めると、恥ずかしさといった感覚も生まれてきます[2]。

　言葉や行動でまわりのおとなや子どもとやりとりするなかで、子どもは他人の意図や考え、感情が自分とは違う、自分の意図や考え、感情が他人とは違うと学ぶ経験を重ね、4歳頃に大きな転換点を迎えます。自分の視点と他人の視点を分け、他人の視点で考えられるようになり始めるのです。

　たとえば、次のような実験でこの変化を調べます。

- 実験者がキャンディの容器を子どもに見せて、「何が入っていると思う？」と尋ねる。
- 子どもは「キャンディ」と答える。
- 容器を開けると、中に鉛筆が入っている。

・実験者が子どもに「(ここにいない)○○ちゃんにこのキャンディの箱を見せたら、○○ちゃんは何が入っていると言うかな？」と尋ねる。
・4歳未満の子どもは「鉛筆」と答え、4歳以上になると、「キャンディ」と答える確率が上がる。

今の自分の視点でのみ考える4歳未満と、今ここにいない○○ちゃんと自分の視点の違いを考えられるようになり始める4歳[※※]。「他者は自分と異なる」という認知は「心の理論 Theory of mind」と呼ばれ、1978年にこの概念が提起されて以来、成人期にわたる長い発達の道筋が研究されてきました。

おおまかな発達に沿って、「心の理論」には5つの柱があります[3)]。
① 「他人は自分と違う意図、要求を持っている」、つまり、自分以外の子どもやおとながほしいもの、したいことは自分とは違う、という理解。
② 「他人の考え、意見は自分とは違う」という理解。
③ 「自分が見てわかっていることも、見ていない人にはわからない」という理解。「『見ていない人にはわからない』とわかる」とは、たとえば、遠くに住む祖母と電話をしている時、「これ、おいしいんだよ！」と言ってもおばあちゃんには「これ」が見えないのだから「これ」が何なのかわからない、という理解です。上の、キャンディと鉛筆の実験も同じで、いわゆる「他者の視点に立つ」。ただし、あくまでも物理的に「相手の視点に立つ」であり、「相手の気持ちになる」ではありません。

ここから、④「他者の視点で話の流れを追える」段階となり、さらに幼児期、そして思春期に向かって、⑤「他人は感情を隠したり、本当の感情とは違う表現をしたりもする」といった理解が育っていきます。例として先に挙げたキャンディの容器の実験は、③と④の発達段階を示したものです。

　「心の理論が十分に発達する」とは、自分と他人を別個の存在として認識でき、かつ、自分自身をも他者のように観察できるスキル（＝メタ・セルフ）を用いて、ある状況のもと、自分や他人が何をどう見て、どう考えるか、どう言うか、どう行動するかを考えられるということです。幼児期の「心の理論」の発達は子どもの感情制御やコミュニケーションの土台にもなり、人間関係ばかりでなく、学業成果などにも影響します[3]。


　ところで。

　「４歳未満の子どもたちは、今の、自分の視点だけで世界を見ている」…？　考えてみると、この文化では３歳どころか１歳の子どもにも、「他人の気持ちを考えなさい」「そんなことをしたら、みんなはどう思うかな？」と言います。「心の理論」を促しているようにも聞こえますが…？

　「心の理論」の発達を調べた実験178件をまとめて分析した論文には、次のように書かれています。異なる実験条件の結果が６件以上出ている国（オーストラリア、カナダ、米国、英国、韓国、オーストリア、日本）のデータをそれぞれまとめると、日本は他のどの国の同じ月齢と比べても、「心の理論」の点数が低い、つまり「心の理論」の発達が遅いのです（順位は上のカッコ内の通り）。データが多い米国（順位は７か国中のほぼ中間）と比べると、他者の視点で話の流れを追う各種の実験の正答率の差は「たとえば、オーストラリアの生後44か月児の69％、米国の50％が正答したとすると、日本の同じ月齢児は40％の正答率」[4]でした。

　その後、日本と中国、米国で比較した同様の実験でも、日本の子どもは「他者の視点で考え、話の流れを追う」面で正答率が低くなりました。この実験の著者（唐澤真弓博士、心理学）は「『思いやり』のパラドックス」[5]と名づけた論考で、「日本の子どもが心の理論を確立するのは、欧米の子どもに比べて５ヵ月ほど遅いことが知られている」…「思いやりという他者理解の能力を、発達の早期からしつけられてきた日本の子どもが、自己の主張、自己選択に着目するしつけを受けた欧米の子どもより、他者を理解する発達課題に遅れる結果となっている」と書いています。

なぜでしょう？

「心の理論」などの社会スキルが育つ過程を後押しするおとなの行動を考えると、理解できます。ひとつは、赤ちゃんであってもその子固有の心（感情、意図、考えなどの総体）を持つ主体（agency）とみなし、乳児にも子ども自身の心の状態を具体的な言葉にして伝える行動です。もうひとつは、保護者が自分自身や子どもの行動をその背景にある心理的な要因（感情や意図）とつなげて考え、表現する習慣です。どちらも、マインド・マインデッドネスが典型的な方法でしょう。

たとえば、１歳児が近寄ってきた別の子どもをたたこうとした時、「たたかない！」「お友だちにやさしくしなさい！」とだけ言うのではなく、「○○（子どもの名前）、急に近くに来たからびっくりしたね。私もびっくりしたよ。でも、たたくのはルール違反だから、してはいけません」と穏やかに言う。あるいは、出勤前の忙しい時に泣いている子どもを見て、「うるさい」とだけ言うのではなく、「私が急いでいて命令口調になっているせいかも」と考えて、「どうして泣いているの？ 今、お父さん／お母さんは急いでいるから、きつい言い方になっているんだ。あなたのせいじゃないよ」と話す。自分と子どもの今の感情と、それにつながっている行動を平易な言葉で率直に伝える方法です。

こうした方法を日常的にくりかえすと、自分の感情を名づける言葉や言い方を子どもが身につけていくだけでなく、他者である保護者の行動やその理由も子どもは理解していきます。「近づいてきたから驚いたの？」と聞く保護者に「違う、あの子が嫌いだから！」と子どもが言う場合もあるでしょうし、「あなたのせいじゃない」と言う保護者に「ううん、昨日、○○ちゃんに意地悪されたから、保育園に行きたくない」と言う場合もあるでしょう。相手の考えが自分と違うと感じ、自分はどう感じているかをつかみ、相手の考えや意見に「違う」と言う方法もわかっていきます。

ところが、「思いやり」を重視するこの文化では、感情や意見（の違い）を言葉にすること自体、肯定的に受けとられません。はっきり言葉にすれば疎まれかねず、当人ではなく他者が「思いやり」を発揮して要求や感情、意見を推測すべきとされてきました。でも、「思いやり」は思いやる側の主観的な推測に過ぎず、当人の感情や要求、意見に合っていない場合も多々あります。にもかかわらず、思いやられている当事者は「あなたの思いやりは、私が望んでいるものとは違う」と言ってはならず、そもそも「違う」という感情、意見を持つことすら良しとされないのです。

「思いやり」「みんなと同じ」「違ってはいけない」という圧力は、未就学児施設でも見られます。一人、別行動をしている子どもに「みんなは今、何をしているかな？」「みん

ながどう思うかな？」と言う、昼食を残した子どもに「残したら、調理の先生がどう思うかな？」と言うなどが、これにあたります。仮想の、でも強力な「みんなの目」を育てることが、他人の目、他人の評価に対する不安感へとつながるリスクはないのでしょうか？

このような文化的環境のもと、あいまいに「他人を思いやりなさい」「みんながどう思うかを考えなさい」と言えば、物理的な他者視点すら持っていない段階の子どもたち、この視点が未熟な子どもたち（＝少なくとも未就学児全員）は、誰もが自分と同じ要求、考

え、知識を持っていると考えて行動するか、または、そう行動した結果、「相手のことを考えていない！」とおとなに言われて指示通りにするか、どちらかでしょう。「心の理論」の発達初期にある、物理的な他者視点さえ身につけにくいのは当然です。

子どもたちの「心の理論」スキルを育てるには、「思いやり」のような主観的推測をおとながせず、子どもにもさせず、「自分の要求や意見は言葉で言う」「他人の要求や意見は言葉で聞く」が不可欠です。「言う」「聞く」、そのためには道具である言葉が必要で、言葉を口にする習慣が必須です。赤ちゃんの時から「今、あなたは〜と考えているんだね」「私／僕は〜と思っているよ」「〇〇さんは〜みたいな気持ちだったんじゃないかな」「あなたが〜って思っているなら、そう言ってごらん」「自分で言わないと、僕にも〇〇さんにもわからないよ」と、感情や要求、考えを伝える言葉を主語や目的語を明確にしながら

伝えることが大切になる理由です。主体である自分の考えや感情を「言う」大事さがわかれば、自分とは別の異なる主体である他人の考えや感情を「聞く」大事さも体験できるでしょう。「他人の気持ちを考えましょう」だけでは到達できないゴールです。

　「心の理論」スキルを育てる各種のトレーニングの有効性（32論文、45の介入実験[※※※]）をまとめた研究から、こうした方法で介入をした子どもはしない子どもに比べて、スキルが統計学的に有意に高いという結果が得られています[6]。

※メタ認知、メタ・セルフ：「メタ」はより包括的な状態を示し、「メタ認知」は五感で認知している状態を認知している状態、「メタ・セルフ」は自分を認識している自分。
※※4歳未満のみならず2歳未満でも正しい答えをわかっているが、従来の「心の理論」は言葉で言わせる実験方法を用いているために「4歳」が分かれ目になって見えるとする学説、研究論文も多数ある[7]。しかし、「心の理論」の発達自体が言葉や脳のワーキング・メモリの発達と比例するものとして研究されてきたため、言葉以前の他者理解がいわゆる「心の理論」と同じ概念であるかもまだ明らかではない[1]。
※※※すべての実験が、介入をしていない比較対照群を設定して、トレーニングをした場合としていない場合を比べている（トレーニング前後の値を比べただけでは、介入によって変化が起きたのか、別の要因で変化が起きたのかを区別できない。対照群は必須）。子どもの総数は1,529人で、平均月齢は63か月。

1）Rakoczy, H.（ドイツ）によるレビュー論文. (2022). Foundations of Theory of Mind and its development in early childhood.
2）Rochat, P.（米国）によるレビュー論文. (2003). Five levels of self-awareness as they unfold early in life.
3）Wellman, H.M.（米国）によるレビュー論文. (2018). Theory of Mind: The state of the art.
4）Wellman, H.M. 他（米国）によるメタ分析. (2001). Meta-analysis of Theory of Mind development: The truth about false belief.
5）唐澤真弓（日本）による『心理学ワールド』の記事. (2017). 「『思いやり』のパラドックス：文化比較をするということ」
6）Hofmann, S. 他（米国、オーストリア、韓国）によるメタ分析. (2016). Training children's theory-of-mind: A meta-analysis of controlled studies.
7）Scott, R.M. 他（米国）によるレビュー論文. (2017). Early False-Belief Understanding.

# 「イヤ！」「貸してあげない！」は
# 自己主張の練習：自我の確立と言葉

　乳幼児にとっては自分が世界の中心であり、自分の感情、自分のしたいこと、自分の知っていることがすべてです。自分と他人を明確に区別せず、他人の気持ちを思うスキルも持たない…、これは欠点ではなく、利点です。この時期に、誰とも比べず、「私／僕はすばらしい！」という感覚を十分に得て、「外界に働きかけ、外界と自らやりとりする主体としての自我」を確立すれば、その後、社会の中で生きていく原動力になります。

　生後18か月頃から3歳ぐらいの、いわゆる「イヤイヤ期」とも呼ばれる時期、子どもは「自分でなんでもやりたい」「できる」という強い感情と、一方で、保護者にかかわってほしいという、こちらもまた強い感情の間でいらだちます。でも、いらだちをコントロールするスキルはまだ持たないために、感情と行動の爆発を起こします[1]※。まわりのおとなに迷惑をかける意図はまったくありません。育とうとしている自分の脳の力に困っているだけです。

　さらに、この時期の子どもたちは「いや！」「僕の！」「私の！」を言うことで、外界に働きかける自分の力、世界の中心にいる自分の存在を確認します。他の子どもが持っているおもちゃを奪い、自分のおもちゃを取ろうとする子どもをたたき、おもちゃを全部抱えて「あげない！」と叫ぶ行動を通じて、自分という独立した存在の力を試すのです。これは、わがままでも欲張りでもありません。

　でもなぜ、「ダメ！」「僕の！」といった否定的な言葉ばかりなのでしょう？
　言葉を身につけていく長い道のりの入り口で幼児がまず学ぶ言葉であり、かつ、一番簡単な自己主張方法だから、です[2,3]。おとなでも、「僕は〜をしたい。なぜかと言うと…」「私はあなたが持っている〜がほしい。理由は…」と言うには、言葉がたくさん要ります。

伝える以前に、自分は何をしたいのかを考えるためにも言葉が必要。「他の子が遊んでいるおもちゃを取ってはいけない」と自分で自分を止めるためにも言葉が必要。ところが、自我の形成も主体を主張する練習も、言葉を身につけるまで待ってはくれません。「きらい！」「私の！」と言い、まだ言葉にならない感情や要求を示す行動そのものが大切なのです。

そして、子どもの発達にも役立ちます。「いや！」「あげない！」「僕の！」と子どもが言ったら、まわりのおとなは「どうして、きらいなの？」「あなたは～と思っているのかな」「じゃあ、これとこれ、どちらがいい？」と聞き、説明する言葉も伝え、言ってみせることができるからです。信頼するおとなとのやりとりを通して、子どもは自分の気持ちや意図をつかむ言葉、伝える言葉を学べるでしょう。おとなは「意地悪しないで」「仲良く遊びなさい」と言いがちですが、「意地悪」や「仲良く」といったあいまいな言葉では、子どもは自分の気持ちも相手の気持ちも学べません。


最後に、逆の話も。

「おとなしい子」「聞き分けのいい子」「おとなの言う通りにする子」も、この文化にはたくさんいます。けれども、その子たちが黙っている背景に、周囲のおとなによる抑圧や暴力や他の問題がある場合もないわけではありません（反対にそういった抑圧や暴力が、未就学児施設で暴れたりする行動として表れる子どももいます）。

もちろん特段の理由もなく、「おとなにとって手のかからない子」もいるでしょう。気質の違いもあります。でも、世界に「おとなが手をかけないでいい子」は、ただの一人もいません。子どもには全員、おとなの、社会の、助けと足場かけが不可欠です。「手のかからない子」に、おとなも社会も手をかけないでいたら？

※通常、子どもの癇癪はおよそ１日に１度起き、１回あたり約３分間（中央値。生後18～60か月）続く。通常は30秒～１分間で、大部分は５分以内におさまる。ただし、おとなの対応から子どもが「癇癪を起こせば自分の思い通りになる」という学習をしている場合はこの限りではない、とのこと。

1）Sisterhen, L.L. 他（米国）による解説. (2023).　Temper tantrums.
2）Zero to Three財団（米国）の記事. (2016).　Aggressive behavior in toddlers.
3）米国ミシガン州のDepartment of Lifelong Education, Advancement, and Potentialによる記事. Social & emotional development milestones for toddlers（1 - 3 years）.

# 「貸して」「いいよ」や「思いやり」は、世界に通用しない

　熱中して遊んでいるおもちゃを「貸して」と言われたら、あなたは素直に「いいよ」と手放しますか？　おもちゃだけでなく、なんでも。

　「○○ちゃんにたたかれた！（泣いている）」「だって、△△ちゃんが私のおもちゃを取ったから！」…「○○ちゃん、△△ちゃんに貸してあげなさい！」…「やだ」…「仲良くしなきゃダメ。貸してあげなさい」…「貸してあげる（怒られたし、もう遊ぶ気持ちじゃないし）」…「よかったね、△△ちゃん。『ありがとう』って言って」。

　これでは「心の理論」どころか、「自分がどうしたいか」すら学べません。他方、泣けばおとなが助けてくれて思い通りになると学習する子どももいます。

　見方を変えましょう。いやなことは自分で「いや」と言う、そして、「人を傷つけない」という最低限のルールを守る、そう伝えるチャンスです。

　「○○ちゃんにたたかれた！（泣いている）」

　「だって、△△ちゃんが私のおもちゃを取ったから！」

　「△△ちゃん。『たたかれた』って言って泣いてないで、『たたかないで』って言おう。△△ちゃんも、おもちゃを急に取るのはルール違反だよ。」

　「○○ちゃん、急におもちゃを取られていやだったんだね。でも、たたくのはルール違反。はっきり『いやだ！　取らないで』って言おう。」

　なんにしても、今、一緒に楽しく遊ぶ気など２人にはありません。お互いの言い分を聞き、「たたかないで」「取らないで」と言う練習をしてみましょう（ここで、未就学児施設では「気持ちの切り替えがきかない子はいつまでも不機嫌で…」と言ったりしますが、感情が大きく揺れ動いた数分後、あなたはふだん通りに戻れますか？）。

　たかが、おもちゃの話ではありません。今、育っている子どもの大部分が生きていくであろう日本の外の世界では、主張と交渉がすべてだから。泣いていても、誰も助けてくれません。自分はどうしたいかを言い、お互いにどうしたいかを話し合う。助けが要るなら「助けて」と言う。傷つけられたら「やめて」と言う。それが世界のルールです。

証拠の縦糸　生まれた瞬間から始まる子ども育て

# 「私を真似て！」と赤ちゃんは言っている
## ：模倣の始まり

　胎児の時から、人間は模倣（真似）を始めます。模倣は学習、文化や技術の継承だけでなく、人と人のつながりをつくる方法でもあり、赤ちゃんとおとなのつながりを強める大切な役割も果たします。

　たとえば、誕生直後の泣き声は母親[※]が使っている言語の特徴を有しています。胎児の聴覚が働き始めるのは、在胎週数25週ぐらいから[1]ですが、母親の母語がフランス語の群とドイツ語の群を比べると、胎内でフランス語を聞いていた赤ちゃんは語尾に向かって上がり調子、ドイツ語を聞いていた赤ちゃんは下がり調子に泣き、違いは統計学的に有意でした[2]。また、中国語やンソ語（カメルーン）のように声調がある言語を聞いていた新生児は、ドイツ語を聞いていた新生児に比べ、泣き声にもメロディの上がり下がりがはっきりあるのです[3, 4]。

　胎児も模倣をしている。これは、模倣という働きが生体に多少なりとも組み込まれている事実を示しています。サルをもとにした有名な「ミラー・ニューロン」の研究が1992年に発表されて以来、人間でも模倣をする時に活発化する脳の部位が複数、みつかっています。一方、人間の場合は模倣自体に社会的な意味があり、それは乳児期に始まります。


　最近では、こんな実験結果があります[5]。生後約6か月の子ども（計16人）に対して実験者（保護者ではない）が、次の行動をしました。

　①子どもの表情や体の動き、声をすべて鏡像（右手は左手、左手は右手）で真似る。

　②表情や体の動きを左右逆にして真似る（右手は右手、左手は左手）。

　③鏡像で真似るが、表情は動かさない。

　④真似をせず、子どもの働きかけに反応する。

　子どもが圧倒的に長く見続けたのは「①鏡像の模倣」で、笑顔が続く時間も①がもっとも長く、実験者に手を伸ばす時間の長さも一番でした。さらに、実験者が鏡像で真似た場合はそれ以外の時よりも、子どもが「テスト行動」をたくさん、長く続けたのです。

　「テスト行動」とは、相手が自分を真似ているのを見て行動をくりかえすことで、模倣を理解している証拠とみなされています。たとえば、6か月の子どもが「あ～、あ～」と

声を出しながら楽しそうにテーブルを手のひらでたたいた時、おとながそっくり真似をして同じ声を出し、ニコニコとテーブルをたたくと、子どもはよりいっそうテーブルをたたきます。これが「テスト行動」です。子どもはたたく速度を速くしたり回数を増やしたりと、「ちゃんと真似してるね！　もっと真似て！」とでも言いたげにくりかえします。

　おとなが真似をすれば子どもは喜んであたりまえ…？　ちょっと待ってください。生後６か月の子どもは「自分がしている行動と同じ行動をおとながしている」と、どうやって認識しているのでしょう？　この時期の子どもたちはまだ、自分自身の鏡像認知もしません。手をたたくような行動ならば「同じ」とわかるかもしれませんが、自分の表情を自分で見ることもできないのに、おとながしている表情が自分と合っているとわかるのです。実際、生まれて２週間後には赤ちゃんがおとなの表情を真似る、または真似しようと試みる動きをするという研究結果もあります[6]。

　脳科学によれば、一部は脳に備わっている模倣の機能によるようです[7]。胎児も母親の言語の調子を模倣するのですし、「顔」の認知も生来のものの可能性がありますから、０歳児が表情を真似ようとするのは当然かもしれません。けれどもそれ以上に、生まれてすぐに保護者が始め、し続ける模倣、つまり、赤ちゃんの表情や声を真似ることが大きな意味を持つようです。そして、模倣行動によって生まれる子どもと保護者、おとなの間のつながりも。


　共同注意の初期段階、赤ちゃんが保護者の目をじっと見つめ、保護者が赤ちゃんの目を見つめ返す。これはお互いを模倣する第一歩でもあります。赤ちゃんが微笑むように口元を動かすと、保護者はそれを「微笑み」と解釈して「笑った！」と喜び、おおげさなほどにはっきり微笑み返します。赤ちゃんが顔をしかめて「う〜」と声を出したら、保護者もおおげさに顔をしかめながら同じ声を出すでしょう。おとなが嬉々として赤ちゃんの真似を（おおげさに）することが、子どもの学習につながります。

　模倣しやすいのは赤ちゃんの声です。子どもが大きく口を開けて「あ〜」と言ったら、おとなも「あ〜」と口を開けて真似をし、「○○ちゃん、〜なのかな」と話をする。「お。お」と言ったら、おとなも「お。お。お〜」と口をすぼめて話しかける。赤ちゃんには同じ音だとわかりますから、自分が発している音、自分の口の動き、聞こえてくる音、見えている口の動きもわかりやすいでしょう（＝発語の準備でもある）。生後すぐに始まるこうしたやりとりは「笑う」「しかめる」「あ〜」「う〜」といった単純な筋肉の動きで、毎日、何度も何度もくりかえされるため、赤ちゃんの脳に吸収されやすいのです。

　同じ時期（生後１〜６か月頃）、子どもは指しゃぶりをし、自分の手足にさわったり動

かしたりすることで「自分の体＝自我の基本」を理解していきます。「手を動かしている自分→［動いている手］←動いている手を見ている自分」のように、動いている手を介して「働きかける主体としての自我」を獲得するのと並行して、子どもは一番身近なおとなを介して模倣ややりとりの方法を学び始めます。

　ただし、おとなが「はい、これを真似て」と言っても赤ちゃんにはわかりませんし、真似ません。そうではなく、赤ちゃんがしている表情や動きをおとなが模倣するから、赤ちゃんが模倣そのものを身につけていくのです。子どもが主体となって「自分と同じことをしている」[8] おとなの姿に喜び、他者の存在、自分自身、さらに、社会を理解し始めます。赤ちゃんは（幼児ももちろん）受け身で真似をする存在ではなく、まわりのおとなに「真似をして！」と働きかけている存在です。


　そして、子どもの模倣行動も、模倣されていることに対する子どもの反応も機械的ではなく、感情的、かつ社会的です。

　先の生後6か月の実験で、子どもは「自分を鏡像で真似しているおとな（条件①）」をもっとも長く注視し、笑顔になり、テスト行動をしましたが、同じ鏡像の模倣でもおとなが無表情の場合（条件③）、子どもの反応は大きく下がりました[5]。おとなが自分を真似しているかどうかだけではなく、そのおとなが自分に向かってどのような感情を示しているのか、子どもはわかっています。

　また、生後15か月の子どもが実験室でおとなの動作を真似る実験（計150人を5つの実験グループに分ける）では、子どもが動作を見ている間に、動作をしているおとなが別のおとなに怒られる場面が設定されました。その後、子どもが動作を真似る段階で、その動作をしていたおとなを怒った人が、①無表情で子どもを見ている、②子どもに背を向けている、③子どものほうを向いているが雑誌を見ている、④部屋の中にいない、の4条件群で実験しました（⑤のグループは「①〜④で怒ったおとなが、最初から何も言わず部屋にいるだけ」の比較対照群。このグループが模倣そのものの基本データとなる）。すると、①の群では②〜④に比べ、子どもがおとなの動作を模倣する頻度が統計学的に有意に下がり、一方、怒ったおとなを見る時間が延びました[9]。子どもはおとなが怒っているとわかり、動作を真似たら自分も怒られる？と感じていたのです。

　もうひとつ、模倣のやりとりは子どもと保護者のコミュニケーション方法であると同時に、模倣のスキル自体を高めるものであることも、はっきりしています。たとえば、生後6か月時に子どもの表情や動きによく反応していた母親は、14か月時、遊びのなかで子どもの表情や声に応えてやりとりをし、子どもの行動をより多く真似ていました。そして

この母親の子どもは、応答が少なく真似も少なかった母親の子どもに比べ、生後18か月の時、模倣スキルが高いという結果でした（対象は127組の母子）[10]。そして、乳児期の模倣スキルは身体活動や言葉の発達だけでなく、ロール・モデルとなるおとなを通した非認知スキル、ひいては実行機能の発達にも影響します[11]。

※話しかけたり本を読み聞かせたりすることで、胎児は妊娠している女性以外の人の声も認識するようになる（胎児の反応は、心拍の変化で計測）[12]。

1) Graven, S.N. 他（米国）によるレビュー論文. (2008). Auditory development in the fetus and infant.
2) Mampe, B. 他（ドイツ、フランス）による研究論文. (2009). Newborns' cry melody is shaped by their native language.
3) Wermke, K. 他（ドイツ、中国）による研究論文. (2016). Fundamental frequency variation in crying of Mandarin and German neonates.
4) Wermke, K. 他（ドイツ、カメルーン、ニュージーランド）による研究論文. (2016). Fundamental frequency variation within neonatal crying: Does ambient language matter?
5) Sauciuc, G.A. 他（スウェーデン、ポーランド）による研究論文. (2020). Imitation recognition and its prosocial effects in 6-month old infants.
6) Meltzoff他, A.N.（米国）による研究論文. (1977). Imitation of facial and manual gestures by human neonates.
7) Meltzoff, A.N. 他（米国）によるレビュー論文. (2018). Human infant imitation as a social survival circuit.
8) Meltzoff, A.N. によるレビュー論文. (2007). 'Like me': A foundation for social cognition.
9) Repacholi, B.M. 他（米国）による研究論文. (2014). Infant, control thyself: Infants' integration of multiple social cues to regulate their imitative behavior.
10) Essler, S. 他（ドイツ、オーストリア）による研究論文. (2023). Longitudinal evidence that infants develop their imitation abilities by being imitated.
11) Ledford, J.R. 他（米国）によるレビュー論文. (2022). Systematic review of interventions designed to teach imitation to young children with disabilities.
12) Lee, G.Y. 他（カナダ）による研究論文. (2014). Fetuses respond to father's voice but prefer mother's voice after birth.

## 「いつも同じ」が持つ強い力

　毎日毎日、少数の、決まったおとなが同じ流れ、同じ話しかけ、同じにこやかな表情でケアをし、やりとりをしていると、子どもは「次はこうなる」「次はこうしてくれる」「この時、自分はこうすればいい」を学んでいきます。生後3か月ぐらいには次を見越して期待の表情をしたり、自分から体を動かしたりもします。おとなの真似もし始めます。「いつも同じ」は脳の神経回路を強めるだけでなく、子どもにとっては安定、安心のもとになります。

　生まれ落ちてきた赤ちゃんにとって、この世界は混沌とした場所です。自分も他人もわかりません。その中で「いつも同じ」が安心を生み、安心感が「ほんの少し新しい」「ほんの少し違う」世界に歩み入っていく力を生みます。

# お手伝いが模倣による学習、
# 人とのつながり、人生の習慣を育てる

　模倣はそれ自体がコミュニケーションの方法であり、集団への帰属欲求と不可分です。赤ちゃんと保護者がお互いを真似ることでつながりを強めるのと同様、おとなも自分が属するさまざまな集団の規範（服装、話し方、価値観などあらゆるもの）を模倣しあうなかで集団にとけこもうとし、共通の規範がその集団のつながりをさらに強めます。お互いを模倣する行動は人類の学習と文化の基盤です[1]。

　子どもは生まれた瞬間から（実際はその前にも）、模倣を通じて保護者や周囲のおとなの習慣（文化）を吸収していきます。なかでもひとつ、文化人類学や教育学の面でよく知られているのが子どもの「手伝い行動」、手伝いに限らず「助けようとする行動」です。「手伝い」は、模倣と帰属欲求と学習が一体となった興味深い行動です。

　まず、０歳前半の子どもは、今、目の前で誰かがしている行動を真似ます。０歳後半になると徐々に、記憶にある行動も模倣（再現）し始めます。たとえば、保育士を真似て他の子どもの頭をなでるなど、ものを要しない、記憶に基づいた模倣が始まります。その後、粗大運動と微細運動の発達もあいまって、ものを動かしたり操作したりする動作も模倣できるようになり始め、実験（48人が参加）によれば、生後12か月の子どもも、４週間前に実験室で見た実験者の行動（見ただけ。その場では模倣していない）を別の場所で再現します[2]。家庭や保育施設に人形やぬいぐるみと布があれば、１歳半ばの子どもは「赤ちゃんを寝かせて布団をかける」や「ミルクを飲ませる」といった、おとなが自分たちにしている行動を自らします。男の子でも女の子でも。

　これは、身近なおとなと「同じ」でいようとする基本的な欲求によります（おとなの集団帰属欲求と同様）。自我が明確になる前の０〜１歳の場合は前項の通り、「自分がおとなの真似をしたい」のではなく、「おとなが自分と同じ行動しているのを見たい」なのかもしれませんが、方向はどうであれ、幼児にとっても模倣は「大事なおとなたちと一緒！」の現れです。その端的な形が「手伝い」です。

　模倣と帰属欲求と学習と、その後の影響。以下の話は2018年６月９日、米国ナショナ

ル・パブリック・ラジオ（NPR）で放送された「子どもが手伝いをするようになる方法（それもいやがらずに）」[3]の要点をまとめたものです。

話の発端は1990年代初め、メキシコのユカタン半島にある先住民マヤの村に住んでいた心理学者のスザンヌ・ガスキンス博士（ノースイースタン・イリノイ大学）の気づきでした。7歳と9歳の姉妹がある時、学校から帰った後にする家事について話し始めたのです。「私、自分の服を洗うんだ」と妹が誇らしげに言うと、姉はもっと誇らしげに「私なんて、自分の服を洗った後、弟の服も洗うんだよ」。2人の熱意に驚いたガスキンス博士が調べてみると、村の子どもたちは実にたくさん手伝いをしていることがわかりました。たいていは言われなくてもしているばかりか、何をするかも自分で考え、「何か手伝う？」とおとなに尋ねてもいました。お小遣いも何も期待せず。

その後30年間、ガスキンス博士たち複数の心理学者や教育学者、人類学者が、メキシコとグアテマラに住む先住民の家庭やコミュニティで見られる現象を記録してきました。バーバラ・ロゴフ博士（カリフォルニア州立大学サンタ・クルーズ校）のグループがグアダラハラ（メキシコ）に住む先住民出身の母親たちと都市部出身の母親たちにインタビューし、その内容を分析した論文[4]には、こう書かれています。

「8歳の娘は帰ってくると、『お母さん、なんでも手伝うよ』と言うそうです。そして、家じゅうのことを自分でし始めます。ある時、母親がとても疲れて仕事から帰り、ソファに横になると、娘がこう言いました。『お母さん、すごく疲れているみたい。でも、掃除をしなきゃ。私、ラジオをつけて、キッチンをきれいにするから、お母さんはリビングをかたづけて。それで全部、きれいになるでしょ？』」

同じ研究グループのアンドリュー・コペンス博士が、米国カリフォルニア州のワトソンヴィルに住むメキシコ系米国人の母親たちとシリコンバレーに住むヨーロッパ系の中流家庭の母親たちにインタビューをした研究[5]には、文化の違いがはっきり描き出されています。メキシコ系米国人の子ども（6〜7歳）はヨーロッパ系の約2倍、手伝いをし、それも自主的にしていました。ヨーロッパ系の子どもが手伝いをしたとしても、大部分は保護者に指示されたから、でした。

子どもの行動の違いを生んだ鍵は何か。研究者の意見は一致しているようです。1〜3歳児の「手伝いたい気持ち」「助けたい気持ち」を活かすこと。これは世界じゅうの子どもに見られる特徴のようです。

実験でも、たとえば、部屋の反対側で物を拾っているおとなを見た生後20か月児（36

人）は、新しいおもちゃで遊ぶのをやめて、おとなを手伝います。ところが、「手伝った
ごほうび」におもちゃをもらった子どもは、次に手伝う機会が訪れた時、おもちゃをもら
わなかった子どもたち、「ありがとう」と言われただけの子どもたちよりも手伝う確率が
下がりました[6]。1～3歳児の「手伝いたい」という動機は内発的で、報酬を得ると動機
が下がってしまうのです。

　コペンス博士とロゴフ博士の研究[5]でも、ヨーロッパ系米国人の2～3歳児はメキシコ
系米国人の2～3歳児と同程度に、自主的に手伝いをしていました。けれども、保護者や
家族が2～3歳児の手伝い行動にどう応えたかが、6～7歳の時の大きな差になって現れ
ました。先住民マヤやメキシコ系の母親とヨーロッパ系の母親がしていた行動の違いは？
「子どもの手伝い」に対する保護者（母親）の見方、価値観の違いです。

　一方は、「1～3歳の手伝い行動を将来への投資とみなし、子どもの手伝いにおとなが
協力する」（メキシコ ITESO 大学のレベッカ・メヒア - アラウス博士の言葉）考え方。
家事をしている保護者の近くに子どもが近寄ってくるのは、「手伝いたい」気持ちの表れ
と考える。他方は、1～3歳が家事を手伝うと時間もかかり、かえって大変なので、させ
ないという考え方。この違いが保護者の行動を変え、子どものその後の行動の違いとして
表れました。

　研究結果が明らかにしている前者の特徴は、以下の通りです。

①乳幼児期から、家事を子どもに見せ続ける。1～3歳は「見るだけ」で模倣できるた
　め、わざわざ教える必要はない。

②子どものスキルにあった作業をさせる。どんなに小さな作業であっても実際の家事の
　一部で、子どもが「おとなと力を合わせた」と感じられること。「家事の真似ごと」
　をさせると、子どもは「役に立っていない」とわかり、やめてしまう。

③分担ではなく、一緒に同じ作業をする。1～3歳にとって手伝いは模倣であり、模倣
　のやりとりが鍵になるため。

④無理強いしない。子どもが真似（手伝い）をしたいと感じた時に、子どもを励まし、
　手伝う機会を与える。

⑤子どもが手伝うのを、おとなが手伝う。1～3歳の手伝いは保護者にとって本当の意
　味の手伝いにはならないが、この時期に手伝いが習慣になれば、子どもは自ら家事を
　するようになる。逆に、「あなたは手伝わなくていい。遊んでいて」と言っていると、
　子どもはその言葉を信じてしまう。


　このラジオ番組を作ったミカリーン・ドゥクレフ博士はユカタン半島へ取材に行った後、

当時、なんでも真似をしたがっていた２歳の娘、ローズマリーさん（以下、ロージー）で試してみたそうです。最初は皿も割れ、床も水浸しになり、悲惨でした。でもじきに、ロージーさんはいろいろなことを自分でするようになり、「お母さん、手伝おうか？」と聞くようにもなりました。「娘がしている手伝いは些細で、私にとってはたいした助けになりません。けれども、彼女がとても大事なことを学んでいるのは間違いありません。一緒に何かをし、力を合わせて取り組む大切さ。一緒に家事をする時、ロージーの顔には『ね、私ってけっこうできるでしょう、お母さん？』と言いたげな微笑みが浮かんでいます。」

ドゥクレフ博士が変えたのは、次のような点でした。

①家事を楽しい活動にする。ロージーさんが眠っている間に家事をかたづけ、遊び時間をつくっていたのをやめ、一緒にするために家事をとっておくようになった。

②「家事をかたづけようとしているおとなを邪魔しにくる、小さな妖怪を歓迎する」（ドゥクレフ博士の言葉）。「こっちへ来て、一緒にする？」とさえ声をかける。いやがったら無理強いしない。子どもが見ているだけでも、それは学びになっている。

③ロージーさんが一緒にできるよう、家事をゆっくりするようにした（どうしても急がなければならない時は別）。特に、この時期の子どもはおとなのようには動かない。「ある時、ロージーに『夕飯に使うバジルを採ってきて』と頼みました。彼女はまず「やだ」と言い、次に「いやだ！」と叫びました。そして２分後、ロージーは台所から庭へ走り出し、バジルを採ってきたのです。」※

④幼児が終わらせることのできる作業をみつける。（おとなにとってはわずかな作業でも）「できた」「役に立った」という事実に子どもは喜び、自信を感じるから。「床を掃くほうきを２本買いました。床を掃く時には音楽をかけて、踊りながら一緒に掃除をします。一緒に歌う時もあります。一緒に家事をする楽しさのもっとも大きな部分は、とにかく一緒にいて一緒にすることだと私も学んだからです。」

⑤「私の心の中にいた完璧主義者には消えてもらいました。皿洗い機の中には皿がきれいに並んでいなければ、洗濯物はきれいにたたまれていなければ…。私はずっとそう思っていました。でも、誰が気にするでしょう？　私の娘、ローズマリーがＴシャツをたたむことで感じる自信のほうが、完璧にたたまれたＴシャツよりも将来的にはおそらくずっと大切ですから。」

※この時期の子どもの「いや！」は、おとなが考える「いや」とは異なる（119ページ）。

1) Parker-Rees, R.（英国）によるレビュー論文. (2007). Liking to be liked: Imitation, familiarity and pedagogy in the first years of life.

2) Klein, P.J. 他（米国）による研究論文. (1999). Long-term memory, forgetting, and deferred imitation in 12-month-old infants.

3) National Public Radio（米国）の番組. (2018/6/9). How to get your kids to do chores (Without resenting it). ナショナル・パブリック・ラジオは非営利メディアで、ナショナルは「国営」の意味ではない。

4) Alcalá, L.他（米国、メキシコ）による研究論文. (2014). Children's initiative in contributions to family work in indigenous-heritage and cosmopolitan communities in Mexico.

5) Coppens, A.D. 他（米国）による研究論文. (2022). Cultural variation in the early development of initiative in children's prosocial helping.

6) Warneken, F. 他（ドイツ）による研究論文. (2008). Extrinsic rewards undermine altruistic tendencies in 20-month-olds.

# 「一緒にする」が「助け」のきっかけ、学習に

　「助けたい」という子どもの動機には社会的学習もかかわっていることが、有名な一連の実験からわかっています[1]。初めて会った実験者と2人でボールを転がしあって遊んだ1〜2歳児は、1人でボール遊びをした1〜2歳児（実験者は約1メートル離れた所でボールで遊ぶ）よりも、遊んだ後に実験者を助け（実験1。子どもは計34人）、遊んでいた時には部屋にいなかった別の実験者も助けました（実験2。計30人）。4歳児でも同様の結果が得られ（実験3。計30人）、さらに、実験者と一緒に遊んだ4歳児は、「（実験者が）自分に贈り物をくれる」「（実験者が）ドアを開ける時に手伝ってくれる」「（実験者が）おもちゃを一緒に使ってくれる」と、一緒に遊ばなかった4歳児よりも予想したのです（実験4。計20人）。どの実験も、2つの群の差は統計学的に有意でした。

　この研究は、他人とのやりとりや「一緒に」が子どもの「助けたい」「助けてもらう」という感情につながっていることを示しています。特に実験2の結果は、直接な損得と「助ける」が明らかに無関係な点で重要です。お手伝い以外の場面でも、子どもの「助けたい」動機をおとなが育てていける証拠です。

1) Barragan, R.C. 他（米国）による研究論文. (2014). Rethinking natural altruism: Simple reciprocal interactions trigger children's benevolence.

# 「ごっこ」と「本物」、どっちがいい？

　「ごっこ遊び」を通じて子どもたちは生活を模倣し、想像をはばたかせます。でも、本当に？　そう疑問を持ったのが米国ヴァージニア大学のアンジェリーン・S. リラード博士（心理学）でした。学会発表に訪れた先でさまざまなごっこ遊びができる環境を見、すばらしいと思ったものの…。「木のアイスをすくって木のアイスクリーム・コーンに乗せていた5歳の子どもの表情が頭から離れなかったのです。彼女は『（木なんかじゃなくて）もっとマシなものをくれないかな？』と言っているように見えました。」[1]

　リラード博士のグループは早速、研究を始めました。まず、米国の中所得層の子ども100人（平均月齢58.5か月、範囲は36〜82か月）に「○○をするなら、ごっこ遊びと本物とどちらがいい？」と聞きました。全体の35%が「ごっこ」、65%が「本物」を選びましたが、「○○」（9種類）によって結果は違いました。たとえば、「本物」が一番多かった「アイスを食べる」では83%、次の「赤ちゃんにミルクを飲ませる」は74%、「馬に乗る」「クッキーを焼く」はどちらも69%、「野菜を切る」は60%、「本物」が一番少なかった「皿を洗う」は46%。さらに、「ごっこ遊びがいい」と答えた割合は3歳から4歳にかけて急に下がり、その後は6歳までほぼ一定でした。

　なぜ、「ごっこ」「本物」のそれぞれを選んだか、理由を子どもに聞いたところ、まず「本物」を選んだのは「食べられるから」「やり方を学べるから」、あるいは「したことがないから」「楽しそうだから」「できるから」。一方、「ごっこ」を選んだ理由は「クッキーを焼いてやけどをしたから」「ごっこなら、お皿が割れないから」「釣りをしてサメが釣れたら怖いから」といった怖さや、できないのではないかという感覚が回答の半数で、「ごっこ遊びが好きだから」という答えは28%でした[2]。

　同じ結果は実験でも得られています。たとえば、実験室に掃除機、カメラ、聴診器などの本物とごっこ遊び用の玩具それぞれ8種類を置いたところ、子どもは時間のうちの58%、本物を選んで遊びました。「ごっこ」と「本物」の選択も同様に月齢で変化しました[3]。

　もちろん、ごっこ遊び自体の価値を否定しているわけではありません。絵本や物語の登場人物になってみる、同じ物語で違う立場になってみることは、「心の理論」のような非

認知スキルの発達にとって不可欠です。けれども、「おとなと同じことをしてみる」が学習のみならず習慣づくり、動機づけにとって重要である点を考えると、ごっこの道具や玩具の限界は考えるべきなのでしょう。それ以前に世界を見渡せば、たとえおままごとをしている時間が子どもたちにあったとしても、おままごとの道具をわざわざ作って売る社会、買う社会は少数派です。

　ごっこ遊びの道具を買い揃える必要もなく、子どもたちは自らさまざまなものを見立て、想像のトレーニングをします。研究の中で子どもたちも言っている通り、本物は怖いから、まだ使えないから何かを見立てて練習する段階は大切ですし、子ども自身もその見きわめをしています（まわりでおとなや年上の子どもが本物を使って本物の行動をしているのを見ていれば、見きわめられる）。そして、本書で紹介している「縫いさし」や「うどん作り」でも、本物の活動に至る前にそういった練習段階は必ずあるのです。

1) リラード博士によるThe Dallas Morning Newsの記事. (2017/8/29). Playing make-believe can deprive kids of important developmental experiences.
2) Taggart, J. 他（米国）の研究論文. (2018). The real thing : preschoolers prefer actual activities to pretend ones.
3) Taggart, J. 他（米国）の研究論文. (2020). What shall we do : Pretend or real? Preschoolers' choices and parents' perceptions.

# 目に見えて「できる」まで、「できない」わけではない

　ここまでお読みになって、「思ったよりもずっと早い時期、子どもはいろいろなことをしているんだ！」とお感じになった方もいらっしゃるでしょう。そうです。子どもは生まれた瞬間から信じられない速度で育ち、できるようになっていきます。

　たとえば、ジャン・ピアジェ博士（1896〜1980年）が提唱した発達理論をもとにするなら、未就学期は「自己中心性」の時期で、他者の視点を持てないという特徴があります。表面的にはそう見えますが、実際には生後9か月で他者の視線を追い、他者の意図を知ろうとしています。4歳以降は、他者の（物理的な）視点に立って話の筋を追うこともできます。学童期になって突然、「他人の視点でものを考えられるようになる」ではなく、人生の1年めにもおとなの助けを借り、練習をしているのです[1]。

　「○歳は〜ができる」という言い方の問題は、まさにここです。ものを移動させたり変形させたりといった模倣を始めるのは生後12か月頃以降ですが、これは「12か月までは、ものを介した模倣ができない」「12か月になったらできる」ではなく、「ものを持ちあげたり、つまんだりする粗大運動、微細運動、体の各部位の間のつながりがまだうまくできない時期は、ものを介した模倣ができないように見える」です。

　なかでも、言葉は大きな鍵です。言葉を話せない時期の子どもは何も考えていないように見え、言葉を話せるようになっても、おとなにはまだ支離滅裂です（ピアジェがそう判断して理論を作ったように）。でも、新生児や乳児の発達を調べる研究者が、「じっと見つめる」「おしゃぶりを長く吸う」といった行動を興味や理解を示す指標として使うようになってから、あるいはその後、視線を追う機械（アイ・トラッカー）や脳波測定用の帽子や脳磁図計測器を使えるようになってからは、言葉を話すよりもはるか以前の乳幼児が何を認識し、何を理解し、何をしようとしているのかもわかるようになってきました。

---

1) Moll, H.（米国）によるThe Conversationの記事.（2017/3/22）. Children understand far more about other minds than long believed.

# 「今はこれ。別のものは無視し続けよう！」
## ：共同注意から選択的注意へ

　小学校に入学して教科学習が始まると、教師の話に耳を傾け、教科書を読み…という作業を毎日のようにします。グループでテーマを決めて調べたり、まとめたりもします。いずれも指示を聞いて目的と目標を理解し、他の子どもたちと意見や質問をやりとりし、自分に割り振られた作業を時間通りに終わらせる必要があります。他におもしろそうなことを見つけても、「今はこっち」と注意を切り替えて元の作業に戻り、すべき作業をしなければなりません。ここから先、教科学習に限らず、日常生活でも仕事でも趣味でも。

　このスキル、いわゆる「選択的注意 selective attention」の発達の始まりはどこでしょう？　「注意」に関する過去50年に及ぶ研究の答えは、「生まれた瞬間に始まる、保護者との見つめあい（相互凝視）」とその後の「共同注意」です。「対象に注意を向ける」スキルが「注意を向け続ける」スキルにつながり、さらに、「対象以外のものを無視して、注意を向けるべき対象に注意を向け続ける」、つまり選択的注意のスキルへとつながります。この認知スキルは高次脳機能の一部でもあり、20代半ばに向けて育っていきます[1]。

　まず、発達の流れです。研究結果は数多いので、後半で紹介します。


　目の焦点も合わない生後すぐから、子どもは近くにある顔、特に目を凝視します。まっすぐに見つめる赤ちゃんの目にはおとなをひきつける強烈な力があり、保護者は見つめ返し、微笑みます。お互いに見つめあうことで、子どもは保護者の視線の動きを理解し始め、自分から離れていく視線を追えるようになっていきます。これが3項関係の共同注意の始まりです。

　そして、注意をひかれたものに子どもが視線を向けた時やそれを指さした時、保護者もそちらに目を向けて（子どもが何を言っているかははっきりしなくても）やりとりをすることで、興味をひかれた対象に子どもが注意を向け続ける時間は長くなります。子どもは自分が興味を持ったものにしか注意を向けませんし、自分が今、興味を持っている対象からしか学びません。自分で興味を持ったものすら、ほんの1分も見ていないかもしれません。でも、子どもが興味を持って注視したものを保護者が目で追い、一緒に見、やりとりをすれば、注意を向け続けるスキルが伸びます。

こうした行動を通じて、興味を持ったものに注意を向け続けるスキルが育つだけでなく、保護者とのつながりも強まり、保護者が見ているものにも目を向けるようになります。これ自体、他者の意図や感情を理解する「心の理論」の発達にとって大切なのですが、「注意」だけで言えば、「まわりにあるものを見ないで、今、お母さん／お父さんが見ているものを見よう」という子ども自身の意図が生まれてきます。

ただし、意図があっても、特定の対象に注意を向け続ける選択的注意のスキルが育ち始めるのは4～7歳以降です（脳のワーキング・メモリの発達を要するため※）。選択的注意は実のところ、「対象に注意を向け続けるスキル」ではなく、「対象のまわりにあるよけいな刺激をくりかえし無視し、対象に注意を向け替え続けるスキル」で、4～5歳はこれができるようになり始めたばかり。逆に、乳幼児は無用な刺激にも注意を向けるために、おとなよりも情報を多く記憶しているという特徴もあります。

実験環境のもとでは、未就学児も「今、これに注意を向ける」「今、これに注意を向ける必要はない（無視すべき）」といった区別をおとな同様にできるようです。けれども、たとえば右耳と左耳それぞれに聞こえてくる異なる音の一方にだけ注意を向け続け、もう片方を無視し続ける（注意と無視が途切れても、再び注意と無視をくりかえす）ような行動の制御を意識的にする脳機能（より高次の働き）は十分に育っておらず、選択的注意も十分にはできません[1]。行動の意識的な制御を司る大脳前頭葉がほぼ成熟する20代半ばまで選択的注意のスキルが育ち続けるのは、これが理由です。

冒頭で教科学習を例に挙げましたが、もっと細かく考えると、選択的注意は身のまわりにあふれる音や声の中から必要なものを聞き、意味のある情報を拾い出すスキルです。あるいは、紙や画面、黒板の上に見えるさまざまな線や色の中から、その時に意味のある文字や図形、絵を見分けるスキルです。質問文の中から、回答するために必要な情報を拾いあげるスキルでもあります。

すべての基礎は生まれた瞬間から、保護者の助けのもとで育ち始めます。そして、共同注意を基盤に育つ「注意」のスキルに関しては、未就学児期に育てていく具体的な方法も過去20年の間に増えてきました[1] ※※。いずれにしても、初期の育ちや途中の育ちを飛ばし、就学直前になって「集中して学習できる子ども」を期待しても無理なのです。

では、研究結果です。

### 「これ、おもしろい！」は子どもの脳だけが知っている

　発達における「ゴルディロックス効果」※※※を調べた実験2)では、生後7〜8か月児（2つの実験で、それぞれ42人、30人）に「箱の陰からものが出てくる」様子を動画で見せました。何度も同じものが出てくると子どもは画面を見なくなり、反対に、出てくるものの順番が予想できないほどバラバラだったり、ものの動きが予想外すぎたりすると、やはり興味を失いました。子どもは一人ひとり、その時の「ちょっと新しい！」や「ちょっとびっくり！」という「ちょうどいいレベル」の刺激に反応して、注意を向けます。この研究グループは、聴覚刺激についても同じ結果を示しています3)。

　おとなは自分の判断で玩具や絵本を子どもの目の前に持ってきて、「なぜ、興味を持たないんだろう？」「絵本を読んでも聞かないのは、注意力に問題がある？」と首をかしげますが、何に注意を向けるかを判断するのは子どもの脳であり、「興味を持って！」とおとなが仕向けようとしても不可能です（おとなの脳も基本は同じ）。また、乳幼児はワーキング・メモリの容量がきわめて限られているため、今、自分が興味を持っているものにしか注意を向けられません。

### 子どもが注意を向け続ける時間は、共同注意の時間ややりとりと比例する

　生後11〜13か月の子どもと保護者36組にアイ・トラッカーをつけて視線の動きを調べた研究によると、子どもが遊んでいるおもちゃを保護者が見ている時間の長さと、子ども自身がそのおもちゃに注意を向け続ける時間の長さは正比例しました。おとなが長く見ていると、おとなが視線をはずしても長い間、子どもはそのおもちゃを見続けたのです4)。子どもが遊んでいるおもちゃに保護者が触れたり、話をしたりすることで、注意を向け続ける時間はさらに長くなりました（12〜16か月児。40組の親子）5)。

　そして、「注意を向け続ける時間」が長いほど、その後の言語習得数が多いことも複数の実験から明らかです。たとえば、生後9か月の「注意を向け続ける時間」は、12〜15か月時の言語習得数と正比例していました（26組の親子で実験）6)。

### 選択的注意ができないぶん、子どもは記憶の範囲が広い

　この実験では、4〜5歳児34人とおとな35人にそれぞれ指示をし、画像を見せました。最初の実験では、出てくる形のうち、特定の部分の形が前の画像と同じだったかを判断するよう指示されます。次の実験では、出てくる想像上の動物の体についている○印などに注目するよう指示されます。画像を見せた後にテストをすると、指示内容についてはおとなのほうが子どもよりも正確に記憶していました。ところが、子どもは指示にない箇所の

形の変化や、指示にない動物の特徴をおとなよりも正確に、たくさん覚えていたのです。指示されていない特徴を覚えていたおとなは59％だったのに対し、子どもは72％でした[7]。

　同じ研究グループは4～5歳児30人とおとな38人を対象に、アイ・トラッカーを用いた実験もしています。画像の中にある「注目すべき箇所」が実験途中に変わると、おとなの脳は変化に対応できず、それまでと同じ箇所を見てしまい、失敗する頻度が圧倒的に増えました。一方、子どもはもともと「注目すべき箇所」を見続けること自体が難しいため、注目すべき箇所が変わっても失敗が少ないという結果でした。選択的注意ができるおとなだからこそ、注意を向けないよう学習した努力が裏目に出るわけです[8]。

　選択的注意がまだうまくできず、よけいなものまで見て覚えている。子どもの特徴で、これ自体が利点です。子どもは自分のまわりにある感覚刺激のうち、どれが自分にとって必要なもの、重要なものかを判断できません。ゆえに、脳は生まれた瞬間から、まずはとにかくできる限り多くの情報を集めようとしているのです。

※ワーキング・メモリは、たった今、脳が作業をしていることがらについて一時的に情報を保持しておく認知システムで、出生から思春期にかけて育ち、加齢とともに低下する。注意の認知システムがよけいな情報を無視できても、今、注意を向けるべき対象をワーキング・メモリに留めておけなければ、そちらに戻る（何度も戻り続ける）ことは難しい。使用している脳の部位は重なっていると考えられており、ワーキング・メモリの働きが弱いとあらゆる学習や作業に支障をきたす。

※※トレーニング法を使うのであれば、科学的手法によって得られた効果評価の確認が必須。この時、「トレーニング前後でこれだけ点数が上がりました」は科学的な効果評価とは言えず、「トレーニング以外の条件はすべて同じにしたうえで、トレーニングを受けたグループ（介入群）は受けていないグループ（比較対照群）と比べて、これだけ点数が上がりました」と示すデータが不可欠。比較対照群が必要なのは、効果がゼロであっても、「受けた」という感情だけで点数が上がることがあるため。

※※※童話『3匹のクマ』に出てくる女の子、ゴルディロックスに由来し、「ちょうどよい」たとえに使われる。

1) Stevens, C. 他（米国、スイス）によるレビュー論文. (2012). The role of selective attention on academic foundations: A cognitive neuroscience perspective.
2) Kidd, C. 他（米国）による研究論文. (2012). The Goldilocks effect: Human infants allocate attention to visual sequences that are neither too simple nor too complex.
3) Kidd, C. 他（米国）による研究論文. (2014). The Goldilocks effect in infant auditory attention.
4) Chen, Y. 他（米国）による研究論文. (2016). The social origins of sustained attention in one-year-old human infants.
5) Suarez-Rivera, C. 他（米国）による研究論文. (2019). Multimodal parent behaviors within joint attention support sustained attention in infants.
6) Chen, Y. 他（米国）による研究論文. (2019). Infant sustained attention but not joint attention to objects at 9 months predicts vocabulary at 12 and 15 months.
7) Plebanek, D.J. 他（米国）による研究論文. (2017). Costs of selective attention: When children notice what adults miss.
8) Blanco, N.J. 他（米国）による研究論文. (2023). The benefits of immature cognitive control: How distributed attention guards against learning traps.

# 環境の視覚刺激が注意スキルの育ちを
# 妨げる：未就学児施設の壁面

　誕生直後から始まる見つめあいや、共同注意を基本にしたやりとりは保護者に任される部分ですが、日本の場合は０歳や１歳以降、子どもが長時間を過ごす未就学児施設の役割も見逃せません。とは言っても、保育者は保護者のように時間をかけて子どもとかかわり続けることが難しい。この現実を前提にして、子どもの発達をできる限り阻害しない、できる限り助ける取り組みが施設側にも不可欠です。

　まず重要なのは、室内環境です。４～５歳であっても選択的注意のスキルを学び、身につけ始めている段階であり、保育者が「こっちを見て」「私の話を聞いて」と言ってもできなくて当然です（たとえ、子ども自身には「見よう」「聞こう」という意図があっても）。環境面でも子どもたちが注意を向けやすい、向け続けやすい、注意をそらすものが少ない条件を整え、スキルの育ちを後押しする努力が必要でしょう。

　基本は、室内環境から「不要な感覚刺激」を除き、注意を向けるべき対象に子どもが注意を向けやすい環境をつくること。大きな音や背景音がおとなの注意すら奪うもので、子どもの発達や学習をさまざまな側面で阻害する事実は知られています[1]が、もうひとつ、視覚刺激、すなわち施設の壁面環境と子どもの学習の関係もわかっています。

　壁に貼られたイラストや写真、壁紙の模様などは、子どもが注意を向けてかかわるべき保育者の顔や表情、行動に目を向け（続け）る妨げになります。４～５歳であれば子どもが自分たちで部屋をつくり変え、「海の中ごっこ」「キャンプごっこ」をしたりもするでしょうし、育てている動物や植物の記録を貼ったりもするでしょう。それは子どもが文脈と意味を理解しているものです。そうではなく、「かわいいから」「きれいだから」「見ていれば覚えるだろうから」とおとなが考え、貼っているものの話です。

　なかでも低年齢児は、保護者や保育者の顔だけでなく、「顔のように見えるもの」すべてに注意をひかれます。壁や仕切りにただ「かわいいから」と貼られている絵本やアニメの登場人物の顔は、生身の人間とのかかわりだけが大切なこの時期の子どもたちにとって、じゃまな視覚刺激です。

　「いつも見ているから大丈夫」？　研究は「慣れ」を否定しています。

実験結果を説明します。

同じ実験室をイラストのような２つの状態にして、それぞれの環境で５歳児のグループ（24人）に先生役の実験者が５〜７分の授業を６回ずつしました（２週間）。授業は、子どもたちが幼稚園で聞いたことのない内容です。壁に何も貼っていない部屋にいた子どもたちが、先生以外の場所を見ていた、または別のことをしていた時間は授業全体の28.4％であったのに対し、壁にさまざま貼ってあった部屋では38.6％でした（差は統計学的に有意）。

差は10％ですが、先生を見ていない間に子どもがしていた行動は、両群でまったく違いました。白い壁面グループの５％弱は自分で何かをし、20％は友だちと何か話すなどし、部屋を見回していたのは約３％（合計で全体の28％）。一方、壁にいろいろと貼ってあったグループは20％以上が部屋のどこかを見、15％は友だちと話すなどし、３％が自分で何かをしていました（合計で全体の38％）。壁に視覚的な刺激があれば、子どもはそちらに注意をひかれるのです。

そして、実験前後、授業内容について子どもにテストをしたところ、白い壁面のグループでは実験後、有意に知識が増えていました。さらに、それぞれの子どもの学習量（実験後の点数−実験前の点数）と先生のほうを見ていなかった時間の相関を見ると、どちらの壁面の部屋にいたかで数値が有意に異なり、（他の条件に違いはないので）学習量の違いは部屋の壁面の影響が原因だと言えました[2]。

次の学期、研究グループは参加した子ども一人ひとりの選択的注意スキルをアイ・トラッカーで測り、上の結果と合わせて分析しています。それによると、子ども個人の選択的注意スキルの高さと授業直後のテスト点数は正比例していました。選択的注意のスキルが高い子どもは、より学習をしていたのです。ところが、授業から約13週間経った後に調べた授業知識の点数は、壁の条件と無関係に、かつ、直後の点数以上に、その子どもの選択的注意スキルと強く比例していました[3]。つまり、選択的注意スキルが低い子どもが無用な視覚刺激のある環境に置かれると、スキルが高い子どもよりもいっそう注意をしづら

139

く、学習が難しくなる悪循環に陥るわけです。

　その後、この研究グループは実験室を用いて5歳児で2週間（23人のクラスと20人のクラス※）、次いで実際の5歳児クラス、小学校1、2年生クラスの計6クラスで15週間、部屋の中にあるさまざまな視覚刺激に慣れるかどうかも調べました。実験室の場合、時間が経つにつれて子どもが視覚刺激で注意を奪われる時間は短くなっていきましたが、時間が短くなっただけで、子どもが授業の内容から注意を奪われる主たる原因は壁に貼ってあるものでした。他方、実際のクラスでは子どもが視覚刺激に慣れるという結果は得られませんでした。この点について研究者は、「現実の環境では毎日、いろいろな変化が起こるため、子どもは視覚刺激に慣れないのかもしれない」と書いています[4]。

　もうひとつ、「顔のようなものに注意を向ける行動」は、生後9か月児（22人）を対象に行われた実験で明らかになりました。子どもの顔の正面に対して左右50～60度の周辺視野で、顔の写真を強くぼかしたものを見せると、55

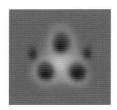

度くらいまでであれば子どもはほぼ目を向けます。顔の天地が逆でも、目を向ける行動に変わりはありませんでした[5]（この時期の子どもは、保護者の顔が天地逆で見えることにも慣れているためと考えられる。胎児の場合は107ページ）。

　目の前のおとなとやりとりをしている赤ちゃんも、周辺視野に「顔のようなもの」が見えたらそちらに注意を奪われる可能性が高く、これは、見つめあい、共同注意の邪魔になると言えるでしょう。未就学児施設の部屋の壁にさまざまな顔のイラストや絵が貼られていれば、周辺視野でそれをとらえた0歳児は（保育者ではなく）イラストや絵の顔に短時間であっても注意を向け、保育者とのやりとりが途切れることにもなりかねません。

※どちらの壁面の部屋で最初に授業をするかで結果が変わる可能性があるため、実験1年めの23人のクラスと実験2年めの20人のクラスとで、壁面の状態の順序を変えて実験を行った。

1) Klatte, M. 他（ドイツ）によるレビュー論文. (2013). Does noise affect learning? A short review on noise effects on cognitive performance in children.
2) Fisher, A.V. 他（米国）による研究論文. (2014). Visual environment, attention allocation, and learning in young children: When too much of a good thing may be bad.
3) Erickson, L.C. 他（米国）による研究論文. (2015). Endogenously- and exogenously-driven selective sustained attention: Contributions to learning in kindergarten children.
4) Godwin, K.E. 他（米国）による研究論文. (2022). Effect of repeated exposure to the visual environment on young children's attention.
5) Capparini, C. 他（英国、ニュージーランド）による研究論文. (2022). The detection of face-like stimuli at the edge of the infant visual field.

# 「自分で選んで取り組む」対 ごほうび
## ：動機のスキル

　1歳以降に増える「イヤ！」「これ！」「私の！」といった言葉は、子どもが「主体としての自我」をはっきり主張する練習です。でも、自我の表明と言うなら、生後9か月頃までにはすでに視線や指さしで「これ！」「こっち！」と主張し、自ら学ぼうとおとなに働きかけています。

　言葉にならない時期から、こうした働きかけをおとなが受けとめることで育つ大切な非認知スキルのひとつが、「～しよう」「～し続けよう」とする「動機 motivation」です。言うまでもなく、動機は人生のすべてを前に進める原動力ですが、これもまた乳幼児期、「何にでも興味を持つあなたが私たちは大好きだよ。次は何かな？」と後押しを始めるおとなたちが育てるスキルです。

　「お手伝い」の項で紹介したラジオ番組の続編「失われた鍵：子どもの注意力を育てる方法」[1]で、同じ研究グループがグアテマラに住む先住民マヤの子ども80人（現代的教育を受けた母親の子ども40人と、受けていない母親の子ども40人）とカリフォルニア州に住む白人の子ども40人（5～11歳）を対象に行った実験が紹介されていました[2]。実験者がおもちゃの作り方を兄弟姉妹に教えている横で、子どもは「あなたの番まで待っていて」と言われます。

　待っている間の白人の子どものうち、教えている実験者を見ていたのは約3割、マヤの子どもでは約6割でした。じっと見ていたマヤの子どもたちは待ち時間の3分の2を観察に費やしていたのですが、白人の子どもたちはその半分の時間しか見ていません。白人の子どものなかには、隣で兄弟姉妹がしていることなどおかまいなしに大きな声を出していた子もいたようです。そして、学習（＝おもちゃの作り方の記憶）の度合いは圧倒的にマヤの子どもたちのほうが上でした。

　「お手伝い」の項に書いた通り、マヤの伝統的な社会は「おとなの真似をしたい」「みんなを助けたい」と思う子どもの動機を活かし、模倣を促します。「手伝い」の意味を理解する前から、マヤの子どもたちは「同じことをしたい」という自分自身の動機づけを保ち、まわりを観察し、模倣し、できるようになっていく過程をくりかえし経験し、習慣として

積み重ねているわけです。その習慣ゆえに、自分の兄弟姉妹が何かを教わっているのを見たマヤの子どもは「（いつもと同じように）自分も見ていよう」と思い（＝動機づけを得）、実験者を見ていたのでしょう。

　「動機」の研究を長年続けてきたエドワード・デイシー博士（ロチェスター大学）はこのラジオ番組の中で、子どもを動機づけるもっとも重要な鍵は「『自分で選んで、これをする』という感覚を100％持って子どもが何かをする経験」だと話しています。

　生後数か月の子どもが何かに注意を向けた時、おとながそちらに注意を向けて「○○ちゃん、なあに？　何を見ているの？」「それは〜だよ」「あ、〜だね」とやりとりをすれば、子どもは「自分で選んだものについて、おとなと話をしている」という感覚を得ます。もう少し経てば、ほうきを持っている自分の隣で掃除をし始めたおとなを見て、掃除をし始めた自分、手伝っている自分の力を感じるでしょう（おとながわざわざ自分の真似をしているのだとは、子どもはまだ思いません＝認知が未成熟だからこその利点）。選んで行動している主体の力を感じるのです。

　では、０歳の指さしや視線をおとなが気に留めず、おとな主導で「これを食べて」「何をしているの？　それじゃなくて、このおもちゃで遊んだら？」「絵本を読んであげるから静かに聞いて」「手伝わなくていいから、遊んでいて」と言い続けていたら？　自ら注意を向け、何かをしようとしている子どもの動機（意図）は無視されてしまい、注意を向け続けるスキルは育たず、それどころか、自ら何かに興味を持とうとする動機、外界とかかわろうとする動機も育たないでしょう。「指示待ち」に育ち…？

　おとなになれば「お金をもらえる」「ほめてもらえる」など、外から与えられる動機で努力しよう、続けようという気持ちになるかもしれません。けれども、そう思った時、自分で自分を動かす動機のスキル自体が身についていなければ？　指示待ちに育っても、指示に従って動く動機すら持てなかったら？

　外から与えられる動機づけとして必ず出てくる「ごほうび（報酬）」にも触れておきます。128ページで書いた通り、おとなを手伝っておもちゃをもらった子どもは、もらわなかった子どもに比べると、次に同じ行動をする機会が訪れた時、手伝う確率が有意に下がりました（生後20か月）。別の実験では、自分がもらいすぎたものを公平に分けようとする子どもの行動が、報酬を与えた後にはほぼ消えました（３歳児。３つの実験シナリオで計96人）[3]。長年の実験は一貫して、「〜したい」という子どもの動機、特に、手伝いたい、助けたいという動機は内発的で、報酬が動機を消してしまう事実を示しています。

ほめすぎも同様に内発的動機を下げてしまい、ほめられないと動けない、あるいは、ほめることでかえって自尊感情が下がるといった影響が出るようです。特に、「あなたは頭がいい」「あなたはよくできる」といった子ども自身をあいまいにほめる言葉を使っていると、子どもは「できるかできないか」という極端なものの見方※を身につけていきます[4]。さらに活動の出来ぐあいやテストの点数、順位といった「結果」ばかりをほめていると、子どもはプレッシャーで不安を感じるようになり、うまくできそうにないことは初めから避け、しないようにもなります[5]。結果よりも、今、子どもが具体的に取り組んでいる過程、取り組もうとしている動機、意志におとなが目を向け、おとなも子どもと一緒に取り組み、一方で、おとなも自分の失敗をはっきり認め、改善につなげる姿を見せることが大切でしょう。

　あらゆる「習いごと」も同様です。未就学児は特に、なんでも「やってみる！」と言いますが、「続けなければ上達しない」も「苦手なところを意識的に克服しようと努力する」もわかっていません。なにしろ、生きているだけで毎分毎秒、新しい何かを見つけて脳は大忙し、自分でもつかみきれない感情の上がり下がりにエネルギーを使っているのが子どもです。動機がない習いごとをここに加えれば、子どもを疲れさせ、ストレスを増やし、動機のスキルの足も引っ張ります。

　おとなが良いと思う習いごとをなだめすかして続けさせるよりは、子どもが「やってみたい！」と言い出した活動に保護者も一緒に参加し、一緒に学んではいかがでしょう。つながりを強め、模倣を促し、やりとりをたくさんするために。または、数か月分の月謝は「子どものためだ！」と割り切るのも一策です。おとなの習いごとも数か月で終わる場合が少なくないのですから。


　蛇足になりますが、未就学児にそもそも「失敗」はありません。未就学児に「それは失敗」「失敗したら恥ずかしい」と教えるのはおとなです。縄跳びの練習をしている子どもが足をひっかけるたびに、ヘラヘラと笑いながら「あ〜、また失敗しちゃった。うまくいかないね。がんばれ」と言うくらいなら、真顔で「どこが難しい？」「ちょっと僕／私もやってみるね」と話し、動きを分解しながら一緒に考えてみましょう。

　もちろん、子どもがいわゆる「失敗」をすることも、危険な行動や、してはいけない行動をすることもあります。その時、「そうじゃなくて、こうしてみたら？」「〜をしてはいけない」（子どもがした行動そのものを指摘）と言うのか、それとも「失敗して私／僕に恥をかかせた。あなたは最悪」「〜をするなんて、おまえは悪い子だ」「ダメな子だ」（その行動をした子どもを否定）と言うのか、この違いは重大です。後者の言い方を周囲がく

りかえすと、子ども（10代も）は自分を価値のない存在、愛されていない存在だとみなし始め、先々、行動や精神病理のさまざまなリスクにもつながります（「有害な恥の感覚toxic shame」と呼ばれる[6]）。

※「自分にできるかできないか」「自分に備わっているかいないか」といったものの見方は「固定した心の枠組みfixed mindset」と呼ばれる。これに対して、スキルや能力は伸びると考え、過程に注目するものの見方を「成長の心の枠組み growth mindset」と呼ぶ。「成長の心の枠組み」を持つことで学習などの行動だけでなく結果も変わることは、スタンフォード大学のキャロル・ドゥエック博士の研究以降、知られている。詳しくは『3000万語の格差』。

1）National Public Radio（米国）のラジオ番組. (2018/6/21). A lost secret: How to get kids to pay attention.
2）Correa-Chávez, M. 他（米国）による研究論文. (2009). Children's attention to interactions directed to others: Guatemalan Mayan and European American patterns.
3）Ulber, J. 他（ドイツ）による研究論文. (2016). Extrinsic rewards diminish costly sharing in 3-year-olds.
4）Brummelman, E. 他（オランダ、米国）によるレビュー論文. (2016). The praise paradox: When and why praise backfires in children with low self-esteem.
5）ハーバード大学 Center on the Developing Child の記事. How to motivate children: Science-based approaches for parents, caregivers, and teachers.
6）WebMDの記事. What is toxic shame?

## 数十人の子どもが参加した実験で、意味がある？

　本書で参照している研究に、対象者が少ないものと非常に多いものがあるのはなぜでしょう。
　実験の場合、子どもの月齢や性別などを揃え、保護者の経済状況も環境や手順もすべて揃えることができます。あとは、比較したい条件を変えて実験をするだけですから、対象者は少なくてすみます。でも、数十人で十分？　実験の仮説を検証するためには少なくとも何人必要か、いわゆる「検出力／検定力（英語では統計学的パワー statistical power）」と呼ばれるものは実験前に計算します。対象数を増やすと見かけ上、統計学的有意差が得られてしまう可能性もあり、少ない対象者で仮説検証するのが最善です。
　一方、質問票などの回答を使う研究の場合、条件を最初に揃えることができません。その場合、数百人以上のデータを用い、統計学的に（計算で）各種の条件を揃えて比較する方法が必要になります。

# やりとりが赤ちゃんの脳を育てる
## ：「3000万語」とソーシャル・アンサンブル

　生まれた直後から始まる、赤ちゃんと保護者のやりとりの質と量がその子どもの認知スキル、非認知スキルすべての発達にかかわり、人生全体に影響を与える。これは1980〜90年代の有名な「3000万語の格差研究」[※]と、それ以降の数々の研究から明らかです[1]。そして2024年、これまでの研究を総まとめするような実験結果が発表されました。

　まず、よく聞く疑問を解いていきましょう。

**認知スキル、いわゆる「頭の良さ」は遺伝子で決まっているのでは？**

　個人の特性の枠組みは遺伝子である程度決まっていますが、持って生まれた特性を十分に伸ばし、発揮できるかどうかは、育つ環境（物的な環境、人的環境、社会環境などすべて）によります。たとえば、認知スキルの基礎のひとつである「注意」は、おとなとのかかわりを通じて育つ力であり、このスキルが0歳の時から育てられなければ、持って生まれたさまざまな特性を活かすことはできません。

　数字で一例を見てみると、OECD諸国でSTEM学位（科学、テクノロジー、エンジニアリング、数学の大学、大学院の学位）を持つ人のうち女性の割合は平均32％、ポーランドや英国は40％を超えていますが、日本は16％と最低です[2]。遺伝子で認知スキルが決まるなら、日本の女性は他国の女性に比べて、STEM関連の遺伝子で劣っていることになります。けれども、OECDの学力比較テストによれば、日本の女子学生は数学で世界2位、科学で3位[2]。これだけでも、16％の要因が遺伝子ではなく、学校教育でもなく、認知バイアス「ステレオタイプの脅威」[※※]だけの影響でもない事実は歴然です。

**「育つ環境」は保護者の経済力によって決まるのでは？**

　高所得層は低所得層に比べ、子どもと過ごす時間をとれる確率、成長発達に関する知識を持っている確率などが高いため、より良い環境をつくり、子どもの特性を伸ばせる確率も上がります。ですが、最初の「3000万語の格差研究」からはっきりしているのは、低所得層であっても質が高いやりとりを子どもとたくさんしている家庭はあり、高所得層であってもやりとりをしていない家庭はあるという点です[1]。つまり、保護者の経済力はあ

くまでも「間接的な影響要因」で、保護者の経済力と子どもの各種到達度が正比例するのは、「みかけの相関」にすぎません。今、成長発達に関する研究はすべて保護者の年収や最終学歴を分析に入れ、間接的な影響を取り除きます。そうしなければ、なにもかも保護者の経済力によるかのように見えてしまうからです。

　こう書くと、経済力にかかわらず「保護者が努力すればよい」といった意味に取られかねませんが、そうではありません。一人ひとりの子どもが持って生まれた可能性を100％活かせるよう、十分に育てることは社会全体の利益です。ならば、赤ちゃんを育て、子どもを育てる過程を保護者や保育者だけに押しつけるのではなく、すべての保護者が子どもと過ごす時間を持てる労働システムをつくり、成長発達に関する知識をすべてのおとなに普及させるのは社会の責務です[3]。それは、すべてのおとなにとって良い社会システムのはずです。

## おとなが絵本を読んで聞かせたり、スマートフォンで学習用ゲームをさせたりすれば、子どもの脳は育つのでは？

　最初の「3000万語の格差研究」は、保護者が子どもに向けて話している言葉の数を生後約9か月から数え、その多寡と3歳時のIQが正比例していること、9、10歳時の言葉のスキルや学校のテストの点数とも正比例していることを示しました。

　その後の研究は「保護者が子どもに向けて話している数」や「子どもが聞いている言葉の数」ではなく、「保護者と子どもがやりとりをしている数。特に、子どもが主導しているやりとりの数」が鍵であると示してきました。言葉以前に保護者と子どもの見つめあいや共同注意、表情の模倣といった「やりとり」にこそ、成長発達に及ぼす最大の効果があるのです。学齢期以降やおとなの場合、デジタル機器から学ぶメリットはあります。でも今のところ、乳幼児が学ぶ媒体は、生身の人間とのやりとりです。

　絵本に関して言えば、おとなが選んだ絵本を読み聞かせることに効果がないわけではありません。ただ、子どもがもっとも学ぶのは、自分が今、興味を向けているものから、そして、おとなとの「やりとり」からです。そうわかっている以上、赤ちゃんが「これ！」と持ってきた本、選んだ本を子どもと一緒に読むほうがいっそう良いことは明らかです。

　見つめあいに始まる保護者とのやりとりが子どもの脳に直接、どのような影響を及ぼすのか。過去10年、研究が続いてきました。

最初の論文は2018年に発表されました[4]。保護者とのやりとりの回数※※※が４〜６歳児（40人）の言葉のスキルと正比例し、かつ、言葉のスキルの基盤となる左脳の言語野（ブローカ野とウェルニッケ野）の白質のつながりの強さにも正比例していることがわかりました。保護者の年収や最終学歴などの影響を統計学的に取り除いた後も比例関係は変わらず、学歴が高く経済的に豊かな保護者でもやりとりが少なければ、逆に、学歴が低く貧しい保護者でもやりとりが多ければ、子どもの言葉のスキルは高く、言語野も発達していました。聞いている言葉の数ではなく、やりとりの数です。

　同年、同じ研究グループが発表した別の研究では、４〜６歳の子ども36人に物語を聞かせ、その間の脳の活動をfMRIで調べました。すると、家庭での保護者とのやりとりが多い子どもほど、物語を聞いている間のブローカ野（言語の産生と言語処理を司る脳の部位）の動きが活発でした。保護者の年収、最終学歴、子どものIQの影響を統計学的に取り除いた後も、脳の活動とやりとりの正比例関係は有意に残りました[5]。

　「４歳以上なら子どもは話せるのだから、おとなとの会話が多ければ脳も育つはず」でしょうか？　いえ、０歳でも、この比例関係は見られます。

　2023年に発表されたワシントン州立大学の研究では、生後６、10、14、18、24か月それぞれの時点の子ども（22人）とおとなのやりとり（声と言葉による応答。家庭）の回数を測ったうえで、生後26か月頃、脳の中で表出言語、受容言語、言語スキルの発達にかかわる部位と、言語や注意、記憶、感情にかかわる部位の発達をMRIで計測しました。結果、生後６か月を含むすべての時点のやりとりの回数、生後６〜14か月の間のやりとりの増加度が脳の発達と正比例していました[6]。


　そして、このワシントン州立大学の研究グループが2024年に発表した「ソーシャル・アンサンブル」の論文[7]は、ここまでに書いてきたことを総まとめするような内容です。

　測定器をかぶって脳磁図計測器に座った生後５か月児（41人）の前で、

①実験者が子どもを見ずに、45度それた場所にいる別のおとなと話す場合と、

②実験者がこの子どもとやりとりをする場合

とで、注意にかかわる脳の部位（右半球）、および感覚運動野の活動がどう違うかを調べました。ちなみに、この時の「やりとり」は、いわゆる「赤ちゃん言葉」で子どもと視線を合わせ、微笑みながら、子どもが発する声や子どもの体の動きに合わせて実験者が優しく反応するというもので、この時期にもっとも必要なかかわりの集大成です（研究グループは、おとなのこの行動を「ソーシャル・アンサンブル」と名づけています。36ページ）。実験が生後５か月児を対象にしたのは、言語学習が始まる前の時期にも子どもの脳がおと

147

なとのやりとりに注意を向け、言語やその他の学習に向けた準備をしている事実を示すためでした。

　すると、注意にかかわる脳の活動は②の時が①に比べて有意に活発で、５か月児が自分と直接やりとりをしているおとなにはっきり注意を向けているとわかりました。

　さらに、この子どもたちの18、21、24、27、30か月時の語彙数を調べて、５か月時に調べた脳の活動との関係を計算したところ、５か月時点の②で脳の活動が活発だった子どもほど、後の語彙数が多く、生後18〜30か月の間の語彙数の増加度も大きい結果でした。つまり、外から見て言葉の発達が始まる以前の時期にも、子どもは自分とやりとりしているおとなに注意を向け、表情を見、言葉を聞き、聞いた言葉を使う（発語する）練習をしているのです。

　上のいずれの研究でも、脳の他の部位の働きや発達を調べており、言語にかかわる部位だけがやりとりと特異的に比例していることを示しています。つまり、こうした実験で得られた結果は脳全体の発達によるものではなく、特定の部位の発達によるものです。

※「3000万語の格差研究」は1970年代、カンザス大学のトッド・リズリー博士とベティ・ハート博士が始めたプロジェクト。42家族の子どもを生後約９か月から３歳まで追跡し、子どもが家で聞いた言葉などを数え、保護者が専門職についている家庭と生活保護世帯とでは、３歳の終わりまでに聞く言葉の数が積算で3000万語違うという結果を出した。ただし、保護者の社会経済的地位が言葉の数の決定要因ではない。
※※「ステレオタイプの脅威 stereotype threat」は、個人が内面化している偏見（差別意識）がその人自身の学業や仕事にネガティブな影響を及ぼすメカニズムで、1995年の最初の実験以来、多様な分野で対処法も含めた研究が進んでいる。たとえば、「女性は理系が不得意」という偏見がある社会で女性がSTEM系の学校へ進もうとすると、受験でもその後の成績でも個人の能力とは別に「女性として『できる』証明をしなければ」といったストレスがかかり、そのストレスが成績に影響するリスクが上がる。
※※※この種の研究では、やりとりや周囲の言葉を録音し、分析する機器（LENA）が活用されている。LENA開発の背景は『3000万語の格差』の145ページ〜。

1) ダナ・サスキンド. (2015. 訳は2018).『3000万語の格差：赤ちゃんの脳をつくる、親と保育者の話しかけ』
2) World Economic Forumの記事. (2023/7/17). How Japan is encouraging more women into STEM.
3) ダナ・サスキンド. (2022).『ペアレント・ネイション：親と保育者だけに子育てを押しつけない社会のつくり方』
4) Romeo, R.R. 他（米国）による研究論文. (2018). Language exposure relates to structural neural connectivity in childhood.
5) Romeo, R.R. 他（米国）による研究論文. (2018). Beyond the 30-million-word gap: Children's conversational exposure is associated with language-related brain function.
6) Huber, E. 他（米国）による研究論文. (2023). Language experience during infancy predicts white matter myelination at age ２ years.
7) Bosseler, A.N. 他（米国）による研究論文. (2024). Infants' brain responses to social interaction predict future language growth.

# とりあえずつなごう。作業はそれからだ
## ：脳神経回路の驚異

　赤ちゃんは約1000億個、おとなよりも15％多い神経細胞を脳内に携えて生まれてきます。でもこの時、神経細胞同士はほとんどつながっていません※。生まれた瞬間から、神経細胞は1秒あたり少なくとも100万の新しいつながり（シナプス）を作り始め、最初の3か月、脳は毎日約1％ずつ大きくなり、その後、成長率は下がるものの、どんどん育っていきます。そして、2歳の子どもの脳はおとなの脳より20％小さいにもかかわらず、シナプスの数はおとなより50％も多いのです[1]。

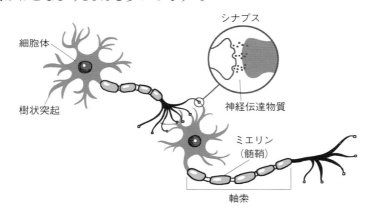

　なぜでしょう？

　まず、神経細胞がつながるきっかけは、赤ちゃんが外界から取り込むあらゆる刺激（光、音、におい、味、接触など）です。刺激を受けると脳細胞は次々につながり、次々につなぎ替えていきます。多様な刺激※※があるほどつながりは増え、広がりますが、言うなれば「とりあえずつないでおこう」という時期であるため、あまり使われない回路や重複した回路もあちこちにあります。

　いつも使っている脳神経のつながりは、軸索周囲にミエリン（髄鞘）と呼ばれる一種の絶縁体が作られ（髄鞘化）、情報の伝達速度が上がります。たとえば、保護者の笑顔と「おなかがへったの？　ミルクをあげようね」「おむつを替えましょうか」というやわらかな赤ちゃん言葉に反応する脳神経のつながりは、毎日何回も赤ちゃんが同じ経験をすることで強化され、伝達が速くなり、関係する脳の部位すべてに広がっていきます。ミエリンは

白いため、これに包まれた軸索が増えると「白質」と呼ばれる脳の部位が厚みと密度を増していきます。前項の「白質のつながりの強さ」は、この厚みと密度を指しています（脳細胞の細胞体が集まっている大脳皮質はその色ゆえに「灰白質」と呼ばれる）。

他方、あまり使われないつながり（シナプス）や重複したつながりは壊されていきます。こちらは「プルーニング pruning」（刈り込み）と呼ばれ、2歳ぐらいから加速し、20代の初めまで続き、成人期の神経細胞の数、シナプスの数に近づきます。

このように長い間、おとなよりもシナプスの数が多いのは、神経回路の作り方としてとりあえずつなげるだけつないでおき、要らないものを削っていくほうが効率的だからです。ただし、2歳頃からプルーニングが進むということは、それまでの間に強いつながりを作っておかなかった神経回路は消えてしまうことを意味します。もちろん、その後も新たな神経回路は作られますが、脳の可塑性（作り、作り変える力）がもっとも大きい時期、すなわち人生最初の数年間が脳発達の鍵である事実は間違いありません。

髄鞘化とプルーニングには、生活のなかでどんな意味があるのでしょうか。

たとえば、赤ちゃんはあらゆる言語の音を聞き分ける能力を持っていますが、生後6か月以降、日常的に耳にしない言語の音は聞き分けられなくなっていきます。日本語環境下であれば、英語のlとrを聞き分ける能力は失われるのです（逆に、母音が多い日本語特有の音は、英語環境下の子どもには聞き分けにくくなります）。一方、英語環境下ではlとrを聞き分ける能力がこの時期、育ちます[2]。単純に言えば、前者がプルーニングで、後者が髄鞘化です。外界から入ってくる音の刺激をもとに、とりあえずあらゆる音を聞き分けられるよう神経回路をつないでおき、使わないものは捨て、よく使うものは強化していきます。

同様の現象は視覚でも見られます。生後6か月児は、ヒトの顔の違い（個体差）だけでなくカニクイザルの顔の違い（個体差）も見分けられるそうです。ところが、生後9か月になるとこの能力は失われ、子どもはヒトの顔の個体差だけを見分けるようになります[3]。もちろん、カニクイザルの顔を見分ける回路を脳がわざわざ作るわけではありません。「顔」という赤ちゃんにとって非常に重要な情報を有しているものを見分けるスキルが、徐々に「人間の顔」に特化されていく過程です。

もうひとつは、「何度も同じことをくりかえす」や「少しずつ微調整していく」の大事さです。

子どもは何十回でも何百回でも同じ行動をくりかえします。「同じ遊びをしよう！」と

おとなに働きかけ、同じ絵本を持ってきて「読んで！」と膝に座ります。おとなにすれば、「また？」「飽きたよ」かもしれません※※※。けれども、この「同じ」が脳の神経回路のつながりを強めるには不可欠です。子どもが今、自分で何かをしている、あるいは子どもが「これ読んで」と持ってきた、それはつまり、その子の脳が「これ、今、大事！」「もっと！」と言っているわけです。日常を過ごす環境やおとなの話しかけがいつも同じで安定していることも大切ですが、こうしたくりかえしも大切です。

さらに、子どもが同じ行動を何度もくりかえすようにできていることは、成長発達にとっての宝物でもあります。脳だけでなく、体の動きも微調整し、「できていく」場になるからです。

切ったイチゴを手でスプーンに乗せ、口に運びたい…。なのに、乗せても落ちる。やっと乗っても口元でうまくスプーンの向きを変えられず、イチゴがまた落ちる。また手でスプーンに乗せ…、落ちる…、口元で落ちる…、やっと口に入った！

おとなから見れば、「手で持って口に入れればいいのに」かもしれません。でも、この子どもがイチゴを落とすたびに、イチゴを口元まで持っていくたびに、脳も全身も「もうちょっとこんな角度かな」「あれ、想定より口が近かった」「お、口に入ったぞ」と微調整（＝神経回路のつなぎ替えや新しい接続）をしているのです。正しくて完璧な神経回路のつながりが一度でできることはなく、つながりの間違いを直しながら徐々に正しくなり、何度も間違いを修正する過程でつながり自体も強まります[4]。「何度もくりかえす」は、子どもの「できていく」道筋そのものです。

最後の点は、学齢期以降の学習でも変わりません。「正しい答え」をひとつ知ってそれを記憶しようとするよりも自分で試行錯誤しながら答えを探し、忘れたらまた探し、考えていくほうが、記憶の上でも認知スキルの上でも価値があります[4]。

※この可塑性ゆえに、たとえば脳の半球がない状態で生まれても、もう片方がすべての機能を担って典型的な発達をする人は少なくない（『ペアレント・ネイション』に出てくるシャルロッテの例）。
※※一般的におとなが使う「刺激的」という意味の「刺激」ではなく、おとなの笑顔、赤ちゃん言葉、赤ちゃんや子どもの脳が「これ！」と選ぶ、適切な刺激。電子音やピカピカ光る玩具、画面は、赤ちゃんの脳にとっては意味がないか、かえって害になるかのどちらか。
※※※記憶のスキルがまだほとんどなく、あらゆることを新しい刺激、脳の栄養として使っている赤ちゃんの脳にとっては、同じ遊び、同じ絵本は、おとなが思う「同じ」ではない。毎回、少しずつ脳の中に刺激や情報として入っていく。実際、おとなでも、その遊びや絵本の細かいところに意識を向けてみれば「同じ」ではない。

1) BrainFacts.Orgの記事. (2019). The first years of life.
2) Kuhl, P.A. 他（米国、日本、英国）による研究論文. (2006). Infants show a facilitation effect for native language phonetic perception between 6 and 12 months.
3) Pascalis, O. 他（英国、米国）による研究論文. (2002). Is face processing species-specific during the first year of life?
4) 英国BBC、Charan Ranganath博士のインタビュー記事. (2024/5/17). Why forgetting is beneficial.

# 「保護者の経済力がすべて」は嘘
## ：米国の介入プログラムと学業到達度の関係

　「3000万語の格差」のような研究が米国で特に進んだ背景には、貧富や人種による格差を教育、特に言葉のスキルの教育によって縮めようという1960年代の「貧困との闘い政策」以来の流れがあります。言葉は認知スキル、非認知スキルが育つための道具であり、基礎であるとみなされてきたからです。

　「3000万語の格差研究」の対象になった子どものうち32人を5歳から10歳まで追跡した研究[1]によると、言葉のスキルと学校のテストの点数は、3歳まで子どもが家庭で聞いていた言葉の数と保護者の社会経済的地位（年収、学歴）に正比例していました。2007年の研究結果（502人）でも、小学校の英語、数学の点数ともっとも強く比例していたのは就学前教育時の言葉スキルの点数で、就学前の言葉スキルに見られた差の理由はほぼ、保護者の社会経済的地位でした[2]。保護者の経済力は子どもが育つ環境のあらゆる側面にかかわるため、子どもの認知スキルとの間の比例関係は見かけ上（＝間接的要因として）、とても強いのです[3]。

　日本でも知られている「ペリー就学前プロジェクト」は、この格差の縮小を目的として、1962〜1967年、黒人の低所得層の3〜4歳児58人を対象に1日2時間半のクラスと毎週1時間半の家庭訪問を年30週、2年間、実施しました（別の65人を、介入なしの比較対照群として設定）。低所得層向けの乳幼児プログラム「ヘッド・スタート」が始まったのは1965年。つまり、この層の子どもたちは当時、なんの準備もなく小学校へ入学していたわけです。保護者も、入学に向けて家庭でなにかしらの助けをすることが必要だ、自分たちにできることがあるとは知りませんでした。そこで、プロジェクトの家庭訪問では、クラスの内容を伝え、保護者が子どもの成長発達、学習を支える方法を伝え、保護者（特に母親）の相談にも乗りました。家庭訪問以外に毎月一度、父母と教師、子どもたちが小グループで集まる機会もありました[4]。

　教育プログラムは子ども一人ひとりに設定した目標をもとに構成され、子どもたちは受け身ではなく、自分自身で「計画して、実行して、見直す」活動を毎日したそうです。子どもが自分で選び、課題を解決する要素が組み込まれ、当時の発達学、教育学の知見を活

かして知的、社会的、身体的発達を促す内容でした[4]。

けれども、プロジェクト当初に見られたIQの上昇はすぐ頭打ちになり、研究デザインの問題点も長年、指摘されてきました。このプロジェクトが再び脚光を浴びたのは2000年以降、102人を50年以上追跡したデータをもとにシカゴ大学経済学部のジェームズ・ヘックマン博士（ノーベル経済学賞受賞、2000年）のグループが行った検討の結果でした。子どもの時、ペリー就学前プロジェクトに参加した人たちは参加しなかった比較対照群の人たちに比べ、健康、学業、雇用、犯罪などあらゆる面で良い状態にあり、認知・非認知スキルの両面で優れていました。55歳の時点でプロジェクト参加群と非参加群の子どもたちを比べた検討でも同様の結論が得られ、「子ども時代の投資に対して社会は7％の利益を得る」[※]という有名な試算が生まれました[5]（利益以前にまず、医療保険や犯罪対策、失業対策などの社会的出費が減る効果が得られる）。

生物学的父母から受け継ぐ遺伝子は基礎であり、保護者の経済力は大きな影響力を持ちますが、どちらも子どもの成長発達を決める決定要因ではありません。世界が直面する喫緊の問題さえ解決できるはずの遺伝子の組み合わせを持って生まれ、保護者に経済力があっても（なければなおのこと）、保護者やまわりのおとなに「子ども主導のやりとりが大切」といった知識がないまま、脳神経細胞のつながりが十分に育てられなければ、その子どもの可能性は形にならないのです（「失われたアインシュタイン」現象[6]）。

つまり、「成績の差は、保護者の経済力の差なのだからしかたがない」と言う代わりに、成長発達に関する保護者の知識とスキルを上げ、保護者が子どもとかかわる時間の質を上げれば、経済社会要因によって生じている差を埋められるはずだと考える。これが、ペリー就学前プログラムだけでなく、『3000万語の格差』の著者であるダナ・サスキンド博士が始めた「3つのT」のプログラムなど、多数の介入プロジェクト[※※]が米国で進められてきた背景です。そして、1980年から2016年の間に1,494本にものぼる介入研究論文が発表されています[7]。

※「1ドルに対して7ドルの利益」（2013年、オバマ大統領の一般教書演説）とも言われるが、実際は7％だとHeckman EquationのサイトのFAQ for the lifecycle benefits of an influential early childhood programに明記されている。
※※対象グループになんらかの働きかけ（介入）をしてその効果を検討するもの。特に米国の場合、公私の補助金や寄付金に応募する際は効果検討の方法と効果の仮説を事前に示し、終了後に効果評価をしなければならない。ペリー就学前プロジェクトのように、介入に参加しないグループを設定することは非倫理的に見えるが、介入による効果が示されていない時点では倫理的に問題ない。介入効果が明らかになった後は、不参加による悪影響が生じないよう別の比較手法を用いる。たとえば、介入プロジェクトに参加するまでの間の待機期間を比較対照群として扱う方法など。

1) Walker, D. 他（米国）による研究論文. (1994). Prediction of school outcomes based on early language production and socioeconomic factors.
2) Durham, R.E. 他（米国）による研究論文. (2007). Kindergarten oral language skill: A key variable in the intergenerational transmission of socioeconomic status.
3) Golinkoff, R.M. 他（米国）によるレビュー論文. (2018). Language matters: Denying the existence of the 30-million-word gap has serious consequences.
4) National Institute of Justiceの記事. (2011。2020年に更新). Program profile: Perry Preschool Project.
5) シカゴ大学 Center for the Economics of Human Developmentの記事. Perry Preschool Project.
6) ダナ・サスキンド. (2022).『ペアレント・ネイション：親と保育者だけに子育てを押しつけない社会のつくり方』
7)「3000万語の格差研究」のカンザス大学研究グループによるレビュー論文. (2020). A systematic review of language intervention research with low-income families: A word gap prevention perspective.

## 「統計学的な有意差」とは？

何度も出てくる言葉、「統計学的な有意差」。

たとえば、5歳児のクラス2つの身長を調べたところ、AクラスがBクラスよりも平均で5センチ低かったとします。この差は偶然でしょうか？　それとも身長差が生じるような理由があるのでしょうか？

紙に書いてみましょう。両クラスの子どもの身長の分布をそれぞれ描き、分布の重複ぐあいを見ます。2クラスとも分布がバラバラなら全体が重複し、平均5センチの差には意味がないとわかります（例：偶然、とても背の高い子が片方のクラスに数人いる）。一方、それぞれのクラスの分布が高い山状になって、2つの山がほとんど重なりあわなかったら？　これは5センチの違いに意味があるかもしれません。

この「ばらつき」「重複の程度」を各種の検定法で計算し、最初に決めておいたレベルで「この差は偶然では起こり得ないだろうから、なにかしらの意味がある（統計学的に有意）」「これは偶然でも起こる差（差に意味がない）」と判断します。実際の例は207～208ページ。

# 保護者、まわりのおとなも子どもと
# 一緒に育つ：実行機能の発達

　ペリー就学前プロジェクトなど、米国の複数の長期追跡研究は、「社会的に不利な立場にある子どもたちの教育、雇用、健康に対して、質の高い幼児教育がもたらす効果」[1]を示しました。家庭の条件が不利であっても、子どもたちの可能性を保護者が、そして、その保護者を社会が後押しできるのです。

　ペリー就学前プロジェクトの場合、子どもたちのIQ（認知スキル）の伸びはすぐ頭打ちになったにもかかわらず、その後の数十年にわたり、学業面だけでなく人生のあらゆる部分でプラスの違いが見られたのは、この2年間のプログラムが子どもたちの「キャラクター・スキル」[※]の基礎を育てたからだとヘックマン博士は結論づけています。研究グループは認知スキル（IQ）だけでなく、学ぶ動機の程度（自ら取り組む、率先して取り組む、諦めずに取り組むなど）、さらには問題行動（嘘をついたりずるをしたりする、攻撃性、授業の邪魔をするなど）といった合計46の指標で、40代、50代の同プロジェクト参加者（プログラムを受けた群と受けなかった群の両方）を比べました。学業成績、雇用、心身の健康、犯罪歴などの差を生んだのはIQではなくキャラクター・スキルで、介入を受けた群と受けなかった群の間には大きなスキル差が見られました[1]。

　この結果を逆から見れば、生来のIQが高かったとしても、ヘックマン博士が言う「キャラクター・スキル」や、脳の高次の認知スキルである実行機能（executive function、エグゼクティブ・ファンクション）といった、注意や動機、思考、計画や行動をコントロールする部分のスキルが育てられなければ、持って生まれた能力も特性も活かせないということです。

　こうしたスキルの根源は保護者とのかかわりであり、ペリー就学前プロジェクトが長期的な成果をあげたひとつの理由は、1日2時間半のクラスで終わらせず、家庭訪問と集まりを通じて保護者を巻き込み、保護者が「自分の子どもは成功できる。そのためにできることが自分にもある。仲間もいる」と理解して行動した点にあります[2]。ダナ・サスキンド博士たちが始めた「3つのT」（37ページ）プログラムが家庭を個別に訪問し、保護者に直接、子どもとの具体的なかかわり方を伝える形で効果をあげてきたのも同様です[3]。保護者が子どもの将来に期待を抱き、将来に向けて自分にできることがあると信じなけれ

ば、無力感までもがそのまま子どもに伝わり、現実になってしまいます。

　脳のもっとも高次の認知スキルである実行機能は、航空機の管制システムにあたる役割を担うシステムで、飛行場の管制塔チームが計画、記録、状況の監視と予測、状況に応じた計画の変更、指示、航空機とのコミュニケーション、危機対応などをしつつ、管制塔の外ともコミュニケーションをするのと似た作業を、主に大脳前頭葉が司っています。

　実行機能は０歳から成人初期にかけて発達しますが、発達が著しいのは３〜６歳頃です（次が第二次性徴期以降、20代前半まで）。幼児期に育ち始める基礎の部分は、

・ワーキング・メモリ：目先の情報を保ち、必要に応じて操作する、

・柔軟性：状況に応じて注意を維持したり向け変えたりする、

・自己制御：衝動や外的刺激に抗して、自分の注意や思考、行動、感情をコントロールする、の３つです[4]。ただし、子どもはこうしたスキルを持って生まれてくるのではなく、スキルに育つ潜在的可能性を持って生まれてくるだけで、発達の後押しが必須です。鍵は、ここでもまた「やりとり」であり、「言葉」です。

　教師が話している内容に注意を向けようという意図を持って、注意を向け続け、教師の指示を理解し、指示通りに他の生徒と作業をしようとする動機を持ち、今、している作業の流れと目標から脱線しないようにするワーキング・メモリの働きがあり、脱線しそうになったら自分で自分を止める自己制御スキルがあれば（＝すべて、実行機能と非認知スキル）、学習が可能になります。けれども、このうちひとつでも欠けていたら、あらゆる学びに支障をきたすでしょう（この光景は従来の学校ではなく、学習の過程そのものを想定しています。「従来式の学校で学習を続けられないのは子どもに問題がある」と言っているわけではありません）。

　算数でも理科でも、学習と理解の道具は言葉（手話や点字なども含む）です。さらに、教師の指示や他の生徒とのコミュニケーションだけでなく、大半の非認知スキルや実行機能の道具も言葉です。たとえば、グループで作業をしている時にふと、昨日見たアニメの話をしたくなる…、言葉を使ってアニメを思い出しています（記憶）。そこで「待って。今はみんなと〜をしているんだからアニメの話は後にしよう」…、注意を向け変えて自分で自分を止める（自己制御）のも言葉。「今、どこまで作業していたんだっけ？」…と思い出す（ワーキング・メモリ）のも言葉。「言葉を使っている」とわざわざ意識はしないにしても、自分の感情や行動、言動を理解して制御するのも、記憶をたどるのも、注意を向けるのも、道具はすべて言葉です。その時に必要な言葉を知らなければ、知っていたとしても使い慣れていなければ、実行機能や非認知スキルの働きはスムーズにいきません。

学習もコミュニケーションも、です。

　実行機能の発達と言葉のスキル発達の関係性、その因果関係を調べた100本以上の論文を整理したレビュー[5]によると、因果関係の方向はいまだ研究が進んでいるものの、2つの発達は間違いなく、お互いに強く影響しあっているようです[※※]。

　もうひとつ、実行機能や認知・非認知スキルの発達に欠かせないのは、ロール・モデルとなるおとなの模倣です。

　端的には、1970年代以降、読書好きな保護者の子どもは本好きに育つことが数々の研究ではっきりしています[6]。これは「手伝い」と共通する行動の模倣で、保護者が新聞や本を読んでいると、文字がまだ読めない子どもも本を持ってきて開き、「読み」始めます。保護者が子どもに絵本を読んで聞かせる以上に、保護者が子どもと「一緒に」何かを読む効果が模倣にはあります。一緒に読めば、それは0歳児にとっても共同注意ややりとりになり、文字や本について学ぶ場になります[3]。幼い子どもたちには、スマートフォンやタブレットよりもまず、手にとれる絵本、本が大切です[※※※]。

　利他的な行動、公平な行動、共感的な行動も同じです[7][※※※※]。保護者が電車で誰かに席を譲るのを見れば子どもは真似をし、保護者が何かを分けて配っているのを見れば同じようにします。反対に、利己的な行動を保護者がしていれば当然、子どもはそれを真似ます。保護者が利己的な行動をしておきながら、口では子どもに「他人に優しくしなさい」と言っても無駄です。子どもはおとなの姿を見て真似るから、です。

　模倣には言葉そのものも含まれ、「心の理論」の発達も、言葉のスキルの育ちと正比例します。たとえば、保護者たちが休日の朝、「自分は今日、□□と△△をしたい。あなたはどうする？」「自分はあなたと一緒に△△はしたいけど、あなたが□□をするなら、その間、私は☆☆をしていようと思う」と穏やかに相談をしている姿と言葉を見、聞いて、子どもは「それぞれの考えの違い」を学び、考えを表明する言い方も学びます。保護者たちは途中、子どもにも「自分たちは今日、こういうふうにしたいんだけど、あなたはどうしたい？」と聞くでしょう。子どもは自分で考えて選び、今、聞き取った言葉を使う機会を得ます。「自分は☆☆をしたい！　□□と△△はどっちでもいいなあ。」

　保護者たちの会話が一方的だったり怒りに満ちていたり、あるいは、会話もなく誰かの考えだけで動く家庭だったりすれば、そこにいる子どもは「〜をしたい」と口にすることすら怖いと感じるようになるかもしれません。逆に、自分の思いだけを押し通す姿を真似るかもしれません。

おとながその時その時の自分の考えや感情を意識して、それをどう言葉や行動にすればいいかを考えながら、今の目標にもっとも合った表現をし、行動をする※※※※※。この、おとなの自己制御の過程そのものを子ども（10代も含む）と言葉で共有しながら、おとなも子どもも育っていくことが、未就学期以降の成長発達につながっていきます。

※キャラクター・スキルとは、「非認知面の特性で、身体および精神の健康、粘り強さ、注意力、動機、自分に対する信頼感、その他の社会・感情的な質」[8]。

※※因果関係を知るためには、対象の変化を調べたデータが必須。たとえば、今日、ある集団で「何かに注意を向けて活動をすることが難しい」と「言葉の発達が平均より◯か月以上遅れている」を調べて、両者が比例するという答えが出ても、どちらが原因でどちらが結果かはわからない（相関関係は因果関係ではない）。「注意を向けられないから言葉が育たない」とも、「言葉が育たないから自己制御の力が育たない」とも言える。だが、統計分析手法の進歩に伴い、追跡して変化を調べたデータがあれば、要因のうちのどの因果関係の方向が強いかを計算できるようになった。上の因果関係を見た初めての論文[9]は、子ども120人を生後30、36、42か月に調べ、どちらの方向の因果関係もあるものの、「言葉が育たないから自己制御の力が育たず、注意を向けて活動することが難しい」方向のほうが因果関係としては強いと書いている。

※※※乳幼児のデジタル機器使用について、日本小児科医会は「テレビ、ビデオの視聴は2歳まで控える」、（2歳以降の）「すべてのメディアへの接触時間は、1日2時間が目安」と提言している[10]。WHO（世界保健機関）も0～1歳は同様で、「2～4歳は1時間未満を推奨」[11]。3歳以降、親子でデジタル機器を一緒に見る行動については、研究が進んでいる。

※※※※生後14、22か月時点で保護者の「テーブルをきれいにする」「お茶を入れる」などの行動を積極的に模倣するかどうかが、33、45か月の時点で「ずるをする」「自分のせいで何かが壊れた時に罪悪感を持つ」といった良心の行動に正比例していた。ちなみに、実験で子どもが罪悪感を感じた後、実験者は子どもに「あなたが壊したわけではない。私がいけなかった」と説明し、子どもに罪悪感が残らないようにしている。

※※※※※自分自身や子どもの行動を、そのもとにある感情や考え、意図とつなぎ合わせて理解するおとなのスキルは、「思慮の機能 reflective function」と呼ばれる。このスキルと保護者としての行動の質の関係にも比例関係が見られる[12]。

1）ジェームズ・ヘックマン博士のHeckman Equationの記事. Research summary: Perry Preschool and character skill development.
2）米国法務省のJuvenile Justice Bulletinの記事. (2000). The High/Scope Perry Preschool Project.
3）ダナ・サスキンド. (2015. 訳は2018). 『3000万語の格差：赤ちゃんの脳をつくる、親と保育者の話しかけ』
4）ハーバード大学、Center on the Developing Childの記事. What is executive function? And how does it relate to child development? および Key concepts: Executive function & self-regulation.
5）Shokrkon, A. 他（カナダ）によるレビュー論文. (2022). The directionality of the relationship between executive functions and language skills: A literature review.
6）古くはたとえば、Lamme, L. 他（米国）による研究論文. (1977). Family reading habits and children's progress in reading.
7）Forman, D.R. 他（米国）による研究論文. (2004). Toddlers' responsive imitation predicts preschool-age conscience.
8）Center for the Economics of Human Developmentの記事. Character skills & skill formation.
9）Petersen, I.T.他（米国）による研究論文. (2015). The role of language ability and self-regulation in the development of inattentive-hyperactive behavior problems.
10）日本小児科医会の子どもとメディア委員会サイトの各種情報、ポスター。
11）World Health Organization (WHO) の報告書. (2019). Guidelines on physical activity, sedentary behaviour and sleep for children under 5 years of age.
12）Li, L.Y. 他（ドイツ）によるレビュー論文. (2022). Parental reflective functioning and its association with parenting behaviors in infancy and early childhood: A systematic review.

証拠の横糸：
子どもを育てるおとなたちを支える

# 育てるから「親」に育つ
## ：妊娠、出産と女性の脳、男性の脳

10%[1]、50〜75%[2], [3]、13%[1]、0.1%[4]。何の数字でしょう？

順に、妊娠中の気分障害（大部分は鬱）の割合、出産後数日から数週間、不安や落ち込みを訴える女性の割合、いわゆる産後鬱の割合、最後は出産後、急性発症する精神疾患の割合です。もっと高い有病率を示している論文も複数あります。

「生まれた瞬間から赤ちゃんがかわいくてしかたがない」…、すべての女性にあてはまることではありません。ところが、社会にはあいかわらず「幸せ（なはず）」「かわいい（はず）」という思い込みが強く、「赤ちゃんをかわいいと思えない私は…」のような自責の感情をいっそう育ててしまい、精神状態を悪化させるリスクがあります。周囲が「赤ちゃん、かわいいですね」「お子さんが生まれて、幸せいっぱいですね」と言えば言うほど。

妊娠、そして、出産、流産、死産、人工妊娠中絶など妊娠状態が終わるすべてのできごとが、ホルモン分泌の面で女性の体にもたらす大きな変化はよく知られています。脳も同様で、妊娠から出産後（妊娠状態の終了後）にかけて、女性の脳は著しい可塑性（脳神経のつなぎ直し）を示します。

たとえば、妊娠中は脳の多様な部位で灰白質（皮質）が小さくなりますが、出産後数か月、部位によっては年単位をかけて、妊娠前の状態へと戻っていきます[5]。特に、感情を司る扁桃体、記憶や学習を司る海馬、および前頭葉や島皮質の容量の変化は大きく、妊娠していない女性の脳と出産直後の女性の脳は、扁桃体の大きさだけで区別できるようです（出産直後が有意に小さい）[5]。こうした変化は出産（痛みに対する耐性など）と子どものケアのための準備だと考えられているものの、この時期に起こる脳の変化の研究は過去10年程度の蓄積にすぎず、詳細はまだわかっていません[6]。

妊娠、出産、出産後、女性の体には巨大なストレスがかかり、それだけでなく脳神経の構成も大きく変わります。これだけでも、「（精神的な課題が始まるきっかけとして）おあつらえ向きの嵐 perfect storm」[2] のなかに女性は置かれるわけです。そこに、なんであれ精神的なストレスが加わったらどうでしょうか？

子どもを産んだ女性が精神的な問題や疾患を抱えれば、女性自身にとっても生まれた子どもにとっても深刻なリスクになります。成長発達はもちろん、両者の命のリスクですらあります。個人の健康のレベルだけでなく社会、経済のレベルまで、社会が女性を十分に支える必要がある点は言うまでもありません。

　ここで無視されがちなのが、子どもを産む女性以外のおとなの存在です。子どもの成長発達にかかわるのは、産んだ女性だけではないのです。

　男性の脳も変化します。オスが幼体を育てる生物は鳥類、魚類、哺乳類など数多く、子育てとオスの脳の変化は長年にわたり、研究されてきました[7]。げっ歯類や霊長類でも、子どもをケアする時間が長いほど、灰白質の大きさに変化（特定の部位の縮小と増大）が見られ、ケアや共感にかかわる神経系のつながりが新たに増えます。

　人類も同様です。たとえば、3つのグループ（子育ての主たる担い手である女性、子育ての2番目の担い手である男性、子育ての主たる担い手である男性。合計89人。平均30歳代で全員がパートナーあり。子どもはすべて第1子）を対象に脳のfMRI、唾液中のオキシトシン量[※]、子どもをケアする行動を調べたところ、グループごとに多少の特徴はあるものの、子育てにとって重要な脳の部位、脳神経回路（感情や人間関係、共感性など）は男女問わず活性化し、オキシトシン量とも比例していました。さらに、子どもをケアする時間の長さと、それぞれの活性化の程度が比例していました[8]。

　こうした研究27本を集めて、子育てに関連する男性の行動、男性の脳の状態をまとめたレビュー研究[9]によると、子育ての時間が長い男性ほど、ホルモン分泌も脳の働きも高く、子どもの発信に対する感受性が高い結果でした。「子育てを担うことで男性に起こる変化は、ケアする行動自体が妊娠や出産とは独立した形で子育ての力につながる事実を支持している」[9]、つまり、誰であれ子育てをするから「親」としての感情が育ち、子どもとかかわるスキルが育つ側面もあるのです。

　子育ては、男性の精神的な健康にとっても価値があると考えられ始めています。おとなが子どもの成長発達にかかわるということは、そのおとな自身の感情のスキル、すなわち、子どもの感情（ひいては自分の感情）に目を向けて感じとり、共感的に表現するスキルの育ちを必要とします。「子育ての役割に置かれると、男性は自分の心の中に目を向けて、そこにあるものを表現するチャンスを得ます。彼らの心の中にはずっと存在しているのに、おおっぴらには語られず、あっていいと言われることもないものを、です」（マット・エングラー - カールソン博士。カリフォルニア州立大学フラトン校の Center for Boys and Men センター長)[10]。

　いわゆる「男性性」の定義は文化によって異なりますが、「弱さ」とみなされるタイプの感情を表に見せてはいけないという部分はほぼ共通するでしょう。赤ちゃんに、とびきりの赤ちゃん言葉で優しく共感たっぷりに話しかけるのも、男性は「してはいけない」と感じるかもしれません。けれども、弱さや優しさ、共感は、心の柔軟性です。地団駄を踏んでいる子どもと「どんな気持ちか」をゆっくり話しあっている間に、おとなは自分の経験や自分の気持ちを話すでしょう。乳幼児は「そんなふうに感じるなんて、お父さん、男らしくない！」とは言いません。安心して話すことができ、その言葉は自分の心にもしみこんでいきます。自分の感情に目を向け、子どもと話す行動そのものがおとなの脳神経回路のつながりも変えていきます。もちろん、子どもの脳も育てます。

　男性の脳が変わるように、女性の脳も子育てによって変わっていきます。妊娠を通して脳や体が変われば、それだけで「自動的に母親になる」わけではないのです。本項の冒頭の話に戻りますが、女性の体で起こる変化は子どもをケアするための基礎をつくる一方で、心を壊すリスクも含んでいる、諸刃の剣です。女性（と、いるのであればパートナー）が妊娠中から時間と手間をかけて穏やかに子どもを育てられる環境、「親」に育っていける社会システムが不可欠な所以です。

※オキシトシンは、脳の視床下部で作られる脳神経ペプチド（ホルモン）。生物進化初期から存在し、個体間のつながり、性行動、出産、子育てなどに関係して分泌が増える。

1) World Health Organization（世界保健機関）による記事. Maternal mental health.
2) BrainFacts.Orgの記事. (2018). The postpartum is a 'perfect storm' for depression.
3) Balaram, K. 他（米国）によるテキスト. (2023). Postpartum blues.
4) Perry, A. 他（英国）によるレビュー論文. (2021). Phenomenology, epidemiology and aetiology of postpartum psychosis: A review.
5) Nehls, S. 他（ドイツ）による研究論文. (2024). Time-sensitive changes in the maternal brain and their influence on mother-child attachment.
6) Scientific Americanの記事. (2024/3/15). How Pregnancy Changes the Brain.
7) Feldman, R. 他（イスラエル、米国、ドイツ）によるレビュー論文. (2019). The neural mechanisms and consequences of paternal caregiving.
8) Abrahama, E. 他（イスラエル）による研究論文. (2014). Father's brain is sensitive to childcare experiences.
9) Giannotti, M. 他（イタリア）によるレビュー論文. (2022). The role of paternal involvement on behavioral sensitive responses and neurobiological activations in fathers: A systematic review.
10) CNNの記事. (2024/6/14). Why fatherhood is good for men.

# 「虐待の連鎖」が見えなくしているもの

　「虐待のサイクル cycle of abuse」は1979年、心理学者のレノア・E・ウォーカー博士が提唱した概念で、パートナーに対する暴力のくりかえし（暴力と和解／謝罪を用いてパートナーの感情を操作する）を指します。「暴力のサイクル cycle of violence」は広い意味で使われ、国や地域の間の暴力、個人の間の暴力のくりかえし、加えて、世代間の連鎖にも使われるようです。一方、日本語で「虐待の連鎖」と言うと、「虐待された子どもがおとなになって虐待すること」を主として意味し、「虐待の世代間連鎖 intergenerational transmission of abuse and neglect」です。

　虐待やネグレクトの世代間連鎖はどの程度起こるのでしょうか？　学術的には結論が出ていません。97本の研究論文をまとめたレビューには、虐待をしている（していた）保護者の4分の3が被害児だったと書かれています。けれども、こうした研究はほぼすべて、虐待やネグレクトをしている人にだけ過去の虐待経験を尋ねているため、連鎖を正確に表しているとは言えません[1]。

　2015年、『サイエンス』誌に掲載された研究論文[2]は、考えうるもっとも緻密な分析をした研究として知られています。米国中西部のある郡で1967年から1971年の間にCPS（子ども保護局 Child Protective Service。日本の児童相談所のような組織）に委ねられた被虐待児908人（第2世代[※]）を30年にわたって追跡し、CPSの記録、成人後の本人からの聞き取り、加えてこの世代の子ども（第3世代。生物学的つながりのない子どもも含む）の聞き取りを用いることで、虐待の発生割合と、情報の集め方による発生割合の違いを比較したのです（聞き取りは、異なる質問紙を用いて複数回実施）。虐待をしている（していた）保護者に過去を聞くよりも正確な情報が得られます。

　さらにこの研究は、虐待されていた子ども集団と年齢、人種、性別、家庭の所得などをほぼ合わせた比較対照群を同じ地域の住民から設定しました（667人）。虐待経験のない集団です。そして、この人たちについてもCPSの虐待データを追跡し、本人と子どもに聞き取りを続けました。この方法により、子どもの時に虐待の経験があるおとなと経験がないおとなの比較が可能になりました。

結果、どの情報（CPSの記録、本人の聞き取り、子どもの聞き取り）で見ても、「身体的な虐待」を受けていた第2世代が子どもに「身体的な虐待」をする確率（オッズ比）は、虐待経験のない群と比べて有意に高くはありませんでした（＝差は偶然に起こりうる範囲内）。つまり、身体的虐待に関しては世代間連鎖が見られなかったのです。数値で見ると、CPSの記録では、身体的虐待を受けていた第2世代が子どもに身体的虐待をした割合5.6％に対し、比較対照群は5.4％、本人の聞き取りでは被虐待群31.7％に対して対照群23.9％、子どもへの聞き取りでは32.4％に対し22.9％（複数回の聞き取り結果のうち、両群の差が最大のもの）でした。すべて、統計学的有意差はありません。

　一方、性虐待の経験がある第2世代では性虐待をするリスクが高く（CPSの記録で10.6％に対し3.4％）、ネグレクトも同様でした（CPSの記録で17.8％に対し9.5％）。どちらも統計学的に有意な違いです。

　すべての虐待とネグレクトを合わせると、虐待経験のない比較対照群の中でCPSに委ねられた虐待または（および）ネグレクトをした人の割合は11.7％だったのに対し、被虐待第2世代群はそれぞれ、21.4％（虐待とネグレクトを経験した群）、18.5％（身体的虐待を経験した群）、26.0％（性虐待を経験した群）、21.1％（ネグレクトを経験した群）と、いずれも有意に高い結果でした。

　このように見ると身体的虐待以外、「虐待の世代間連鎖はある」とも言えるでしょう。けれども、見過ごしてはならない重要な点があります。虐待経験のない群で11.7％がCPS扱いになる深刻さの虐待やネグレクトをしていた一方、虐待を受けていた群ではその割合が18.5～26.0％。つまり、子どもの時に虐待やネグレクトの被害を受けていたおとなの約7～8割は自分の子どもに深刻な虐待やネグレクトをしていないのです。本人、子どもへの聞き取りでも7割の保護者は虐待やネグレクトをしていません。

　虐待を受けて育ったおとなの大部分は虐待をしない。虐待を受けずに育ったおとなも虐待をする。「虐待しているおとなの4分の3に虐待された経験がある」[1]からは見えてこない事実です。

　第1のポイントは、この論文が指摘している「追跡・発見バイアス」です。CPSに委ねられるタイプの虐待をされていた元・子ども（この研究の第2世代）はCPSが長く追跡しているため、成人後の加害も見つかりやすく、結果的に被虐待群で虐待の数が増えます。これは実のところ、利益になるバイアスです。反対に、虐待の記録がない家庭は見逃されるリスクが上がります。

この研究でも、第2世代と第3世代が聞き取りで報告した虐待、ネグレクトのうちCPSが検知していた数は、第2世代が虐待を経験しているかどうかで統計学的有意差が見られました。被虐待第2世代が自ら「虐待、ネグレクトをしている」と報告した事例のうち31％がCPSに検知されていたのに対し、虐待を経験しなかった第2世代群では15％しか検知されていなかったのです。また、被虐待第2世代の子ども（第3世代）が「虐待を受けている」と報告した事例の29％が検知されていたのに対して、虐待を経験しなかった群の子どもの報告事例では15％でした。

　この研究は低所得層が多い地域を対象にしました。社会経済的に課題が多く、警察やCPS、ソーシャル・ワーカーなどがかかわっていることも多い層です。この論文も指摘していますが、中・高所得層では虐待の発生率自体、違うかもしれません。逆に、中・高所得層では虐待が見えにくい、発見されづらいというリスクも考えられます。日本でも、低所得層や社会経済的な課題の多い家庭は目を向けられがちで、虐待が見つかれば、「あの親は〜だから、子どもを虐待した」と言われがちでしょう。ならば、社会の目が向きにくいタイプの家庭は？　「虐待の世代間連鎖」を声高に言い、偏った見方を社会が信じることで被害を見逃すリスクは考えに入れておく必要があります。

　第2のポイントは、この論文のような研究が虐待予防の糸口になりうる点です。虐待経験があって虐待をしないおとなは、なぜ虐待をしないのか？　「予防要因」と呼ばれるものには個人レベルから社会レベルまでさまざまありますが[3]、こちらを研究し、実際に活用していくほうが、「誰が、なぜ、虐待をするのか」（リスク要因）を考えるよりも現実的です。「虐待、ネグレクトをされているから、この子も将来、虐待やネグレクトをするだろう」で終わらせるのはあまりにも運命論的で、個人に責めを負わせてしまっています。「虐待の連鎖を止めるには？」、答えを持っている人たちに学ぶべきです。

※研究では、脱落バイアス attrition bias も確認している。当初、両群で計1,575人いた対象者は、2009〜2010年の追跡時点で計649人。虐待やネグレクトをしている人のほうが追跡から脱落しやすいと想定し（脱落バイアス）、研究グループは2011〜2013年、CPSのデータを再度調べ、追跡群と脱落群の間には虐待、ネグレクトの有意差が見られないと確認した。研究においては脱落バイアスだけでなく、非回答バイアス（研究テーマと関連する形で回答や非回答の傾向が左右される歪み）などのチェックも重要になる。

1) Greene, C.A. 他（米国）によるレビュー論文. (2020). Intergenerational effects of childhood maltreatment: A systematic review of the parenting practices of adult survivors of childhood abuse, neglect, and violence.
2) Widom, C.S. 他（米国）による研究論文. (2015). Intergenerational transmission of child abuse and neglect: Real or detection bias?
3) Austin, A.E. 他（米国）によるレビュー論文. (2020). Risk and protective factors for child maltreatment: A review.

# 「産んだからかわいい」ではない
## ：Nobody's Perfect

　「いい親」ってどんな親だと思いますか？　子どもに心からの愛情を注ぎ、栄養のある食事を提供し、温かい寝床や清潔な住空間を与え、いろんな経験や教育を受けられるようにする親？　世の中には「いい親」像があふれているように、私には感じられます。そして、親となった皆さんにもそれぞれに理想とする「親」像があり、その理想と現実のギャップに「自分はいい親なのだろうか？」と苦しむこともあるようにお見受けします。

　そこで、私たちの園では地域子育て支援のひとつとして、「Nobody's Perfect～完璧な親なんていない！」というカナダ生まれの親支援プログラムを2007年から実施しています。0～5歳の子どもを育てている保護者が週1回2時間、毎週連続で6回集まり、自分の子育ての悩みや体験を共有し、グループで話しあうことで解決策や打開策を見つけていく。そこには、資格を持った「ファシリテーター」と呼ばれる伴走者もいます。このプログラムのテキストにある、印象深い一文をご紹介したいと思います。

　「はじめから一人前の親などいません。皆、まわりからの助けを得ながら親になっていくのです。」

　プログラムを始めて17年、いろんな保護者の方がいらっしゃいました。子どもにとって何がいいのか自分に何ができるのか、ネットの情報に翻弄され、「正しい子育て」がわからなくなっていた方。どうしても我が子をかわいいと思えず、自分は異常なのではないかと涙ながらに語った方。このプログラムのすごいところは、参加者がそれぞれに話すなかで、「ああ、これでいいんだ。悩んでいるのは自分だけじゃない。自分、けっこうがんばってるじゃん」と、親としての自分に対する肯定感が上がっていくことです。また、同じ状況にいる仲間と深い話をすることで、信頼できる子育て仲間を得られるのも大きな利点です。

　独りや夫婦だけでの子育ては、とても不安だと思います。どうぞまわりを見まわしてください。近くの子育て支援センター、お子さんを預けている園などとちょっとつながってみませんか？　そこにはきっと、保護者同士をつなぐ仕組みを用意して待っている保育のプロがいるはずですから。（髙木）

# 「この子のため」が生む優しい虐待

　「虐待」と聞くと、あなたはどんなことを想像しますか？　保育の現場にいる私たちは、時々とても心配になる親子の姿を見ることがあります。目に見える傷以外にも、目に見えない心の傷を負った子どもと保護者。私たちはそれぞれの園でできる限りの対応をしています。そんななか、こんなご相談を保護者の方から受けたことがあります。

　「先生、うちの子、もうすぐ小学生になるのに突然おねしょをするようになって…。どうしたらいいでしょうか？」

　実はその子の担任から、ここ半年で週5～6日、スポーツ系、音楽系、学習系の習いごとを軒並み始めたようだと聞いていました。最初は園でも習いごとの話を楽しそうにしていたのに、最近は園で日中、ぼーっとしている姿が気になっている、と。

　そこで保護者の方に、「行くのを嫌がっている習いごとはあります？」と聞くと、「スイミングとピアノを嫌がっています」との答え。「だまされたと思って、その2つ、お休みしてみませんか？」とお話ししました。

　保護者さんは怪訝な顔をしていましたが、「とりあえず、そうしてみます」とお帰りになりました。そして、1か月も経たないうちに「先生！　おねしょが治りました！」と事務所に飛び込んでいらしたのです。その前、「休んでいいよ」と保護者さんに言われた直後から、そのお子さんの顔がパーッと明るくなったと担任からは聞いていました。

　保護者の方に聞くと、「この子のためを思って」小学校入学までにいろんなことを身につけさせてあげたかったそうです。けれど、その子にとっては…。肉体的、精神的、性的虐待にネグレクト、それ以外にも「この子のため」という「優しい虐待」になっていないか、私たちおとなはちゃんと考えていきたいなあと思ったできごとでした。（髙木）

# 子どもの脳は嘘をつく。おとなの記憶も
# つくられる：記憶よりも記録

　事故や事件においては、「事実」を明らかにすることが重要です。一部始終が音声も含めすべて映像に残っていれば、事実はたどりやすくなりますが、映像の解釈すら必ずしも同じにはならず、今どきはいわゆる「フェイク映像」の問題もあります。

　事実の解明でもうひとつ大切なのが、その場にいた人たちの証言です。けれども、たとえば保育園でも、「Aさんは自分で転んだ」「いや、横にいたBさんが押したからAさんは転んだ」…、立っている位置によって見え方は違い、保育者もそれぞれに異なる証言をします。「自分で転んだ」「Bさんに押されて転んだ」「押した」「押してない」…、子どもの話も同様に二転三転します。

　未就学児の脳は、まだ記憶のスキルが育っていく途中です。事実と事実ではないことの線引きもはっきりしていません。おとなによる誘導や示唆にとても弱く、事実ではない話を「事実」と言った時に起こる影響も理解していません。おとなに「～だったの？」「～だったんだよね」と言われれば、少なからず「うん」と答えるでしょう。虐待やネグレクトの分野を中心に、司法面接の分野で長年、研究されている点です[※]。

　記憶の改変や捏造は幼い子どもだけに起こる現象ではありません。「嘘の記憶」研究の第一人者エリザベス・ロフタス博士の有名な実験（1995年）が示した通り、おとなにも「子どもの頃、ショッピング・モールで迷子になり、デニム・ジャケットを着たおじさんのおかげで父母に会えた」というような、実際には起きなかったできごとの記憶を植えつけることはできるのです[1]。また、1980年代に米国各地で起きた「悪魔の儀式虐待」をめぐるパニックでは、10代の子どもたちが「記憶を取り戻し」、幼稚園で経験した虐待を証言しましたが、すべてが催眠などで誘導された偽の記憶だとわかりました[2]。まして未就学児では、「子どもが事実を知っている」とは言えません。

　未就学児施設で深刻事故が起きた場合は、職員の証言が異なると想定し、かつ、記憶の歪みをできる限り防ぐため、発生後すぐに個々が見聞きした内容を書きとめておくべきです[3]。それでも、保育中は保育者が見ていない場合も多々あり、見ていたとしても保育者

の話と子どもの話が食い違うなどして問題になる事例は少なくありません。そんな時、「うちの子どもが嘘をつくはずがない」「保育者が嘘を言っている」と保護者が思うのも当然でしょう。

　では、どうすればいいのか？　子どもや保育の様子を記録するビデオカメラなどの設置が必須です。どこへ行っても録画され、どこへ電話をしても録音されてあたりまえの現代社会で、子どもの命を多数預かっている未就学児施設が人間の脆弱な記憶に頼っているわけにはいきません。ビデオカメラと言ってもネットワークは要らず、家庭でペットの見守りに使うようなカメラを各クラスや園庭、玄関などに設置するだけで十分、事足ります。４歳児が自分でつまずいて転んだ様子も、保育者が後ろ手にドアを閉めて子どもの手をはさんだ様子も、持っていた玩具を他の子どもに急に取られて反射的にひっかいた１歳児の様子も、さらには子どもが家庭では見せない姿もすべて残し、保護者と保育者が活用できるのです。

　記憶よりも記録、です。

※日本における子どもの司法面接については、たとえば仲真紀子博士の研究や論考。

1) Murphy, G. 他（アイルランド）による研究論文. (2023). Lost in the mall again: A preregistered replication and extension of Loftus & Pickrell. ロフタス博士のグループが行った実験（1995年）を123人の対象者で再現。35％が植えつけられた「迷子の記憶」を事実と信じたと報告（1995年の結果では25％）。
2) 嘘の記憶に基づいた証言をした女性（当時12歳）のインタビューは、The Cutの記事. (2016/11/22). Remembering childhood trauma that never happened.
3) 山中龍宏他による『保育現場の「深刻事故」対応ハンドブック』. (2014)。この方法は、内閣府の「教育・保育施設等における事故防止及び事故発生時の対応のためのガイドライン」の「発生時対応」(2016) にも掲載されている。

# 「記憶」は美化されるけれど、「記録」は美化されない

　園の生活発表会、私の役目は会場で記録用の映像を撮ることです。20年間、カメラを構えていていつも思うことがあります。機材は変わっても、ほとんどの保護者の方がお子さんの姿を熱心に撮っていらっしゃるのです。私自身も子どもが小さい時には、ビデオカメラやデジタルカメラを複数台使って、動画や写真を撮っていました。ですので、保護者の方々の気持ちはよく理解できます。我が子のかわいい姿や勇姿を残しておきたい！　家族で一緒に後で見たい！　よーくわかります。よーくわかりますが…。

　幼児教育を行う側から見ると、観客の皆様が撮影に熱中するあまり会場がシーンとしていることを子どもたちはどう感じているのだろう、とも思うのです。ドキドキしながら舞台に立った子どもの目に映るものを想像してみましょう。無数に向けられたカメラのレンズ。子どもは自分の家族をすぐに見つけます。でも、親の目はカメラに向いていて、手は振ってくれているけど、顔は自分を見ていない。手拍子もなく、終わった瞬間の拍手もまばら。私から見ていても、どことなく寂しい雰囲気になります。

　そこで、私は行事のたび、最初のあいさつでこんなお話をさせていただいています。

　「お子さんたちの姿を記録に残したい、その気持ちはよくわかります。けど、私の経験から言わせてください。その記録はせいぜい1週間、長くても1か月くらいしか見る機会がありません。私だって、ウン十年前の我が子の映像はもうどこに行ったかわかりません。

　子どもたちが見に来てもらって一番うれしいのは、手拍子や拍手をたくさんもらうこと。そして、『よかったよ～、楽しかったよ～』と皆さんからほめてもらうことだと思います。今日、もし舞台の上で失敗しても、時間がたてば記憶は美化され、『あ、そんなこともあったな～』と懐かしむ対象となります。が！　失敗した姿の一部始終が映像で残っているとしたら、嫌じゃないですか？　私だったら恥ずかしさのあまり身もだえします。『記憶』は美化されるけど、『記録』は美化されないのです。どうか、今日の舞台、子どもたちのためにも、その目に、記憶に焼きつけていただき、精いっぱいの手拍子や拍手で応援してあげてください。私からの心からのお願いです。」

この話をするようになってから、家族のなかで撮影に専念する方と、手拍子や拍手を一所懸命する方の役割分担をしたり、自分の子どもの出番以外の演目では手拍子や拍手が増えたりと、会場があたたかい雰囲気になってきたように感じます。

記憶にとどめるためにも、どうか、お子さんの姿をしっかりご自身の目で見てあげてくださいね。それは、お子さんたちが大きくなった時、「あの時は（も？）かわいかったな〜」と、美化された記憶を親として反芻する醍醐味を味わうための大切な仕込みですので。（髙木）

## 写真や動画の記憶は残らない：記録よりも記憶

人間の記憶がとても脆弱で、いろいろな要因によって塗り替えられていくことは、長年の研究ではっきりしています。事故や事件などの事実を検証する視点からすれば、人間の記憶よりも映像のほうが圧倒的に信頼できます。

ならば、子どもの成長も写真や動画に残すべきでしょうか？ 旅行の思い出も？ この分野では最初となる2013年の実験論文[1]※が出した答え、その後の実験の答えは基本的にすべて「いいえ」です。対象を撮影している時と、撮影せずに観察している時を比較すると、撮影せずに観察している時のほうが記憶に残ります。

この違いが生まれる脳のメカニズムはまだわかっていませんが、「撮影しているのだから、覚えている必要はないと脳が感じる（だから記憶しない）」、あるいは「撮影自体に認知能力を使ってしまい（＝気が散ってしまい）、記憶には残らない」などが仮説として挙げられています。最近の論文[2]は「1回、写真を撮った時」と「5回、写真を撮った時」も比較していますが、対象となる絵がもっとも記憶に残るのは「写真を撮らない時」で、次いで「1回撮った時」、もっとも記憶に残らないのは「5回撮った時」でした。写真を撮れば撮るほど、対象の記憶は残らないようです。

「映像があれば、後で思い出せる」？ その映像を見つけ出しさえすれば、事実は映像に残っているでしょう。でも、思い出すべき記憶は脳の中にありません。記憶は見たものだけではなく、音、におい、感触、その時の感情などがまとまったものです。

「記憶に残したいなら、心に残しておきたいと感じることに意識を向けましょう。あなたが子どもと一緒に公園にいるなら、いいな、楽しいなと感じている部分に焦点を当て、いやだと感じる部分には焦点を当てない。そして、見えているもの、音、においなどを吸収しましょう。そのできごとを思い出す時、風景や音、においといったものが記憶に豊か

さ、厚みを与えてくれるからです」[3] と、チャラン・ランガナス博士（カリフォルニア州立大学デイビス校。心理学、脳科学）は言っています。実際、博士が旅行へ行く時は記録として写真を数枚撮るものの、それ以外、スマートフォンは出さないそうです。

　記憶は脆弱ですが、脆弱さ自体が強みでもあります。記憶には、要らない部分を切り捨て、気に入っている部分を残し、何度も思い出すなかで物語にしていく力があるからです。「○○が小学校の競走で1位になった時、かっこよかったよね！」「あの日に食べたおにぎり、今でも覚えているよ。おいしかった」という幸せな記憶は、そのままにしておくべきなのです。ビデオを探し出して見てみたら、順位は3位、おにぎりではなくてサンドイッチだった…、そんな「事実」は誰も必要としていないでしょうから。

※実験概要（2013年の2つの実験のうち最初のもの。2022年の実験はコンピュータ・スクリーン上で同様の内容）：実験参加者は大学生27人。それぞれが美術館で30点の美術品を鑑賞した。「後で美術品について質問するから、よく観察するように」と説明を受けた後、実験参加者が手元のリストにある美術品の名前を読みあげると、実験担当者が参加者をその美術品の前まで連れていき、「20秒間観察した後に10秒間で写真を撮る」（計15点）、または「30秒間ずっと観察する」（計15点）よう指示する。
　翌日、実験参加者は見た美術品の名前と、それを撮影したか観察したかを覚えているだけすべて自由に書き出すよう求められる。名前を思い出せない時は、その美術品がどんなものだったかを書いた。このテストの後、実験参加者は鑑賞した30点の美術品の名称と、実際には鑑賞していないが美術品らしい名称10点を混ぜたものを順不同に見、名前をもとに「撮影したもの」「観察したもの」「見なかったもの」と判断するテストをした。さらに、「撮影した」「観察した」と回答したものについては、その美術品の特徴を4つの選択肢から選ぶ質問にも答えた。最後に、美術品40点（うち10点は鑑賞していない）の写真と名前を順不同で見、それぞれに「撮影した」「観察した」「見ていない」を判断するテストをした。
　結果、美術品の特徴の正解率は、写真を撮った場合は55%、観察だけをした場合は64%だった（統計学的に有意な差）。名前や画像を見て美術館にあったものかどうかを判断するテストの正解率も、両群で有意差。

1) Henkel, L.A.（米国）による研究論文. (2014). Point-and-shoot memories: The influence of taking photos on memory for a museum tour.
2) Soares, J.S. 他（米国）による研究論文. (2022). Does taking multiple photos lead to a photo-taking-impairment effect?
3) New York Timeの記事.（2024/2/4）. A leading memory researcher explains how to make precious moments last.

# 子どもの時間はゆっくり流れる
## ：時間認知と感情認知

### 年齢が上がるにつれ、1年はどんどん短くなる

　子どもは、時間の主観的認知がおとなとは異なります。まず、その場の時間認知は子どものほうが遅いようです。子どもは脳神経が発達途上にあり、神経系の連絡を速くする髄鞘（ミエリン）も育っているところ。ワーキング・メモリも注意を向けるスキルも未熟で速度が遅いため、感じる時間の速度がおとなよりも遅いのです（実験によれば、8〜10歳でおとな同様の認知速度になる[1]）。

　他方、おとなは「年齢が上がるに従って、1年が短くなる」とよく言います。実際、過ぎ去った時間を振り返った時の「長い」「短い」という主観的認知は年齢とともに変化するようで、主な理由は3つ[2]。

　1）年齢が上がるほど、日々の生活には変化が少なくなる傾向があるから。

　2）年齢が上がるほど、あらゆることに慣れていく傾向があるから。

　　…なので、記憶に残る部分が減り、全体が短く感じられる。そして、

　3）年齢が上がるほど、人生に対する「1年」の割合が小さくなる（＝重みが減る）から。

　たとえば、ドイツの研究グループが14〜94歳の計499人に聞いたところ、10年単位の「過去の時間」は年齢が上がるほど速く過ぎると感じ、特に40代以降になると、「子どもの頃は時間がゆっくり過ぎたけれど、10代以降はどんどん速くなった」と感じていました[3]。

　おとなは年齢が上がるほど脳神経のつながりが複雑になり、一方で処理能力は落ち、情報処理そのものに時間がかかるようになります。結果的に記憶に残る情報が減り、振り返った時の時間認知も「速く過ぎた」になるようです。生活の変化が減り、記憶に強く残るできごとが減っていくと、過ぎていった時間は（記憶に残っていないから）短く感じる。日常に慣れて新しい経験が減ると、記憶に残る部分が減り、過ぎた時間は短く感じる。逆に言うと、新しい勉強をしたり、変化のある時間を過ごしたりすると、その時間枠は振り返った時に「長く」感じるわけです。

　ところが、旅行で知らない場所へ行き、楽しく過ごしていると、数日間が一瞬のうちに

終わってしまって、「もう帰る日？」と感じてしまう…。矛盾するようですが、矛盾していません。これは「ホリディ・パラドックス」[4]と呼ばれる現象で、新しい場所で楽しく過ごしている「あいだ（最中）」は短く感じ、でも、後で振り返るといろいろと思い出し、長い時間だったように感じます（記憶が詰まっているから）。

　新しい、楽しい経験をしている「あいだ」は短く感じ、いつもの経験をしている「あいだ」は（それがつまらないことならいっそう）長く感じる。反対に、過ぎていった時間を振り返ると、新しい、楽しい経験をしていた時間は「記憶がいっぱい詰まっているから長く感じ」、いつもの生活をしていた時間は「さっと過ぎてしまったように感じる」。新しさや楽しさ（＝感情）、記憶、慣れといったものが、その場の主観的認知、さらに、その時間が過ぎた後の主観的認知に大きく影響します。

　未就学児に、振り返った主観的な時間認知を尋ねることはできません。けれども、幼児期の体験、遊びに行った場所などを鮮明に思い出すという人は多いでしょう。なぜか？もうおわかりの通りです。日々どころか一瞬一瞬が新しい経験ばかりで、楽しいことも悲しいこともいやなこともいっぱい…。記憶は強烈。だから、記憶に残りやすいのです。

　ただし、幼児の記憶はまだ脆弱であり、「覚えているできごと」のなかには、まわりのおとなの話を自分の記憶だと思っている部分もおおいにあります。特に、３歳までのできごとをおとなになって思い出すことはできません。いわゆる「幼児期健忘」と呼ばれる現象で、記憶をたくわえるメカニズム、または取り出すメカニズムが整っていない、またはメカニズムが変わるためと言われ、研究途上にある現象です[5]。

## 子どもの脳に「年に一度の行事」は大きすぎる

　「子どもが毎日、同じ顔触れと過ごすなんてつまらないだろう。毎日、新しい話を聞かせ、新しい製作をさせ、子どもがワクワクするような行事を準備しなければ」、未就学児施設ではそう考えがちかもしれません。家庭でも「休みの日には出かけて、いろいろな経験をさせなければ」と思うかもしれません。ところが、子どもの脳の立場で考えると正反対。「つまらないだろう」は、おとなの脳の感じ方です。

　子どもの脳は一瞬一瞬、まわりの刺激を取り入れています、一人ひとりの速度で、その子の脳が「これ！」と選んだものを。毎日、なにもかもが新しく、脳はあっちに注意を向けたり、こっちに注意を向けたり大忙しです。そのなか、おとなに「今日はこれをするよ」「次はこれをして」「これがおもしろいよ」と次々言われていたら、子どもの脳は注意も十

分に向けられず、吸収もできません。成長発達の役には立たないのです。

　子どもが「今はこれ！」と選んだことを自分自身で毎日、一日に何回も少しずつ違う形でくりかえせる環境。「ちょっとこうしてみようかな」「これもしてみようかな」と積みあげ、変え、広げ、つなげていける環境。「今はこれじゃない」と思ったら離れ、「もう一回、やってみようかな」と思ったら戻れる環境。小倉北ふれあい保育所や花園第二こども園がつくっている環境です。子どもが同じ作業、似たような活動をくりかえしたい時にくりかえし、少しずつ変え、前に進めていける環境がなければ、その子の脳にその作業や活動は定着せず、その場限りになってしまいます。おとなには「同じ」や「くりかえし」に見えるもの、おとなはつまらないと感じるものが、子どもにはとても大切なのです。

　年に一度の運動会や生活発表会も同様です。まず、未就学児にとっては「動きが揃うってどういうこと？」「なぜ、間違ってはいけないの？」です。そして、「今」を生きている子どもたちに、数週間、数か月先の話は理解できません。なのに、自分の脳が今、したいことをするのではなく、運動会や発表会の文字通り「同じ」練習を何度も何度もさせられる。自分で昨日から今日、今日から明日へとつくっていく積みあげではなく、同じ動き、同じセリフの練習を何度も。「つらい」とは感じなくても、プラスにはなりません。

　「だけど、自分たちが子どもの時はできた」…？　そうです、それは当時のおとなが当時の子どもの私たちを怒ったりなだめすかしたりして、動かしたからです。「怒られるのが怖いから言われた通りにする」「ほめられるから言われた通りにする」は、２歳頃になればするでしょう。それは良い発達でしょうか？　私たちが育てられた方法は、良い方法だったと言えるでしょうか？

　今でも、年に一度の運動会や生活発表会の「完璧なできあがり」を期待している保護者にとっては、「発表会で、我が子が失敗するなんて！」にもなりかねないわけですから、未就学児施設は必死。子どもの「失敗」に対する怒りは園にも向きますし、子どもにも向きます。「良い」「悪い」のように極端な感情的判断しかまだできない未就学児の脳は、保護者や保育者の落胆や怒りを、自分の失敗として受けとめてしまうかもしれません。

## 「責める」も「とにかくほめる」も感情の育ちにはマイナス

　時間感覚とあわせて、感情認知も子どもはおとなと異なります。

　小学生になっても、感情はかなり一面的で単純です。楽しいは「楽しい」、悲しいは「悲しい」、恥ずかしいは「恥ずかしい」。10歳前後は「自分は自分、他人は他人」「自分にも

証拠の横糸　子どもを育てるおとなたちを支える

いろいろな長所や短所があり、他人にもいろいろな長所や短所がある」という「心の理論」の後半の過程が育つ途上にありますが、おとなと一緒に状況を多様な見方で解釈してみる経験が少なければ、起きた結果をそのまま受け取り、白か黒か、勝ちか負けか、良いか悪いか、好きか嫌いかといった単純な判断、単純な感情的反応をしがちです[6]。未就学児期の子どもたちは、この傾向がもっと顕著です。

たとえば、おとなは「負けて悔しかったけど、楽しかった」「Aさんは○○が得意でいいなあ。だけど、自分は△△が得意だから、人それぞれだよね」という複雑な感情も感じ、「これは自分には関係ない（だから感情で反応する必要がない）」という判断もします。子どもはまだどちらもできず、一つひとつが自分に関係する重要なできごとであるかのように感じます。「あなたが競走の練習をしなかったから」「あなたが劇のセリフを間違えたから、お父さん、お母さんは恥ずかしかった」と、子どもを責める言い方をすれば、「自分が悪い」「恥ずかしい」はよけいに強くなります。

そうは言っても、「かけっこで全員に1位のメダルをあげる」「テストをしない」「『できる！』『すごい！』と、なんでもほめる」が良いわけではありません。自尊感情（セルフ・エスティーム self-esteem）が大事だとは言え、空虚な自尊感情を育てることがいかに危険であるかは、1980年代、カリフォルニア州で起きた「自尊感情ムーブメント」の失敗がはっきり示しています※。「とにかくほめる」「勝ち負けを決めない」は、子どもたちが取り組む過程、取り組んでいる間の子どもの状態を無視しており、そもそも「結果の失敗」を責めるのと同じです。そして、子どもが他人との違い、自分の長所や短所、行動や感情を修正する大切さやその方法を学べないのは言うまでもありません。

おとなのような感情の複雑さ、多面性に向けて子どもの感情が育つ途上だと理解したうえで、おとなが自分自身の感情や行動を多面的、かつ具体的な言葉で子どもに話し、子どもの経験や、今、取り組んでいることについても多面的、かつ具体的な表現をする。自分の感情をつかみ、表現すること自体がスキルですから、こうした場面でもおとなはその育ちを手伝えます[6]。

## くりかえしながら少しずつ着実に、子どもたち自身で

新しさだらけの日々のくりかえしのなか、子どもの時間感覚に沿った形で、多面的な感情も育っていくためにできることは？

たとえば、「ミニ運動遊び会」です。子どもたちがアイディアを出して毎月開き、参加できる保護者も保育者も子どもと一緒に競技をします（おとなにとっては「競技」になっ

ていなくても気にしない！）。ハイハイも四つばいも実は子どものほうが得意ですから、おとなが全力で参加しても子どもに負けたりします。そして、「今月は負けた」「来月は勝つぞ」「負ける時もあるし、勝つ時もある」「どうすればハイハイを速くできるか、教えて」など、子どもとたくさん話をする材料になります。

このくらいの間隔であれば、日々大忙しの子どもの脳も記憶しているでしょうし、「前」を思い出して、「次」を考える練習にもなるでしょう。自分たちで競技や出し物をつくり、改良し、勝ち負けの基準もおとなとは違う線引きをつくるかもしれません（子どもはルールをつくるのが大好きです）。くりかえし自体が子どもの日常の一部になります。運動遊びだけではありません。子どもの間に起こるさまざまな「流行」をとらえていけば、「みんなで練習したダンスを見せたい！」と、ミニ発表会が生まれる場合もあります。ミニ運動遊び会やミニ発表会をオンラインでライブ配信すれば、保護者だけでなく、遠くに住んでいる祖父母にも子どもたちの様子をこまめに伝えられるでしょう。

年に一度の行事も同じです。子どもに「卒園式、どういうふうにしたい？」「運動会、どんな内容にしようか」と投げかけて、子どもたちが一からつくっていきます。小倉北ふれあい保育所では、卒園式のお辞儀のしかたひとつをとっても「こうしたほうがかっこいいよ」と、年長の子ども同士で鏡を見ながら教えあう姿が見られるそうです。「子どもが自分たちでつくった会です」は、「列が揃うように毎日、練習しました」よりも保護者にとって嬉しい言葉になるでしょう。なにより最高なのは、子どもにとって日々の活動が「継続性のあるもの」になるところです。

※1986年、「個人の自尊感情を高めれば社会問題が解決できる」と当時のカリフォルニア州議会議員ジョン・ヴァスコンセジョスが提案し、州規模の実験プログラムを始めた（3年間で73万5000ドルの州予算）。1990年にカリフォルニア州立大学バークレー校などの研究グループが出した最終報告書は「効果がない」と結論づけたが、州の委員会はこれを玉虫色の記述に変え、効果があったかのような広報をした[7]。空虚な自尊感情に代わるものについては、『3000万語の格差：赤ちゃんの脳をつくる親と保育者の話しかけ』に詳しい。

1) Droit-Volet, S. 他（フランス、英国）による研究論文. (2021). Temporal bisection in children.
2) Bejan, A.（米国）によるレビュー論文. (2019). Why the days seem shorter as we get older.
3) Wittmann, M. 他（ドイツ）による研究論文. (2005) Age effects in perception of time.
4) Scientific Americanの記事. (2016/7/1). Why does time seem to speed up with age?
5) Alberini, C.M. 他（米国）によるレビュー論文. (2017). Infantile amnesia: A critical period of learning to learn and remember.
6) Nook, E.C. 他（米国）による研究論文. (2017). Increasing verbal knowledge mediates development of multidimensional emotion representations.
7) The Guardianの記事. (2017/6/3). 'It was quasi-religious': the great self-esteem con.

# 創造力の芽を育てる臨界期は乳幼児期

## トーランス博士の創造力テスト

　子どもは「なぜ？」「どうして？」を聞き続け、時としておとなを閉口させもします。突拍子もないアイディアを口にして周囲を驚かせ、笑わせます。幼児の「なぜ？」や破天荒な考えは、ただおもしろく、時にうるさいだけでしょうか？　いいえ、これが創造力（クリエイティビティ creativity）の萌芽です。人間の創造力、なかでもアイディアの独自性（ユニークさ）は未就学児期から小学校5年生頃まで上がり続けますが、6年生頃以降、中学、高校と下がっていきます。つまり、小学校高学年になれば「なぜ」を言わなくなり、自分の考えも言わなくなるのです。

　20代半ば、創造力は再び伸び始める可能性があります。でも、そこから先、創造力を発揮できるかどうかは、小学校半ばまでの育ちによります。子ども時代、「なぜ？」「どうして？」をいつも止められたり無視されたりしていたら、あるいはアイディアや考えを嘲笑されていたら、創造力は封をされたまま。これは、1950年代後半に米国で開発され、今も広く使われている「トーランスの創造力テスト」で得られた約27万人のデータ（米国）から明らかになった結果です。

　まず、「トーランスの創造力テスト」の説明を少しします。

　テストを開発したエリス・ポール・トーランス博士（1915～2003年）が定義[※]した創造力は、「情報に何か問題やおかしな点があると感じ取り、何が問題なのかを理解し、トライアル＆エラーや、仮説検証を通じて解決策をみつける過程」[1]です。課題や穴、おかしな点があるなと感じたら、自分がすでに持っている知識や情報、自分の外にある情報を徹底的に探し、アイディアをひたすら考え（広げる divergent）、出てきた新しい見方や考え、策を形にする（まとめる convergent）。広げることとまとめることのくりかえし、両輪で進む創造や問題解決の過程です。

　「トーランスの創造力テスト」では1回90分かけて、アイディアを素早く数多く出す力

(fluency)、アイディアやツールを新たな方法で使う力（flexibility）、新しいアイディアや考え方を出す力（originality）など6つの側面を測ります。図を使ったテスト一式と言葉を使ったテスト一式があり、翻訳されて世界じゅうで使われています[2]。

　1966年に発表されて以来、トーランス博士たちが米国で調査した対象は272,599人（4〜5歳からおとなまで）[2]。調べた子どもたちがその後、社会で出した創造的成果も追跡し続けました。起業、特許、論文、本の出版、ダンス、音楽、ラジオ番組、芸術、ソフトウェア、広報・宣伝、機械の開発、政策、組織のリーダー、講演、建築などの数です[3]。そして、トーランス・テストはその子が将来、社会の中で「創造的」な成果を生むかどうかを予測する、信頼性※の高いテストだとわかりました。生涯に創造的だったかどうかを予測するうえで、トーランス・テストの点数はIQテストの点数に比べてずっと高い、3倍の予測力を有していました[4]。

## 創造力は小学校高学年以降、下がり始める

　トーランス博士が研究し続けた「創造力」は、年齢によって変化します。以下は米国の研究結果です（日本語で同様の研究論文を見つけることはできませんでした）。

　たとえば、独自のアイディアを一定時間内にたくさん出す力は4〜5歳から小学校3年生ぐらいまで伸び、その後は上がらず、小学校6年生頃から下がり始めます。小学校中学年になると、発達上、友だちの目などが気になり始め※※、自分が考えた意見やアイディアについて「正しいか」「今、自分がいる状況に合っているか」「口に出していいか」などを考え始めるためだろうと言われています。

　もうひとつ、アイディアの独自性の点数は、4〜5歳から小学校5年生ぐらいまで上がり続け、その後は低下し、20歳以後、再び上昇します。小学校高学年までの子どもは考え方が縛られておらず、自由に考えることが得意です。けれども、中学生になるあたりから上記と同様に「みんなに合わせよう」「『普通』の考え方をしよう」といった心理的傾向が出てきて、独自のアイディアを考えようとしなくなると解釈されています。創造力の他の側面も、年齢とともに変化していきます[2]。

　ひとつ、大切な点があります。

　ここで言う「創造力」とはトーランス博士の定義通り、芸術や音楽の才能ではありません。芸術家、音楽家と、技術者、数学者でトーランス・テストの結果を比べると、点数の分布も平均値も変わらないのです。芸術家や音楽家にも創造力の高い人、低い人がおり、

数学者や技術者にも創造力の高い人、低い人がいます。もちろん、「創造力テストの点数が高ければいい」「低かったらダメ」という単純な話ではなく、創造力はたくさんある強みのひとつにすぎません。それを測ることで子ども一人ひとりの強みを見つけ、育てたい、トーランス博士がテストを開発した理由のひとつです。「子どもたちを伸ばし、創造的な可能性を開花させるにはどうすればいいか、私はずっとそこに関心を持ってきた。でも、そのためにはまず、可能性そのものを測らなければならなかった。」[1]

そして、問題が起きています。

米国の場合、トーランス・テストの平均点は1990年以来、下降し続けています。27万人のデータを再分析してキム・キュンヒ博士（ウィリアム・アンド・メアリー大学。心理学）が発表した論文「創造力の危機」[2]は大きな話題になり、論文発表に先立つ2010年には「創造力の危機」と題した巻頭特集が『ニューズウィーク』誌で組まれたほどです[3]。

特に、本来、創造力が伸びる時期であるはずの4～5歳から小学校1～3年生で、全体の低下が有意に大きい[2]のが特徴です。独自のアイディアを出す力が伸びるはずの時期にもかかわらず、その力が以前よりも上がらなくなってきたのです。

## 創造力は「育てるスキル」

日本にはトーランス・テストを用いた大規模研究は見当たりませんが、「まわりに合わせよう」「『普通』の考え方をしなくちゃ」「変なことを言ったら嫌われるかも」という方向に子どもたちを仕向ける心理的圧力は、米国の主流文化よりもこの文化のほうが強いでしょう。子どもが「なぜ？」を聞き続け、驚くようなアイディアを口にする期間は米国より短いと想像できます。4歳ぐらいから、長くても小学校中学年ぐらいまで。小学校の教室の静けさを考えたら、保育園や幼稚園ですでに心理的圧力はかかっているのかもしれません。

「何度も聞かないで！」「くだらないことばっかり（嘲笑）」「まわりを見て。みんな、静かに、先生が言った通りにしているよね」といったおとなの言葉が、「不思議に思っても口に出してはいけない」「自分の考えを言ってはいけない」「まわりと同じように行動しなければ」という圧力を子どもにかけ、創造力の芽も摘み取っている危険があります。

「疑問に思う→尋ねる、調べる、考える→取り組んでみる」は、学びに対する動機であり、行動習慣でもあります。つまり、身につけていくスキル。米国で1990年代以降、子

どもたちの創造力が下がっているのは、今が、この習慣を身につけにくい環境だからであり、この習慣を身につけやすい環境をつくれば、子どもたちは創造力を身につけていけるはずだとキム博士は言っています。

　どんな環境でしょうか？　キム博士が言う「創造力を育てる創造的な環境」とは、次の4つです[5]。

・（疑問やアイディアを）引き出し、促し、励ます環境。

この環境が基礎にあったうえで、

・その子に対しておとなが高い期待を持ち、挑戦させる環境、

・多様な経験とものの見方がある環境、

・徹底的に、人と違う見方や立場で考える自由を保障する環境。


　この話をしているキム博士自身、韓国の山岳部の貧しい農村地帯で育ち、33歳になって米国へ留学、トーランス博士の下で研究を続けてきた女性である点は考えておくべきでしょう。彼女は「私は韓国人で、米国籍をとるつもりもない」とインタビューではっきり言っています[5]。自身が育った文化を否定せず、一方で米国の文化を冷静に観察しているキム博士が、「どうすれば子どもの創造力を伸ばせるか」を長年の研究結果をもとに示しているのです。「アメリカだからできること。この文化では無理」ではありません。

## 鍵は創造力？　それともIQ？

　子どもたちがもともと持っている創造力を伸ばす環境だけでなく、壊さない環境も必要です。世界には高校や大学を落伍して、その後、とんでもなく創造的な仕事をした人が無数にいます。特に米国は、何度もやり直しがきく社会、何歳でも新しい取り組みを始められる社会、学歴がすべてではない社会ですから、そのような人を多く輩出しています。

　キム博士は落伍する生徒の研究もしているそうですが、創造力が高い子どものなかには、学業に秀でる一方で、創造性（ユニークさ）の高さゆえに学校から落伍する子どももいると言っています[6]。どちらに転ぶかは未就学児施設、学校、保護者がつくる環境次第。創造力が高い子どもを励まし、育てる環境なのか、「教室で教師が教える内容だけを学びなさい」と押しつける環境なのか。日本の社会でも、実は創造力が高いのにそれを学校で押さえつけられ、やり直しがきかない環境のもとでつぶれていく子ども、おとなが少なくないであろうことは想像に難くありません。そのなかには、トーランス博士がテストをつくった目的のひとつである、いわゆる「ギフテッド・チャイルド gifted child」＊＊＊もいるはず

です。

　でも、成功するには、IQ（知能）が大事…？

　IQと創造力は比例しません。キム博士が別の分析で明らかにしている通り、「IQテストの点数が高い人＝創造力が高い人」ではないのです。逆に、ノーベル賞受賞者はおしなべて創造力が高く、かといって必ずしもIQが高いわけではありません[7]。

　余談ですが、IQテストの点数は20世紀を通じ、世界中で一貫して上がってきました（「フリン Flynn 効果」と呼ばれる現象）。人口に占める就学児の割合が上がり、誰もがIQテストのようなテストに慣れ、あわせて栄養状態や健康状態も改善したことなどが理由として考えられています。

　けれども21世紀に入って、IQテストの点数が上がらなくなった、あるいは下がってきたという報告が各国で出ています[8]。動画やゲームなど、「外から与えられる刺激」が増え、本を読まなくなったことなどが原因ではないかと言われています。また、深刻な大気汚染など、子どもの脳に直接的な影響を与える環境要因も一因と考えられています。

　ゲーム、インターネット、スマートフォン…。創造力を全体として押し下げている原因は、さまざまな社会変化でしょうし、因果関係の仮説は無数に考えられます。でも、ここで考えるべきは、「何が子どもたちの創造力を低下させているか」ではありません。社会環境によって創造力が下がるものならば、逆に、社会を変えることで創造力を上げる変革も可能でしょう。IQテストで測られる知性も環境に伴って上がったり下がったりするのですから、創造力も、です。

## 創造力は、今の時代にもっとも求められる力

　今の教育現場におけるトーランスの創造力テストの重要性を再評価したレビュー論文は、「複雑で先の見えない今の世界の中で、創造力は特に不可欠なスキル」と位置づけています[9]。気候変動、貧困や格差、紛争などが世界で悪化するなか、「何が問題なのかを理解し、トライアル＆エラーや、仮説検証を通じて解決策をみつける過程」に取り組める人（＝創造力の高い人）を数多く生み出せるかどうかが人類全体にとって、鍵です。

　「創造力の危機」が話題になり、このテストの点数が下がっている原因は誰（何）か？を取材で聞かれ続けたキム博士は、「私は前向きでいたいと思っています。今のこの状況は、（私にインタビューした）あなたのような人たちがいる限り、変えられるでしょう。特定の人や人たちのせいにして終わらせたくはありません」[5]と話しています。そして、上

に書いた４つの条件を提唱しました。もう一度書くと、

・（疑問やアイディアを）引き出し、促し、励ます環境。

この環境が基礎にあったうえで、

・その子に対しておとなが高い期待を持ち、挑戦させる環境、

・多様な経験とものの見方がある環境、

・徹底的に、人と違う見方や立場で考える自由を保障する環境。


　未就学児期から小学校低学年の「なぜ？」「どうして？」「これ、見て！」「こんなこと
を考えたよ、聞いて！」を無視していたら、その後、学校でどんなに「創造的な学び」を
させようとしても不可能か、不可能ではないにしても限度があります。まず、保護者が子
どもの「なぜ？」「どうして？」「見て！」「聞いて！」を受けとめる時間とスキルをもつ
こと。未就学児施設にもそれだけの人手を保証し、「なぜ？」「どうして？」「見て！」「聞
いて！」を受けとめるスキルを身につけること。

　「なぜだろう？」「何かおかしいな」「どうしたらいいだろう？」と感じるおとな、「徹底
的に考えて、探してみよう。情報を探して考える作業自体が楽しいから」と思うおとな、
「これはこうだから、解決の糸口はこんなふうにたくさんあるな。じゃあ、どこをどうし
ていこう？　これがダメだったらこっちは…」と考えるおとなを育てるためには、子ども
が発する「なぜ？」「なぜ？」や荒唐無稽にしか聞こえないアイディアをおとなが受けと
める態度が不可欠です。子どもが広げ、まとめるスキルをおとなも一緒になって育ててい
くこと。


　では、子どもの「なぜ？」「どうして？」にどう応えるか。創造力の研究者たちは「答
える」ではなく「応える」だと言います。「なぜ？」に答えを与えてしまったら、答えが
正しかろうと間違っていようと、それで終わり。広がりがありません。疑問をインター
ネットで調べ、検索画面の一番上に出てきた答えに満足するのと同じで、創造力を育てる方
法とは言えません。子どもの「なぜ？」には、「開かれた質問」で応えていきましょう。
「開かれた質問」とは、明らかな正解がない質問方法です（明らかな正解や正誤がある質
問は「閉じた質問」）。

　創造力研究の第一人者であるマーク・ランコ博士（南オレゴン大学。心理学）は、車中、
子どもが発した「なんで、カリフォルニアの州都はロサンゼルスやサンフランシスコじゃ
なくて、サクラメントなの？」という質問に対して、「どうしてだろう？　考えられる理
由を片っ端から挙げてみて」と応え、一緒に考えていったそうです[3]。常識や正しさ、他

人の目にとらわれず、答えを自由奔放に考えられるのが子どもの特徴。どんな疑問であっても、正解はたいていひとつではありません。答えの可能性を考えていく過程のほうが、「正解」を知るよりもよほど大事です。

※この定義は「作業上の定義」。作業上の定義と信頼性の説明は217ページ。
※※6〜12歳の間に、子どもの世界は「保護者と自分」から「まわりの子ども（ピア peer）と自分」に変化し始める。親から独立していく意味では生き物として当然の変化だが、いわゆる「ピア・プレッシャー」が強まる理由ともなる。
※※※IQがきわめて高い、創造力がとびぬけて高いなどの特徴を持つ子ども。同じ年齢の子どものなかで過ごすことが難しい場合もあり、その能力が認められないと「問題児」扱いされてしまう場合もある。トーランス博士がこのテストを作ったひとつの理由は、ギフテッド・チャイルドを見つけ、育てるため。

1) GENVIVEサイト. (2017). Ellis Paul Torrance: Father of modern creativity.
2) Kim, K.（米国）による研究論文. (2011). The creativity crisis: The decrease in creative thinking scores on the Torrance Tests of Creative Thinking.
3) Newsweek誌の記事. (2010/7/10). The Creativity Crisis.
4) Plucker, J.A.（米国）による研究論文. (1999). Is the proof in the pudding? Reanalyses of Torrance's (1958 to present) longitudinal Data.
5) Hopkins, Rによるインタビュー. (2018/9/20). Kyung Hee Kim on 'The Creativity Crisis'.
6) William & Mary Universityの記事. (2011). Smart? Yes. Creative? Not so much.
7) Kim, K.（米国）によるメタ分析. (2005). Can only intelligent people be creative? A meta-analysis.
8) Dutton, E. 他（英国、オランダ）によるレビュー論文. (2016). The negative Flynn Effect: A systematic literature review.
9) Abdulla Alabbasi, A.M. 他（バーレーン、米国）によるレビュー論文. (2022). What do educators need to know about the Torrance Tests of Creative Thinking: A comprehensive review.

# ぼんやりな脳、退屈した脳が
# 新しいものを生む：デジタル機器と脳

## 脳の「デフォルト」の機能は、ぼんやり、無意識

　脳は24時間365日、休みません。眠っている間も情報を整理し続け、老廃物の掃除もしています。脳で中心的な役割を果たしているのは、デフォルト・モード・ネットワーク（DMN、Default-mode network。または、デフォルト・ネットワーク）という広範囲にわたる脳神経回路のつながり。「デフォルト」と言うぐらいですから、こちらが基本の機能で、「自分の外に設定された目標のある作業」を意識的にしている時以外は常に働いています。脳の消費エネルギーのうち60〜80％は、このネットワークのために費やされているそうです[1]。

　「自分の外に設定された目標のある作業をしている時」以外？　たとえば、今、おなかがすいているらしくむずかっている赤ちゃんに話しかけてあやしながらミルクを作り、ミルクを飲ませる。これは「自分の外に設定された目標のある作業」です。保育施設をその日、最後に施錠する職員が園内を回って鍵や電気のチェックをする。これも「自分の外に設定された目標のある作業」です。算数の問題を解くのも、ブラックホールの構造を研究するのも。脳にとってはこうした作業のほうが特別な働きで、その都度、DMNが動いている状態からわざわざ切り替え、注意をそちらに向けます。

　でも、ミルクを作りながらふと、「昨日、○○さんに聞いた本の名前はなんだっけ？」と浮かび、メールを探していたらお湯が吹きこぼれた。鍵を確認しながら、「おなかがへった…。夕飯は…」と思い始め、鍵がかかっていない目の前の窓を見過ごした。誰しも経験するぼんやり、うっかり、です。DMNのほうが圧倒的に強力で、「目標のある、意識的に注意を向けてする作業」の最中にも無意識に割り込んでくるためです。

　いわゆる「ぼんやり」や「夢想」は脳が休んでいる状態と言われてきましたが、脳は休みません。自分の過去（記憶）や未来を無意識に考えるのも、他人の気持ちや自分と他人の関係を考える「心の理論」を司るのもDMNです。本を読む、映画を見る、絵画を見る時にその内容や自分の反応（感想）を取り込んでいくのもDMN。毎朝、起きてから玄関

を出、職場に着くまでの決まった行動をいちいち考えずにできる（いわゆる「自動操縦 autopilot」）のも、DMNの働きのおかげ。さらに、問題が解けず八方ふさがりに感じられたものが、お風呂につかってぼんやりしていたら「そうだ！　あの手があった！」と突然、氷解する。意識してつなぎ合わせている思考の中では届かない場所にある情報が現れるのも、DMNの働きです[2, 3]。

　子どもの場合は？　たとえば、4歳児クラスでAさんがBさんのおもちゃを取ったとします。「Aさん、Bさんが遊んでいるんだから、取っちゃダメだよ。『貸して』『一緒に遊んでいい？』って言おう！」と言われても「やだ！　私が遊ぶの！」と返しませんでした。Bさんも「Aさん、一緒に遊ぼう！」と言ったのですが、それも「やだ！」。最後、Bさんに「Aさん、意地悪！」と言われても無視。
　その後、Aさんの脳は（無意識に）この状況を思い返します。「すごくいやだった」「遊びたかったんだもん」「Bさんは『一緒に遊ぼう』って言った…」「『貸して』って言ってみようかな」「どうしよう」…。意識的に反省するわけではなく、ただ、起きたことを脳が振り返る。これがDMNの働きです。自分の行動や感情を振り返り、他人の心の動きを考え、未来も考えます。耳にした「一緒に遊ぼう」「貸して」といった言葉も脳の中で反芻されます。
　あるいは、保育園の庭でCさんがカミキリムシをみつけ、みんなで図鑑を見ていろいろ話した。「ゴキブリみたい！」とDさんが言ったのを聞いて、今度は家でみつけたゴキブリの話になり…。家に帰ったEさんは「カミキリムシとゴキブリってどこが違うんだっけ？」とふと思い返し…。記憶を引き出して整理して、何かの時のためにしまい込むのもDMNです。そして、脳が情報の整理をしている間、子どもたちはゴキブリやカミキリムシの夢を見るかもしれません。

　DMNの働きは大切ですが、たとえば、思い出したくない過去をくりかえし思い出し、記憶にとらわれたら、鬱などの状態につながるリスクもあります[4]。安全上、注意を向けるべき時にぼんやりするのも危険です。朝、「いつも通り」行動したはずが、自動操縦状態ゆえにバッグの中へテレビのリモコンを入れてしまったら（スマートフォンを入れたつもりなのに！）困りものです。でも、どれもすべてDMN優位な人間の脳としては当然ですから、「考えすぎる人がおかしい」「注意を向けられない自分がいけない」で終わらせるのではなく、適切で必要な方策を使えば、改善もリスクの回避も可能です。
　他方、未就学児は脳の基盤となるDMN自体が育つ過程にあり[5]、「自分の外に設定され

た目標のある作業」をできるだけの基本的な注意のスキルやワーキング・メモリも、DMNを基礎にして育とうとしているところです。fMRIを用いて脳の発達を長期追跡した研究からは、小学校の時期、徐々にDMNの回路がおとなと同じ形に近づき、それが認知機能や注意、問題解決、実行機能などを司る回路の発達を後押しする様子が明らかになり始めています[6]。

## DMNと創造力。退屈が何かを生み出す力

　DMNは人類の進化の礎、すなわち創造力の源でもあります。DMNという概念が示されたのは2001年、その後、いわゆる「夢想 daydreaming」の状態が創造力とつながっており、その基礎にDMNがあるとわかってきました。創造力は情報を集め、どんどん広げていき、無関係に見える部分もつなぎ合わせ、収斂させて問題解決の方法や新しい方法をつくっていく過程ですから、意識の表面にある内容にとらわれることなく自由に考えをたゆたわせる（mind-wandering）DMNの働きが基盤にあるのです。

　そして、2021年に出た論文は、DMNの働きが創造力に直接、因果関係として影響する事実を初めて示しました。対象は、腫瘍を切除するために部分麻酔で開頭手術を受ける患者13人。まず手術前に創造力のテストを受けてもらい（ベースライン値）、その後の手術中、DMNに特異な部位とDMNとは無関係な部位に刺激を与えて、再び創造力のテストをさせました。テストは、一般的に使われている「示された物の使い道を可能な限りたくさん考え出す」ものです（例：レンガ１つ。クリップ１つ）。結果、テストの点数に影響したのはDMNの部位のみでした[7]。

　もうひとつ、並行して研究が進んでいる分野が「退屈と創造力」です。「退屈」も否定的にとらえられがちですが、退屈さはDMNの回路を活性化させ、創造力を後押しします。小説家のアガサ・クリスティは、「退屈さ以上に、何かを書こうという気持ちにさせるものはありません。16歳か17歳までの間に私は短編を何本かと、つまらない長編１本を書いていました」と1955年のインタビューで言っています[8]。

　たとえば、実験で退屈な作業（電話帳を書き写す）を15分間した人たちは、この作業をしていない人たちよりも、上の脳の実験（2021年）で使われたのと同じ創造力のテストで回答（アイディア）をたくさん出しました。アイディアとしてはさほど際立っていなかったようですが、数では有意に多かったのです。さらに、電話帳を書き写すよりも負荷が低く、退屈で、夢想がいっそう起こりやすいであろう「電話帳を15分間読む」と比べ

たところ、「電話帳を書き写す」群と「読む」群とでアイディアの量は差がなかったものの、その後にした「複数の言葉から連想されるひとつの言葉を当てる」テストでは、「電話帳を読む」群で点数が高くなりました[9]。後者のテストは創造力のうち、「情報を集めて問題解決の答えを出す」側面を測っています。

　未就学児期の脳は、意識的に注意を向けて「自分の外に設定された目標のある作業」をできるまでには育っておらず、だからこそ、突拍子もないアイディアを次々と口に出す、創造的な時期です。ゆえに、上のような実験はできません。けれども、日々育つ脳の中で起きていることはおとなと同じ…どころか、一つひとつの感覚刺激や感情、周囲とのやりとり、聞く言葉が子どもの脳で起こす変化はおとなの脳とは比べものにならないくらい大きいのです。

　たとえば、窓をたたく雨をぼんやり眺めているだけに見える子どもの脳は、見ているものや聞いた音をどんどん吸い込み、脳の中にすでにある情報とつなげる作業を（無意識に）しています。園のウッドデッキに座って足をぶらぶらさせている子どもは、足の感覚を感じながら、あちこちを（無意識に）見ています。今、特にすることがないからこそ、子どもは自分のまわりを観察し、働きかけ、人や環境とやりとりし、脳に情報を取り込み、脳の中で情報を整理し直す時間を手に入れます。実はおとなも同じです。

　おとなのものさしで「子どもが何もしていない」「つまらなさそうにしている」※と見えても、子どもは窓をつたう雨や自分の足の動き、足の向こうに見えるアリの行列に（無意識に）注意を向けており、脳の中では神経細胞のつなぎ合わせ、つなぎ替え、刈り込みが想像を絶する速度で続いています。そして、子どもはウッドデッキから降りて、他の子どもと一緒にアリの行列を追いかけ始めるかもしれません。窓を内側からこすり、こすっても水が動かないと気づいて、不思議そうな表情でおとなを見るかもしれません。「窓をちょっと開けて、外を触ってごらん」、子どもは窓の外側の水に触れ、流れるしずくを止めたり流したり…。

　今、興味をひかれているもの、ほぼそれだけから五感の情報や知識、言葉を吸収していく乳幼児にとっては、こうしたすべてが不可欠です。それぞれの子どもの脳は、今、自分に一番合っているものを選び取ります。ところが、おとなは「おもしろい絵本を読むよ。こっちへ来て」「今日はこの塗り絵をしよう」と、さまざまな活動を用意して、おとなのものさしで測った「遊びこむ」「楽しい」「学んでいる」状態に子どもをしようと仕向けます。それよりもずっと大切なのは…？

## 「退屈」が変わり、消えていくリスク

　J.K.ローリングが『ハリー・ポッター』の主役の少年を思いついたのは、1990年、住む所を探しに行ったマンチェスターからロンドンまで4時間、電車に揺られていた時だったそうです。「ペンを持っておらず、まわりの人に貸してもらうこともできなかったのですが、今思えば、（書き留められなかったから）4時間ずっと、本のアイディアを考え続けることができたのだと思います」[8]。アイディアをぼんやりと広げ続ける代わりにその場でメモに書き留め、すぐに別の何かを考え始めてしまっていたら、それ以上の広がりは起きなかったかもしれません。

　記事はこう続きます。「もし、ローリングがiPadを持っていて、そこにドラマ『ふつうの人々』12話の動画が全部入っていたら、あるいはツイッターを延々と読める状態だったら、つまり、窓の外をぼんやり見続ける以外にすることがあったら、ハリー・ポッターは彼女の心に現れると同時に消えてしまっていたかもしれない」。これはまさに今、脳発達や子どもの成長発達、創造力といったさまざまな分野の専門家が懸念している問題です[10]。2010年代に入ってスマートフォンやタブレットが急速に普及、デジタル・メディアが日常に入り込んだために退屈の意味が変わり、従来とは違う意味あいの退屈が増すことで起きている問題です。

　まずは2010年代よりも前の話です。
　2012年、それまでは領域ごとにバラバラだった研究をまとめ、「退屈」を定義する重要な論文が出ました。この論文は退屈を「不快な感情で、これが起こるのは（a）自分の心の中にある情報（考えや感情）や外界の情報（環境から来る刺激）に注意を向けて取り組むことがうまくできず、その情報を必要とする活動に満足いく形で参加できない時、（b）ある活動に注意を向けて取り組めず、活動に満足いく形で参加できていない、という事実に意識が向いている時、（c）この否定的な状態は環境が原因だと考えている時」[11]と定義しています。

　飛び級がない社会で育っているギフテッド・チャイルド（gifted child）を例にとるとわかりやすいでしょうか。高校レベルの数学を理解している子どもにとって小学校の算数の授業はあまりにも簡単すぎて、教室にいても注意を向けられず、取り組めません。授業に参加できない現実を意識して「退屈」してしまいます。この種の退屈は、飛び級がない環境そのものが問題で、退屈している子どもにはどうしようもないのですが…。
　保育園の情景で言うと、たとえば、他の子どもがしている活動に加わりたいとその時は

思わず、いつも見ている恐竜の図鑑も見る気にならない（aの状態）5歳児が、「なんかつまらない」と感じる（bの状態）、これが「退屈」です。でも、この状態は悪いことではありません。まわりに目を向けて、何かを始めようとする動機になるからです。この子がふと外を見ると雨粒が窓をつたい、下へ行くほど粒がつながって流れになっている、「なんだろう？　よく見てみよう」…。わざわざ、「つまらないから、新しいもの、楽しいことを見つけなきゃ」と意識的に考えるわけではなく、脳のDMNがこの流れをつくってくれます。子どもであれおとなであれ、退屈の価値が言われ始めたのは、ここです。まわりを見まわし、自分の心の中をのぞき込み、何かないかな？と（無意識に）探し、思いもよらなかった対象に注意を向け、何かを広げるきっかけが生まれます。

　ところが、スマートフォンとデジタル・メディアの普及は、こうした「退屈」を減らしています。今は、情報や刺激を反芻したり整理したりする間もなく、従来の意味で退屈する間もなく、大量の刺激と情報が流れ込みます。刺激のない状態を「退屈」と感じたり、退屈という感情自体を恐怖に感じたりする状態が生まれつつあるのです。

　影響がはっきりしているのは、第二次性徴期（思春期）です[12]。脳はまだ発達途上で、「心の理論」も育つ途中、そのうえ「まわり（特に友だち）から自分がどう見えるか」をもっとも気にするこの年齢層にとって、ソーシャル・ネットワーキング・サービス（SNS）が精神的な負担になっている問題は世界的に知られています。SNSで人が常につながった状態になることで、自分や他人の感情、かかわりを振り返り、自分で考えるDMNの機能はある意味、乗っ取られ、振り回されます。一方で、いろいろなことが頭に思い浮かぶ状態（DMNの機能そのもの）に耐えられない、外界の刺激が少ない状態に耐えられないとなれば、強迫的にネットを使う行動にもつながるでしょう。2003年以降に発表された59研究をまとめたメタ分析によると、「退屈」の程度とデジタル・メディア使用（問題となる程度の使用も含む）は比例していました[13]。

　ただ、デジタル・メディアの使用と退屈さの因果関係は、まだ明らかではありません。デジタル・メディアを使うから退屈（刺激の少ない状態）に耐えられなくなるのか、刺激が必要だからデジタル・メディアを使うのか、どちらの向きのほうが強いのかは、今後の研究課題です（「退屈」も2012年の定義を用いるのか、「刺激がない（足りない）状態」と定義するかで、結果が変わるでしょう）。

　似たような側面では、因果関係が見つかっています。
　「東京ティーンコホート」の追跡研究（2012年10月と2015年1月）で、保護者の回答

をもとに3,007人の小学生（2012年時点で平均9歳8か月）を調べたところ、スマートフォン／ネット依存状態は、注意欠陥／多動の症状、鬱症状と、両方向の因果関係で比例していました。つまり、2012年の時点でスマートフォン／ネット依存状態だった子どもは2015年の時点で注意欠陥／多動である確率が高く、逆に2012年の時点で注意欠陥／多動の症状が報告された子どもは2015年の時点でスマートフォン／ネット依存である確率が高かったのです。同様の双方向因果関係は、スマートフォン／ネット依存と鬱症状の間でも見られました[14]。

「なにかしらの症状があるからスマートフォン／ネットに依存する」という方向だけでなく、スマートフォン／ネット依存が注意欠陥／多動、鬱の一因になってもいるのであれば、依存を減らすことで、注意欠陥／多動、鬱の症状を呈する子どもを減らせる可能性を示唆します。


乳幼児については、動画などを見ることがDMNの発達やその他の脳発達にどう影響するか、研究が始まったばかりです。ただし、デジタル・メディアを見る時間が増えた結果、直接のやりとりが減り、感情の認知や注意、言語を司る部位の発達が弱くなっている事実は、すでに明らかです[10]。

たとえば、東北大学と浜松医科大学の研究グループが2023年夏に発表した論文は、母子7,097組を追跡（2013〜2017年）、一定の因果関係を示した初の研究として世界で注目を集めました。デジタル機器を見る時間（スクリーン・タイム）が1歳時に「1日1時間未満」だった群（全体の48.5%）と比べると、それ以上の群では2歳時、そして4歳時にコミュニケーション・スキル、問題解決スキルの遅れが見られるリスクが統計学的に有意に上がりました。特に、スクリーン・タイムが1歳時に「1日4時間以上」だった群でリスクの上がり方が顕著でした[15, 16]。

「子どもはスマートフォンを使うな」と言う専門家はいませんし、おとなと子どもが一緒に使う価値はどの専門家も支持しています[10]。でも、今のところ、乳幼児を育てるのは「生身のおとなとのやりとり」だという点は明白です。「お父さん」「お母さん」と呼びかけ、注意をひこうとする子ども。それを無視し、叱るおとな。この姿は2014年に発表され、一連の研究の嚆矢となった有名な観察研究でも描かれています[17] ※※。子どもは応えが返ってこないことに慣れていくのでしょうけれども、やりとりが少ないなかで子どもの脳がどう育つのか、研究を待たずとも私たちは考えられるはずです。

※乳幼児の事故の際、「子どもがいたずらをして」と言われるのも同様。おとなの価値観で「学習」「遊び」「いたずら」「つまらなさそう」「楽しそう」と分類しているが、乳幼児の脳は分類などに気にしない。常に世界とかかわり、すべてを吸収しているだけ。

※※３人の研究者が、ボストン市内の複数のファスト・フード店で親子のグループを離れた所から観察（保護者１人に０～10歳の子ども。計55組）。「保護者はデジタル機器と子ども、どちらと主たるかかわりをしているか」「デジタル使用の頻度、時間、使い方」「子どもは、自分で遊んでいるか、保護者の注意をひこうとしているか」「保護者が子どもの行動にどう対応しているか」「デジタル機器を保護者だけで使っているか、子どもと一緒に使っているか」などをスコア化。観察した55組中40組は保護者が食事中にデジタル機器を使っており、使っていないグループに比べ、「子どもに対する反応が減る」「子どもとの会話が減り、子どもは静かに受け身」「子どもの行動が大きくなり、デジタル機器を使っている保護者が大きな声で叱る」などが典型的な行動として観察された。

1) デフォルト・モード・ネットワーク（DMN）の概念を2001年に提唱したRaichle, M.E.（米国）によるScientific Americanの記事. (2010/3/1). The Brain's Dark Energy.

2) Spreng, R.N. 他（カナダ）によるメタ分析. (2008). The common neural basis of autobiographical memory, prospection, navigation, Theory of Mind, and the default mode: A quantitative meta-analysis.

3) Vatansevera, D. 他（英国）による研究論文. (2017). Default mode contributions to automated information processing.

4) Smallwood, J. 他（ドイツ、米国）によるレビュー論文. (2013). Not all minds that wander are lost: The importance of a balanced perspective on the mind-wandering state.

5) Xiao, Y. 他（中国、ドイツ）による研究論文. (2015). The development of the intrinsic functional connectivity of default network subsystems from age 3 to 5.

6) Chen, M. 他（中国、米国）による研究論文. (2023). Default mode network scaffolds immature frontoparietal network in cognitive development.

7) Shofty, B. 他（イスラエル、米国）による研究論文. (2022). The default network is causally linked to creative thinking.

8) 英国BBCの記事. (2020/5/22). How boredom can spark creativity.

9) Mann, S. 他（英国）による研究論文. (2014). Does being bored make us more creative?

10) 2020年に開かれた「子どもとデジタル機器」の会議に集まった欧米、中東の多分野の専門家がまとめたレポート. (2024). Digital media and developing Brains: Concerns and opportunities.

11) Eastwood, J.D. 他（カナダ）によるレビュー論文. (2012). The unengaged mind: Defining boredom in terms of attention.

12) 各種の資料や研究論文は全米小児科学会のCenter of Excellence on Social Media and Youth Mental Healthにまとめられている。

13) Camerini, A. 他（スイス、米国）によるレビューとメタ分析論文. (2023). Boredom and digital media use: A systematic review and meta-analysis.

14) Morita, M. 他（日本）による研究論文. (2022). Bidirectional relationship of problematic Internet use with hyperactivity/inattention and depressive symptoms in adolescents: A population-based cohort study.

15) Takahashi, I. 他（日本）による研究論文. (2023). Screen time at age 1 year and communication and problem-solving developmental delay at 2 and 4 Years.

16) 東北大学のプレス・リリース. (2023/8/22). 1歳時のスクリーンタイムが2歳・4歳時点の発達特性の一部と関連.

17) Radesky, J.S. 他（米国）による研究論文. (2014). Patterns of mobile device use by caregivers and children during meals in fast food restaurants.

# 「父親の育児参加」？？
# 「夫婦共育児」をお勧め

　「父親の育児参加」という言葉を最初に聞いた時、違和感を覚えました。いやいや、「参加」じゃないよね？　自分の子どもを育てるのに、「参加」ってなに？　むしろ「夫婦共働き」同様、「夫婦共育児」じゃない？と。我が息子も、幼少期からこう言い聞かせて育てました。「料理、洗濯、家事、育児ができないとお婿に行けませんよ」って（冗談半分ですが、かなり本気です）。

　実際、令和の時代になって、お父さんたちの姿を園でよく見るようになりました。まず入園検討のための見学もご夫婦で。見学はだいたい平日の午前中にもかかわらず、です。さらに、当園は入園進級式が４月１日で、１日が土日の場合はその直後の月曜日、といったぐあいに平日開催ですが、これもご夫婦で参加の方が圧倒的に多い。20年前には考えられないことでした。もちろん、お子さんの送迎にもお父さんたちの姿がかなり増えました。子育てに対するお父さんの意識も高いようにお見受けします。「やらされている」というより、「やって当然」「いや、むしろ進んでかかわりたい」といった感じで。「一日保育士体験」（次項）のお父さんの参加率も徐々に上がってきています。

　とは言うものの、「イクメン」「男性の育児休業取得」など、共育児のためのキャンペーンや国の施策などは展開されていますが、なかなか男女平等に育児とはいかないのが現実のようです…。原因は明らかで、社会的にまだまだ、男性の働き方改革が十分に進んでいるとは言えないからです。お父さんやプレお父さんである男性たちの意識はずいぶん変わってきたのに、社会がそれに追いついていないとは誠にもったいない。少子化が加速度的に進んでいる今だからこそ、「夫婦共育児」をあたりまえにできる社会になるよう、それぞれがそれぞれの場所で声を挙げることが必要だと思います。

　あと、お父さんたちにお願いです。この本を手に取って「子どもっておもしろい！」「育児って楽しいものなんだ！」と感じたら、ぜひ行動を。それがお母さんにとってどれだけ救いになることか。きっと惚れ直してくれますし、子どもたちが巣立った後もあなたのことを大切にしてくれるに違いありませんよ。お試しあれ。（髙木）

# 「うちの子、こんな感じなんだね！」
## ：一日保育士体験

「一日保育士体験」の
マニュアルは
「親心を育む会」のサイトに。
https://www.oyagokoro-hug.jp/

　当園では2007年度から、全家庭参加必須で保護者の「一日保育士体験」を行っています。読んで字のごとく、保護者さんに朝9時から夕方4時まで園の中にいていただき、保育補助として過ごしてもらう体験です。目的は、園の保育教育内容を理解していただくこと、お子さんが実際にどのような1日を園で過ごしているのかを見ていただくこと。体験後、「どんなふうに過ごしているのかがわかって安心した」という感想もたくさん聞きます。

　そして、この体験にはもうひとつ、大きな効果があります。それは「自分が園に来ることで、我が子が想像以上に喜んでくれる」という、親としての肯定感の上昇です。想像してみてください。参観の親を子どもが満面の笑みで喜んで迎えてくれる…だなんて、せいぜい小学校低学年くらいまでではないでしょうか。内心はうれしくても、「これ、うちのママとパパ！」なんて、お友だちに紹介してくれそうにはないですよね？

　私の娘が年長の時にちょうど、この「一日保育士体験」が始まり、父親が参加したのですけれども、帰宅後、「〇〇（娘の名前）がこんなにやきもちを焼くなんて思わなかった」とうれしそうに!?言うのです。日頃から父親になついているほうだと思ってはいましたが、保育補助として部屋にいる間、お友だちが父親に近寄ろうものなら、「〇〇ちゃんのパパなんだから！　ダメ！」と、目に涙をためながら立ちはだかっていたそうです。それだけでなく、たとえばカルタあそびで札がとれないと悔しがって泣く姿など、父親から見ても新鮮な娘の姿が見られたようです。「そうか、俺のこと、そんなに好きなのか～」と、ずーっとニマニマしていたのを鮮明に覚えています。

　そんな体験は、他の保護者さんもたくさんしているようです。「お母さん先生」も大人気ですが、「お父さん先生」の時には、体によじ登ったり、ダイナミックに遊んでもらったりと、子どもたちは大喜び。おとなになると、他人から熱烈歓迎される機会がどうしても減るのでしょうか、終了後の保護者さんたちの表情がなんとも言えずいい感じなのが、この体験の醍醐味だと思います。

　子どもを産んだからこそ、園に預けたからこそ、できる体験。親としての幸せをかみしめていただくためにも、すべての園に「一日保育士体験」が広まることを切に願っています。（髙木）

# 未就学児施設で長時間を過ごす影響は？
## ：日本独自の研究が必要

　米国の場合、低所得で社会的弱者の立場にいる保護者の子どもたちが就学前教育の機会を得ることには、その後の人生にわたる価値があるとわかっています。米国には他の先進国のような保育システムがなく、こうした層の子どもたちは小学校に入学するまで、家族などのもとで過ごすか、質の低い（それでも高額な）託児施設へ行くしかないのが現実だから、です（詳しくは『ペアレント・ネイション』に）。この層に「小学校へあがる準備」を保証すれば、中・高所得層との格差を縮める効果があります。

　日本政府も米国の研究などをもとに、「未就学児の保育・教育は有意義」と言ってきました※。けれども、米国は先進国の中でも特殊で、日本にあてはめることは困難です。日本の未就学児保育・教育は、「何と比べて」有意義なのでしょう？

　まず、今の日本の未就学児保育・教育は低所得層の子どもを支援するためではなく、すべての家庭を対象にしており、米国とはまったく違います。中・高所得層と低所得層を比べた米国のデータを持ってきて、「集団保育・教育には日本でも効果がある」とは言えないのです。それだけでなく、日本の保育施設は、保育時間が1日最低11時間と長時間です（幼稚園もいわゆる「預かり保育」で長時間化）。次項で示す通り、世界でも突出した長さです。長い時間、集団の中で、他人にケアされることに（何と比べて）価値があるのか、逆にリスクはないのか。こうした点を、保育の利用時間などで分けて比較した研究は日本にありません※※。

　以下、関連した研究結果を示します。こうした研究が日本でも不可欠です。

## 母親以外のおとなにケアされる時間の長さとアタッチメント

　アタッチメントの4つの型のうち、「無秩序型 disorganized」の子どもは、他の型に比べてさまざまな精神病理的問題をその後に持ちやすいようです。この知見をもとに、母親以外のおとなにケアされる時間の長さと、母親と子どもの間のアタッチメントの型の関係を調べた研究が2014年、アタッチメントの研究グループから発表されました[1]。まず、この研究で「母親以外」としているのは、他の人（たとえば父親）がアタッチメントの主

たる対象であってはいけないという意味ではありません。研究に必要な対象者数、特徴などの点で便宜上、「母親」集団を対象にしているという意味です。

　この研究ではまず、テキサス州オースティン市で行われた長期追跡研究（125組。第1子の出産1〜3か月前から7歳まで）で得られたデータを分析しました。生後7〜8か月の時点で母親以外にケアされていた時間を調べ、これが12〜15か月時点のアタッチメントの型（ストレンジ・シチュエーション法を用いて判断）とどう関係するかを見たもので、他にもアタッチメント、特に「無秩序型」の発現に寄与しうる次のような要因を分析に加えています。

- ・子どもの気質。生後3〜6週間の時点で、母親が質問紙で回答。
- ・アタッチメント関連の問題を母親自身が解消しないまま抱えているかどうか。半構造型インタビューで聞き取り。
- ・子どもを脅かす行動が母親に見られるか。たとえば、乳児の空間に突然侵入する（後ろから近づく、子どもの顔や喉の前で手を動かすなど）、普通ではない声を出す、子どもを物のように扱う、恐怖を感じたかのように子どもから離れるなど。生後8か月の時点で、30分間の観察を実験室で行う。

　結果を見ると、生後7〜8か月の時点で子どもが母親以外のおとなにケアされていた時間は平均週33.7時間で、週40時間以上が全体の51.9%、週50時間以上が28.3%、週60時間以上が12.3%でした（「40時間以上」には50時間以上、60時間以上も含み、「50時間以上」には60時間以上も含む）。母親以外で子どものケアをする人は、家族や近親者、ベビーシッター、個人宅で数人の子どもを預かる場所などでした。

　そして、週60時間以上、母親以外のおとなにケアされていた子どもは、生後12〜15か月時のアタッチメントが「無秩序型」になるリスクが上がりました[***]。一方、週50時間の群とそれ以下の群、週40時間の群とそれ以下の群を比べても、無秩序型の出現に有意差は見られませんでした。また、「母親以外のケア時間が60時間以上」とは無関係に、母親の「脅かし行動」が無秩序型アタッチメントのリスク因子になっていました。

　さらに、この研究グループは、米国子どもの健康と人間発達研究所（NICHD）のデータ（1,135家族。1991年）を使って同じ分析をし、オースティンの結果が特殊ではないという結論を得ました[****]。全米の医療機関で集めた母子のデータを用いても、週60時間の手前から「無秩序型」のリスクが上がり始め、60時間を超えるとそのリスクに有意差が見られたのです。ただし、リスクの上がり方は直線的ではなく、時間が長くなるにつれてリスクが幾何級数的（傾斜がだんだん険しくなっていく形）に上がっています。

この研究グループは論文の中で、「無秩序型ではあるものの、母親との間にアタッチメントは形成されており、長時間、離れていても乳児は母親を『ケアしてくれる人』とみなしている」と述べています。オースティンのデータで週60時間以上、他人に預けられている子どもが、主としてケアする特定の人（母親以外）と過ごす長さは平均47.1時間だったものの、母親とも平均週44.8時間は過ごしていたからです。ただ、子どもが母親を「主たるケア者（もっともケアをしてくれる人）」としてではなく、「二次的なケア者」とみなしている可能性は残るようです。そして、「二次的なケア者」でも、その人に対するアタッチメントが無秩序型であれば発達に影響を及ぼすことが離婚家庭（別居後に両者が養育をしている場合）の研究などからわかっている、この論文はそう書いています。

　母親（主たるケア者）以外が「非常に長い時間」（論文の題名に "very extensive" とある）、子どもをケアする影響を調べた研究はこれ以外にありません。日本で見ると、都市部を中心にして週60時間以上、保育施設、つまり保護者（母親、父親）以外がケアしている乳幼児は少なくありません。ここまで長い保育時間の国は珍しい事実を考えれば、日本でこそ、保育施設で過ごす時間と子どもの状態を比較した研究が求められます。

## ケアする人の数とアタッチメント

　子どもが保護者（上の研究では母親）を「主たるケア者」とみなしていないとしたら、誰が「主たるケア者」なのでしょう？　ここでもうひとつ、集団保育に関連して子どもと保護者のアタッチメントに影響を与える要因として挙げられているのが、保護者以外にその子どものケアをする人が何人いるか、です。

　これは子どもあたりの保育者の配置人数ではなく、その子どもをケアするおとなが「延べ」で何人いるか、です。たとえば、フルタイムの職員が少ない保育施設ではシフトを細かく組み、パートタイムの職員が入れ代わり立ち代わり保育をする形になりがちなため、配置人数は満たしていても、子どもから見た保育者の「延べ」人数は増えます。

　ケアするおとなが子どものまわりに複数いることは発達にとってプラスですが、子どもが安定したアタッチメントを形成する特定の対象は、少人数、必要です[2]。特に3歳頃までの時期、特定のおとなとの親密なやりとりを通じて、子どもはそのおとなが目の前にいなくても心の中にその人のイメージ（「安全基地」のイメージ）を持ち、安心して活動できるようになります。未就学施設でも限られた数の保育者とかかわり、そのなかにアタッチメントの対象が生まれることが大切です。ところが、仮に0歳児クラスの保育時間が1日11時間で、3人の担任がシフトでそれぞれ3回入れ替わったとすると、ケアする保育

者の人数は延べ９人です。残りの時間は保護者のもとにいるわけですが、これでは０歳児、１歳児の脳は落ち着いていられないでしょう。

　イスラエルで758人の０歳児を対象にした研究[3]では、生後１年間を母親のもと、親戚、ベビーシッター、個人宅で子どもを預かっている場所、センター（＝保育施設）のいずれで主に過ごしたか、さらに、主にケアするおとなの数が３人以上か１〜３人かで、アタッチメントの型を比較しました（母親の精神状態や子どもの気質、発育状態、母子のかかわり、母親と父親の関係など、アタッチメントに関係する他の因子も加味）。すると、生後12か月で不安定なアタッチメントと判断される確率が有意に上がったのは、ケアするおとなの数が多い保育施設で主に過ごす子どもでした。

　もちろん、同じ保育者２人が11時間、３人の０歳児を保育し続けたとしても（労働基準法違反ですが）、それだけで安定したアタッチメントが保証されるわけではありません。冒頭のカラー・ページで示したようなやりとりを２人がせず、脅かし行動や「安全基地」の感覚を傷つけるような行動をしていたら、安定したアタッチメントは形成されないのです。だからと言って、１日に１時間しか顔を合わせなくともその間のやりとりやかかわりが「完璧！」なら良いわけでもありません。質とともに量（特定のケア者と過ごす時間の長さ）も必須であることが、養護施設などで何十人もの職員のもと、育った子どもたちのアタッチメントの研究から明らかになっています[2]。質も量も欠けていたルーマニアの子どもたちの例を引くまでもないでしょう。

　日本の保育士配置は１人の保育士が１日８時間、保育をする前提で計算されています。ですが、現実には保育以外の仕事が大量にあり、機械やコンピュータに任せられる業務はきわめて限られています。実質的に配置は足りず、保育に専念する時間もつぎはぎになっている現状に目を向ければ、こうした研究を通じて、子どもの成長発達に及ぶ影響を理解し、対処する必要があります。

## 集団の中で過ごすストレス

　保育施設に限らず、家庭の外で保護者以外のおとなと過ごすことによるストレスは、唾液や尿に含まれるコルチゾール（いわゆる「ストレス・ホルモン」のひとつ）の濃度をもとに研究されてきました。コルチゾールは検体の採取が簡単で、かつ、ストレスの程度を示す良い指標です。

　とは言っても、ストレス自体、コルチゾール自体は悪者ではありません。あなたが目覚めて「さあ、今日も一日…」と活動をし始めるとコルチゾールは分泌されますし、「すご

く緊張していて心臓もドキドキしているけど、今日の発表、張り切るぞ！」という時にもコルチゾールはたっぷり分泌されます。このタイプのストレス（緊張）があるからこそ、おとなの私たちは意識を対象のできごとに向け、すべきことに取り組めるのです。緊張がゼロではできません。そして、ストレスの対象がなくなれば、コルチゾールの分泌も下がり、緊張もほどけます。

　問題はコルチゾールが慢性的に分泌し続けた場合、つまりストレスが長期にわたった時で、こうなれば、おとなでも心身のあらゆる面に悪影響をきたします。たとえば、妊娠中にコルチゾール濃度の高い状態が続くと、胎児期から成長発達に影響が出ます[4]。子どもが生活の中でストレス（貧困による影響、暴力、騒音や暑熱などの住環境の影響など）にさらされれば、成長発達に悪影響が生じるだけでなく、ストレスの引き金となるさまざまなできごとに対する脳の反応自体も変わり、その後の精神疾患や慢性疾患のリスクを上げます[5]。いずれも、20以上の研究から明らかです。


　保育施設で保護者以外のおとな、他の複数の子どもと生活することと、子どものストレス（≒コルチゾール分泌量）の関係は30年近く研究されています。米国で始まった研究ですが、その後、他国にも広がりました。未就学児保育・教育の価値は明白でも、その場所が子どものストレスの原因になるようでは本末転倒だからです。

　子どもが家庭にいる時と保育施設にいる時で、午前と午後のコルチゾール濃度（唾液）、午前から午後の変化などを比べた24本の研究（1998年以降）をまとめて分析し直した結果（2023年）は、以下の通りです。半数が北米（米国とカナダ）の研究、１本は韓国の研究、残りはヨーロッパです。同じオランダの研究グループは、2006年にも当時の９研究をもとに同様の分析を発表しています[6]。

・子どもが家庭にいる日と保育施設にいる日を比較すると、午前中のコルチゾール濃度に差はない。
・午後のコルチゾール濃度は、保育施設にいる時のほうが家にいる時よりも高い。保育施設におけるストレスの高さを示唆している。
・家庭にいる日は午後に向けてコルチゾール濃度が徐々に下がる（通常のコルチゾールの日内変動）けれども、保育施設にいる日は午前から午後に向けてコルチゾール濃度が上がる。保育施設ではストレスが上がっていることを示唆している。


　保育施設にいる間にコルチゾール濃度が上がる理由として、この論文は「保護者から離れているストレス」「複数のおとなや子どもの中で生活をするストレス」「さまざまなスト

レスが全体として子どもの許容量を越えている」などを挙げていますが、一方で、こうした要因は集団保育・教育の価値と裏表のもので、ゼロにはできないとも書いています。集団保育・教育の価値を維持しつつ、ストレスのリスクを下げる方法を考えるため、この研究グループは要因ごとの分析もしています。

・保育施設で過ごす時間が長いほど、午後のコルチゾール濃度が高く、この傾向は子どもが1日じゅう保育施設で過ごす米国で顕著に見られる（ヨーロッパは短時間保育が多い）。もうひとつ、米国の保育施設はヨーロッパよりも「学習」的なカリキュラムが多い傾向にあることも、子どものストレスを上げている可能性がある。ただし、これまでの研究では、「1日に過ごす時間の長さ」がストレス要因なのか、「（週、月に）保育施設で過ごす総時間」がストレス要因なのかははっきりしない。

・年齢が高い子どもほどコルチゾール濃度が高い傾向にある。幼い時期はかかわりが保育者との間に限られているのに対し、年齢が上がると他の子どもたちや複数のおとなとのかかわりが増えるためではないか。

・ストレスと関係があると考えられる「保育の質」は、コルチゾール濃度と比例しなかった。これは、分析した研究にある「保育の質」が建物や遊び場など環境面で、「人の質」ではなかったためであろう。あるいは、ほぼすべての研究対象がもともと中程度から高いレベルの施設であったために、関係が現れなかったのかもしれない。

・比例すると仮説を立てた、子どもの気質とコルチゾール濃度は関係しなかった。むずかしい気質の子どもは基準となるコルチゾール濃度が全体として高いために変化としては現れなかった可能性もある。また、保育の質がある程度確保されていると、気質は問題にならないのかもしれない。

・集団（クラス）の人数とコルチゾール濃度の間に関係は見られなかった。

## 話しかけの少なさ

　子どもと保育者のやりとりについては次項で書きますので、ここではやりとりを記録、分析する研究で広く用いられている機器、LENAの研究財団が2020年に発表した報告書[7]（複数研究をまとめたもの）の要点だけを書きます。報告書によると、9〜14歳の言語／認知スキル・テストの点数ともっとも強く比例したのは、生後18〜24か月に家庭でしていたやりとりの数でした。やりとりが40回／時を越えると比例関係が頭打ちになることから、研究グループは「1時間40回のやりとり」を推奨しています＊＊＊＊＊。

　家庭では1時間あたりのやりとりの数が、生後2〜11か月で平均約27回、12〜17か

月で約30回、18〜24か月で約34回、25〜36か月で約40回と増えるのに対し、施設型のチャイルドケアではそれぞれ約22回、約17回、約17回、約18回と少なく、かつ、増えないことがわかりました。後のテスト点数と強く相関する生後18〜24か月は、家庭の平均約34回に対して、チャイルドケアでは17回です。

　また、LENAの研究グループが6,000人以上の子どもを対象に調べたところでは、生後18〜24か月期、1時間あたり40回以上のやりとりをしていた子どもの割合はチャイルドケアで4％、家庭では34％でした。


　以上、4つの側面からまとめてみましたが、子どもが何時間も毎日、過ごす場所である以上、保育施設の環境面の質、人の質はきわめて重要です。他方、集団で生活する価値を具体的に示すとともに、リスクや子どもに対する影響も明らかにしていくことは、社会の責務でしょう。何年も後になって「長時間保育の結果、こんな問題が生じていた」とわかっても取り返しはつかないのですから。次項の通り、保育の質、特に「保育者の質」の定義を明確にしたうえで、各種の要因が子どもにどんな影響をもたらすのか、そして、短期・長期のマイナスの影響を減らし、プラスの効果を増やすにはどうすればいいのか、子育てと保育のシステム全体に活かせる研究が不可欠です。

※「未就学児教育　意義　ペリー　厚生労働省」といった検索語で検索すると、各種の報告資料が出てくる。
※※「親心を育む会」は長時間保育に関する研究を続けてきた。発表資料は同会サイトに（194ページ）。
※※※「60時間以上だと、無秩序型のリスクが上がる」であって、「無秩序型になる」わけではない。
※※※※特に米国では、教育や研究の目的で自由に使えるデータのセットが政府機関などから多数出ている。この研究のように、独自のデータで得られた結果の再現性を示す目的でも用いられる。
※※※※※「18〜24か月期だけ、やりとりをすればいい」という意味ではない。また、毎時40回を越えた家庭でも、そのようなやりとりは朝昼晩の計8時間程度で、1時間のうち約25分、集中的なやりとりが見られ、1分間に2〜3回、質の高いやりとりをしていたとのこと。

1）Hazen, N.L 他（米国）による研究論文. (2014). Very extensive nonmaternal care predicts mother–infant attachment disorganization: Convergent evidence from two samples.
2）Bakermans-Kranenburg, M.J（オランダ）によるレビュー論文. (2021). The limits of the attachment network.
3）Sagi, A. 他（イスラエル）による研究論文. (2002). Shedding further light on the effects of various types and quality of early child care on infant–mother attachment relationship:
The Haifa study of early child care.
4）Caparros-Gonzaleza, R.A. 他（スペイン、英国）によるレビュー論文. (2022). Cortisol levels versus self-report stress measures during pregnancy as predictors of adverse infant outcomes: a systematic review.
5）Bunea, I.M. 他（ルーマニア）によるメタ分析. (2017). Early-life adversity and cortisol response to social stress: A meta-analysis.
6）de Vet, S.M. 他（オランダ）によるメタ分析. (2023). Young children's cortisol levels at out-of-home child care: A meta-analysis.
7）LENA財団による報告書. (2020). Inside Early Talk.

# 「保育の質」から
# 「子育て、保育に使える証拠」へ

## 始まりは「保育の質」という言葉

　本書のきっかけのひとつは、2017年に実施した研究です[1]。「『保育の質』『保育の質』とよく耳にするけれども、何が『保育の質』なのか、保育者の意見は一致しているのだろうか？」。結論は一致どころか、あまりにバラバラでした。

　ところが、この研究で得られた発見を活かして、次の研究で保育者に具体的なアドバイスをしたところ、明らかな改善が見られたのです[2]。当時、私たちが「子育て、保育に使える証拠」として具体的に知っていたのは『3000万語の格差：赤ちゃんの脳をつくる、親と保育者の話しかけ』の内容だけでしたが、この証拠と研究手法を使うことで、その後、日本の保育者配置基準の問題も示してきました[3, 4]。そして、「最低限の保育の質（と子育ての質）と言えるものをはっきりさせ、保証するため、証拠がもっと必要だ」と考えるに至りました。

　保護者にとっても、「保育の質」の明確化は大切です。日本の保育施設は子どもが1日の半分以上、目覚めている時間の大部分を過ごす場所ですから、国や自治体、施設が「質の高い保育をしています」といくら言っても、中身が具体的にわからなければ不安で当然でしょう。でも、実際のところ、日本の「保育の質」はあいまいなままで来ました。「子育ての質」があいまいなままなのと同様に。

## 日本の保育・教育は「逆算」でできている

　一時期、「幼保一元化」という言葉があちこちで聞かれ、いつの間にか消えましたが、日本の未就学児施設をおおざっぱに分けると今もほぼ、「幼稚園」と「保育園」の2種類です。さらに、それぞれの成り立ちをこれまたおおざっぱに言うと、幼稚園は小学校へあがる準備をする場所として、保育園は家族が働いている間（当初は特に、農村地域の農繁期）に子どもを預かる場所として生まれました。

　小学校の準備として幼稚園が位置づけられていたことで、「5歳は幼い6歳」「4歳は幼

い５歳」「３歳は幼い４歳」という見方が基本となり、保育園が３歳未満の子どもたちも保育し始めるようになると「２歳は幼い３歳」「１歳は幼い２歳」「０歳は幼い１歳」となりました。はっきりとは言わないものの、成長発達は量的な変化ととらえられ、根底には「小学校へ行ったら困るから、５歳で○○ができないと」「３歳になって困るから、１歳で○○ができないと」といった逆算の考え方があるのです。

　しかしながら、本書で書いてきた通り、子どもの成長発達は逆算できません。成長発達は量的な変化ではなく、それぞれの段階の質的な変化です。０歳、１歳の間におとなとたっぷりかかわって脳も体も育つから、自己主張の塊である１〜３歳児が現れ、自己主張をして主体としての力を身につけるから、他の子どもたちと話し、ケンカをし、協力する４、５歳児が現れ、他人の意見と自分の意見のバランスをとる練習をするから、その後の社会的な成長が起こります。成長発達はそれぞれの段階でまったく異なる「質」の変化が起こりながら、前に進んでいくものです。

　成長発達を量的な変化とみなして逆算すると、今も未就学児施設で聞かれる「45分間、座っていられないと小学校で困るから、３歳以上児は授業をする」や「３歳児クラスになって保育者の話を静かに聞けないと困るから、１歳も２歳も座って集中して話を聞く練習をする」になります。でも、数々の証拠をお読みになれば、こうした取り組みの誤りはおわかりでしょう。小学校で必須なスキルは「じっと座って、教師の話を黙って聞くこと」ではなく、「自ら興味を持ち、注意を向け、理解すること」であり、そのために必要なのは「座って、保育者の話を聞く練習」ではありません。もちろん、叱り続ければ、１歳児も黙って保育者の話を聞きます。ただし、これは話を聞いているように見えるだけですし、恐怖をもとに育てた１歳児が後にどうなるかは容易に想像できます。

## 保護者支援が前面に出た「エンゼルプラン」

　「保育の質」という点でひとつ、日本の大きな転換点となったのは、1990年以降の「エンゼルプラン」だと言われています。保護者の雇用確保、保護者の子育て支援としての保育の役割が打ち出され、その後のいわゆる「待機児童問題」へとつながり、さらには、新型コロナウイルス感染症の世界的流行中に先進国で唯一、日本だけで起きた「経済を回すため、保育園は開所」のような流れにつながりました。保護者のニーズ…、と言うよりは保護者を雇用している職場や産業界の要請と、「子育て中であっても、子育てなどしていないかのように働け」と言いたげなこの文化の要求に沿って保育の「量」が増え、質がなおざりにされていった過程です。

未就学児施設はもともと、ステークホルダー（利害関係者）が二層構造になっている特殊な産業です。保育本来のステークホルダーは子どもですが、未就学児は自分が受けている保育というサービス※の質を判断できません。他方、二次的なステークホルダーが保護者です。保護者の利害は従来、子どもの利害と一致、あるいは一致しないまでも子どもの利害に追従してきました。ところが、エンゼルプランで「保護者」が前面に出た結果、子どもの利害と保護者の利害が相反する事態すら見られるようになってきたのです。

　「保護者が自分勝手になった」と言っているわけではありません。２段落前に書いた通り、この社会が「子どもの成長発達は真の意味で社会全体が支えるべきもの、すべてに優先させるべきもの」とみなしていない、そこに問題の根はあります。自分で子どもを育てたくてもできない状況、「保育園に預けて働け」と言われたら拒否できない状況に保護者を追い詰めてきたのが、この30年間だったとも言えるでしょう。そして、保育者よりもはるか以前に保護者こそが子どもを育てる中心にいなければならないという、世界が過去数十年の間に積みあげてきた証拠を日本の保護者が知らされずにきた。これも大きな問題です（本書で挙げている証拠は学術論文ですが、ほぼすべての内容が英語のインターネットのニュースや保護者向けの情報サイトなどで取りあげられています）。

## 世界最長クラスの長時間保育

　保護者のニーズに応える流れは、保育の長時間化ももたらしました。日本のシステムは「預けるか預けないか」ですから、認可保育園に入園すれば既定の時間（最低11時間＋安価な朝晩の延長保育時間）を最大限に使うことができます。他の先進国で見られる「○○時間までは無料で、それ以上は所得に応じて有料」という形とは異なります。

　図１に示す通り、いわゆる先進国（OECD）とヨーロッパ諸国（EU加盟国）の保育施設利用時間は平均週30時間で、もっとも長いリトアニアでも週40時間です[5]。これは保育施設が開いている時間ではなく、利用時間です。教育システムの模範のように言われるスウェーデンやフィンランドは35時間に届きません。５日で割ると１日６時間強。もちろん、フィンランドにもスウェーデンにも24時間の保育施設はあります。

　では、日本の保育所平均利用時間は？　週11時間×５日だったとしても55時間。50時間をゆうに超えるであろうことは、想像に難くありません。このグラフの中に「50時間以上」を置いてみてください。明らかに、日本は突出しています。ちなみに、米国には日本やヨーロッパ諸国のような保育システムがないので、グラフには入っていません。日本は利用時間ではなく開所時間で運営しているため、統計に含まれていないようです。

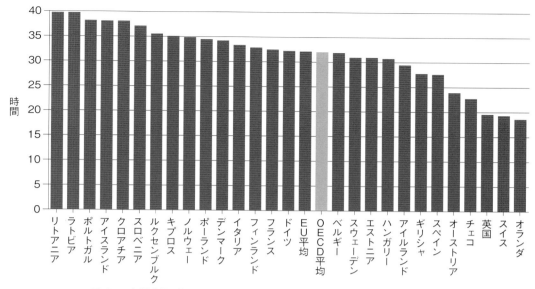

**図1　未就学児施設の週平均利用時間**
（0～2歳。2020年またはそれまでの最新の各国データによる。OECD、2023）

## 「保育の質」とは？：最初の実験[1]

　保育の「量」が多い（長時間保育）のであれば、質の保証は不可欠になります。子どもは、目覚めている時間のほぼすべてを保育の場で保育者と過ごすわけですから。

　ところで、「保育の質」という言葉は共通した意味あいで使われているのでしょうか？　特定の保育者の行動、言動を見た時の「保育の質が高い、低い」という評価は保育者の間である程度定まっているのでしょうか？　一定でないなら、質の保証は最初の一歩でつまずくことになります。どんな保育・教育をしていても「私たちの園は質が高い」と言ってしまえるからです。そして、私たちが実験で得た答えは、「一定ではなく、保育者によってバラバラ」でした。

　実験のために、まず、私たち自身がこの実験において言う「保育の質」を定義する必要がありました。科学的な研究における「作業上の定義 operational definition」[**]です。これが広義の「保育の質」だとは言っていません。あくまでも、この実験で使った定義です。以下のように決めました。

　大カッコ〔〕の中は保育者の行動と言葉を評価する側が使う選択肢で、後者が「より良い」ものです。こうした定義をしたのは、『3000万語の格差』に書かれている通り、お

とな（この場合は保育者）から子どもへの話しかけは、数だけでなく質も重要だと考えたためです。もちろん、ここで「ネガティブ」「明るい」「人間的」などの定義は？とお思いになるでしょう。この研究の目的は、よく使われるこうした言葉を用いた時に評価が一致するかどうかを見ることでしたので、解釈は評価者に任せました。

　ア．保育者から子どもに対する言葉かけの…
　　・内容が…〔ネガティブ　対　ポジティブ〕
　　・トーンが…〔暗い　対　明るい〕〔機械的　対　人間的〕
　イ．保育者から子どもに対する行動
　　・子どもの顔を〔見ていない　対　見ている〕
　　・行動が〔保育者主体　対　子ども主体〕
　ウ．保育者の独り言
　　・この独り言は〔保育者の感情の発露　対　確認の言葉〕
　　・その言葉のトーンが〔ネガティブ　対　ポジティブ〕
　　・トーンが〔ネガティブ　対　ポジティブ〕
　エ．他の保育者に対する言葉
　　・トーンが〔ネガティブ　対　ポジティブ〕


　この実験で「質」の検討対象になったのは、３人の保育者（保育士資格保有者）です。それぞれが０歳児の食事を介助している場面を１時間ずつ録画して、そこから20分間を切り出し、言葉と行動をすべて書き起こしました。そして、20分間×３人分の動画を見ながら、認可保育施設６園の園長と主任合計５〜６人が「質」を評価しました。
　また、保育者の言葉、行動一つひとつだけではなく、その保育者の20分間全体も評価するため、次の６つの質問も用意しました。こちらは二択ではなく、〔とても低い〕から〔とても高い〕の６点尺度のうち、あてはまる位置を選びます[***]。
　　・子どもに対する言葉かけの質は〔とても低い〕〜〔とても高い〕
　　・子どもとのやりとりの質は〔とても低い〕〜〔とても高い〕
　　・子どもに合わせた食事の進め方の質は〔とても低い〕〜〔とても高い〕
　　・他の保育者との連携の質は〔とても低い〕〜〔とても高い〕
　　・この保育者が行った環境設定の質（椅子やテーブルの位置、座る位置）は〔とても低い〕〜〔とても高い〕
　　・（最後に、この状況を見た限りにおいて、私のこの保育者に対する評定は）保育者として質が〔とても低い〕〜〔とても高い〕

6つの質問についても、「言葉かけの質」とは何を指しているのか、「子どもに合わせた」とはどういう意味か、「連携」とはなど、定義があいまいに見えるでしょう。質問に対する評価者の回答が一致するかどうかを見ることが目的のため、あいまいな、でも保育現場では日常的に使われる言葉をわざわざ使いました。

## 「保育の質」は見る人によって異なる

　結果を示します。図２は、６つの質問を用いて、保育者Ａ、Ｂ、Ｃの保育を５人または６人の評価者が評価した時の平均値を示しています。平均値を見ると「連携」以外、Ｂさんがどれも高い値を示しています。Ｂさんは３人の中で子どもにかけた言葉の数がもっとも多く、かけた言葉のうち４割は「ポジティブ」と評価されていました。

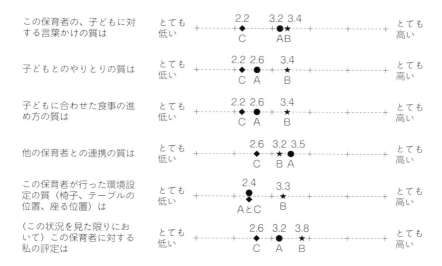

図２　３人の保育者に対する６人（または５人）の評価（平均値）

　ところが…。統計学的な検定をしてみると、ＢさんとＡさん、ＢさんとＣさんの平均点が１点以上と大きく違っている項目でさえ、その違いは「統計学的に有意」（＝偶然以上の確率で差がある）ではありません。なぜでしょうか。実は、平均点は嘘をつくのです[****]。図３の（Ａ）、（Ｂ）、（Ｃ）を見てください。こちらは、評価者の評価点をすべてそのまま回答尺度の上に記したものです。

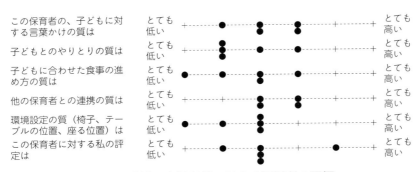

図3の（A）　A保育者に対する評価者の評価

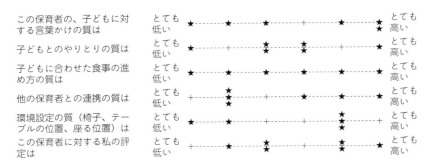

図3の（B）　B保育者に対する評価者の評価

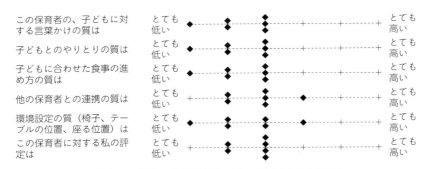

図3の（C）　C保育者に対する評価者の評価

　Aさん、Cさんに比べ、Bさんの点が大きくばらついていることがわかります。同じ行動を見ているにもかかわらず、尺度の上で一番高い点数をつけている評価者もいれば、一番低い点数をつけている評価者もいる。もっとも高い点数をつけている評価者もいるため、平均点としてはAさん、Cさんよりも高くなるけれども、点数が１か所に集まっていない（ばらついている）。だから、Aさん、Cさんに比べてはっきり高いとは言えない（「統計

学的に有意にBさんの平均値が高い」と言えない）のです。

　さらに、Bさんが子どもにかけた言葉一つひとつを見ると、評価者によって評価がまったく異なるものがたくさんありました。つまり、子どもにかけた言葉の数は多かったものの、Bさんの言葉の内容の多くは、それを聞く保育者によってはポジティブに聞こえたりネガティブに聞こえたりしたわけです。

　たった3人の保育者を5～6人の保育者が評価しただけでも、「保育の質」は一致しませんでした。ちなみに、この6人の園長、主任に声をかけたのは同一人物です。ですから、保育に対する見方は声をかけた人とそれほど大きく違っていないと考えられます。それでも、これだけの違いが見られました。さらに、保育者AさんとCさんについても、Bさんほどではないものの、評価はバラバラです。「保育の質」と日常的に言われているものは、保育現場にいる一人ひとり、それを評価する一人ひとりによっても異なっていると考えるべきだという結果です。「保育の質」は、あいまいな言葉なのです。

## 違いの中に見られた共通点を活かす：2つめの実験[2]

　そうは言っても、3人の保育者に対する評価がことごとく違ったわけではありません。共通点はありました。そこで私たちが次にしたことは、評価者が共通して「良い」と評価した行動を「最低限の保育の質」と名づけ、それを保育の指導に活かしてみる実験でした。
　最初の研究で得られた「最低限の保育の質」の共通点は、次の通りです。
1）言葉の内容が「ポジティブ」で、声のトーンが「明るい」。
2）保育者主導ではなく、子どもが主体となるかかわりをしている。つまり、子どもに食事を食べさせるのではなく、子どもが食べたいものを食べるようにする。
3）「子ども主体」にするため、子どもと視線を合わせてかかわる、または、子どもと視線を共有してかかわる（3項関係の共同注意）。

　実験ではまず、異なる園で新しく保育者として働き始めた3人が0歳児の食事を介助している場面をそれぞれの園で録画、その録画を一緒に見ながら経験の長い園長（3人の保育者とは面識なし）が具体的に「こうしてみては？」と伝えました（介入）。その後、保育者に介入前と同じ0歳児の食事を介助してもらい、介入前後を比べました。今回も、1人の保育者あたり6人の園長、主任が動画を見て評価をしています。
　3人の保育者にそれぞれ伝えた内容は、次の通りです。

1）言葉かけの数を増やしてください。具体的には「給食メニューの紹介」「食材の食

**表1　言葉の数と、介入による増加**

| | 保育者A<br>保育者1人に子ども1人 | | 保育者B<br>保育者1人に子ども2人 | | 保育者C<br>保育者1人に子ども3人 | |
| --- | --- | --- | --- | --- | --- | --- |
| | 介入前 | 介入後 | 介入前 | 介入後 | 介入前 | 介入後 |
| 発した言葉の総数 | 54 | 104 | 152 | 225 | 153 | 157 |
| | **1.9倍** | | **1.5倍** | | **1.0倍** | |
| 子どもに向けた言葉の数（＊）と、発した言葉に占める割合（%） | 46（85%） | 98（94%） | 92（61%） | 147（65%） | 119（78%） | 126（80%） |
| | **数は2.1倍、%は1.1倍に増** | | **1.6倍、1.1倍** | | **1.1倍、変化なし** | |

＊評定者4人以上が「子どもに向けた言葉」とした言葉

感や温度、味など」。言葉に困ったときには、目の前の状況を子どもに説明するように話してください。（言葉かけを増やすため）

2）できるだけ子どもが食べたい順番で食べてもらってください。具体的には、子どもに給食内容を見えるようにし、子どもにどれを食べたいか聞いてください。（子ども主体のかかわりを促すため）

3）できるだけ子どもと視線を合わせて言葉かけをしてください。（子どもと視線を合わせたかかわり、3項関係の構築を促すため）

計画したわけではありませんが、偶然、3人の保育者の実験条件は異なりました。保育者Aさんが介助したのは0歳児1人でしたが、Bさんは2人、Cさんは3人の昼食を介助していました。

言葉かけの数（表1）を見ると、保育者Aさんは介入後の言葉かけの数が介入前の1.9倍に増え、Bさんも1.5倍に増えましたが、Cさんは1.0倍（＝前後で変化なし）でした。保育者Aさんは、介入前の言葉かけがとても少なかったのですが、「具体的にこういうことを言って」と伝えた結果、言葉の数が増えました。単に増えただけでなく、Aさんの言葉の中で「ポジティブ」と評価された割合は9%（介入前）から59%（介入後）に上がりました。「視線を子どもと共有している」「子どもが主体になっている」と評価されたかかわりも、介入後に圧倒的に増えました。

確かに、「保育者Aさんは介入前の言葉かけの質が低すぎたから、そのぶん、良くなったのだろう」とも考えられます。けれども、ここで重要なのはAさんが伸びた点だけではなく、表に示した通り、BさんはAさんほど伸びず、Cさんはまったく伸びなかった点です。特に、保育者Cさんは介入前の評価も高く、言葉かけも多かったにもかかわらず、介入後はAさん、Bさんよりも下がった側面がいくつもありました。介入では、具体的に「こう

してみて」と伝えていましたから、もともと言葉かけができていたCさんなら、介入後、評価が上がりこそすれ、下がりはしなかったはずです。Bさんは介入後、（Aさんよりも）言葉の数が増え、評価も上がっているのですから。

　Cさんの言葉、行動に影響を与えた要因は何でしょうか。Aさん、Bさん、Cさんを比べてまず考えられるのは、一度に介助する子どもの数が多くなると、言葉をかける数、言葉の質、かかわりの質が下がる可能性です。特に０〜１歳の場合、食べるものもそれぞれ異なり、こまやかな介助が必要です。子どもが１人増えれば、そのぶん、介助は難しくなります。単純に考えても、子ども１人あたりの言葉の数で見れば、Aさんの54語（介入前）、104語（介入後）に対して、子ども２人を介助する保育者Bさんは152語（介入前）、225語（介入後）のそれぞれ２分の１、子ども３人のCさんは153語（介入前）、157語（介入後）のそれぞれ３分の１になります。

　そして、この実験で偶然に生じた「介助する子どもの数と言葉かけの質、数の違い」が、次の「１歳児３対１実験」につながりました。

　補足になりますが、この実験では「質」の見方が評価者間で一致したかどうかは検討していません。「声をかける」「子どもが選ぶようにする」「視線を合わせる」という３点が「最低限の保育の質」として不可欠だと最初に定義して、評価をする園長、主任にも伝えてあったからです。さらに、「評価者４人以上が合意した評価の数」だけを数えても評価の「高い」「低い」ははっきりしました。「ここではこの３点を見て、最低限の保育の質を評価する」と定義すれば評価はある程度一致し、前の実験のように「質」の評価がバラバラになったりはしないことがわかります。

## １歳児を３対１、６対１で保育すると？：2019年の新潟県１歳児実験[3)]

　１歳児の保育が始まって以来、新潟県の保育士配置は県の裁量で３対１でした。それが変わるかもしれない、と聞いたのが2018年秋です。「国の１歳児配置基準の６対１と新潟県の３対１とでは保育の質が違うと示す研究はできませんか？」、そこで同じ研究の枠組みを用いて2019年夏、新潟県私立保育園・認定こども園連盟（日本保育協会新潟県支部）加盟園の協力のもと、１歳児クラスの食事を同じ保育者が３対１、６対１で介助した時の言葉かけを調べました。

　１歳児１人に対して３人の保育士を置いている園、合計16園、保育者計27人分のデータが得られました。

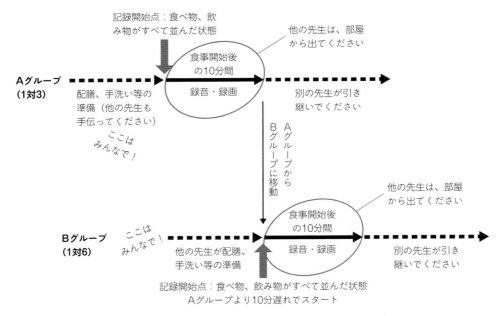

図4　新潟県で行った「1歳児3対1実験」の方法

　実験の流れは図4の通りです。ビデオとICレコーダーがあればどの施設でもできる方法（信頼性が高い方法[******]）です。3対1を先にするか、6対1を先にするかは、その園、その時によって異なるとし、常にどちらかが先になることを避けました（実験における「順序の効果」の回避）。

　まず、保育者が発した言葉の総数と、その中で子どもに向けて発した（と明らかにわかった）言葉の総数を示します（表2）。統計学的検定の結果、子どもに向けて発した言葉の総数は、子どもの数が6人の時と3人の時とで有意差が見られませんでした。つまり、子ども6人の時には1人あたりの言葉の数が3人の時の半分になるということです。

　未就学児保育の世界では時々、「子どもに対して保育者の数が多いと、子どもにかかわらなくなる」と聞きますが、この実験においてはそのような現象は見られず、ふだんの2倍の数の子どもの食事を介助した直後に3人の介助をした保育者であっても、言葉かけは減りませんでした（3人、6人のどちらが先でも、統計学的な有意差は見られず）。

　一方、言葉かけが多い保育者と少ない保育者を比べると、平均で2倍の違いがあります（表2）。ただしこの実験の場合、子どもではなく保育者が主体となって「おいしいね」「もぐもぐ」「これ、食べて」「食べないの？」と言い続けている時も言葉かけとして数えていますから、単に「言葉かけの数が多ければいい」でもないという点は記しておきたいと思います。

**表2　保育者が発した言葉の総数と、子どもに向けて発した言葉の総数**

| | | 子ども 3 人の時 | 子ども 6 人の時 |
|---|---|---|---|
| 保育者が発した言葉の総数 | 平均 | 201.7 | 203.6 |
| | 最も多い保育者 | 264 | 279 |
| | 最も少ない保育者 | 133 | 120 |
| 発した言葉のうち、子どもに向けた言葉の総数 | 平均 | 192.4 | 188.7 |
| | 最も多い保育者 | 254 | 253 |
| | 最も少ない保育者 | 131 | 118 |

**表3　同じテーブル内での言葉かけの数のばらつき**

| | 子ども 3 人の時 | | 子ども 6 人の時 | |
|---|---|---|---|---|
| | テーブルの中で最も言葉かけが少なかった子どもへの言葉かけ | テーブルの中で最も言葉かけが多かった子どもへの言葉かけ | テーブルの中で最も言葉かけが少なかった子どもへの言葉かけ | テーブルの中で最も言葉かけが多かった子どもへの言葉かけ |
| 範囲 | 23〜69 | 61〜160 | 3〜34 | 28〜114 |
| 平均 | 41.7 | 86.3 | 12.4 | 61.6 |
| | （平均値で）2.1 倍 | | （平均値で）5.0 倍 | |

　保育者が 1 人の子どもにかけた言葉の数を平均すると、子ども 3 人の場合は平均64.1回（標準偏差24.7）、6 人の場合は31.5回（19.5）でした。1 分間あたりでは平均約 6 回、約 3 回です。けれども、平均値はここでも嘘をつきました。表3の通り、言葉をかけられた子どもと言葉をかけられなかった子どもの差がとても大きかったのです。

　子ども 3 人の介助をしている時、保育者が声をかける子どもとかけない子どもの言葉かけの差は平均で2.1倍、子ども 6 人では5.0倍ですが、平均ではなく個々のグループ（食事のテーブル）で見ると、差はもっと大きくなります。言葉かけの数にもっとも大きな差がみられた 3 人グループ（テーブル）の場合、言葉かけが一番少なかった子どもと一番多かった子の差は4.6倍（160語対35語）でしたが、6 人の場合、同じグループで言葉かけが最多の子どもと最少の子どもの差は最大18.0 倍（54語対 3 語）でした。そして、6 人の場合には、言葉かけの差が10倍以上になったグループが27グループ中 6 グループ（22%）あり、いずれのグループでも、もっとも言葉かけが少なかった子どもは10分間に10回以下の言葉しかかけられていませんでした。

０歳児同様、あるいは０歳児以上に、１歳児は口腔機能の発達、食事の内容、食物の苦手ぐあいが一人ひとり異なります。機嫌も毎日、違います。０歳以上に、自分で食べようとします。子どもが６人いれば、保育者は手伝うべき子どもや、いわゆる「手のかかる子ども」の所へ行かなければならなくなり、手伝う必要がさほどない子ども、自分で食べている子どもには声もかけられなくなります。一方、子どもが３人ならば、保育者が動く必要はほぼなく、全員が視野の中に入った状態で食事を続けられるでしょう。

　６対１では、子どもが保育者の視野の外に出てしまう、これは園で起こる深刻事故のひとつである食物の誤嚥窒息予防と対応の面でも、とても重要な発見です。０歳児、１歳児は誤嚥を起こしやすい時期ですが、食べ物が固形になるほど危険は増します。特に、０～１歳は「急に泣き出す」状態が起きがちで、その時に食べ物が口の中にあれば、誤嚥リスクは上がります。０歳児の国の配置基準は３対１ですが、１歳児は６対１。一人ひとりの食事を見ていられないどころか、子どもが視野から出てしまうのでは、保育者が誤嚥窒息にしばらく気づかない事態さえ起こりかねません。

　食事では、知覚すべてを使います。子どもにとっては全身を使う作業でもあります。そのうえに「おいしい」「楽しい」「満足」といった感情も伴います。子どもは「これ、なあに？」「おいしいよ！」「きらい！　食べたくない！」といったやりとりの間に、言葉も獲得していきます。なのに、一人で黙々と食べていたら…？　「手がかからないから」「一人で食べられるから」でいいのでしょうか？

　６対１と３対１、それぞれで食事の介助をしている時の自分と子どもたちの姿を録画で見て、新潟県の保育者の皆さんが一様にショックを受けていたことは言うまでもありません。ビデオにはいつも通り、「これ、おいしいよ！」「見て！」「あ、落としちゃった！」と保育者に向かって目を向け、手を伸ばし、働きかける子どもたちが写っていましたが、６人の子どもを介助している時の保育者には、その姿が視野にさえ入っていない場面が多々見られたのです。保育者が応えずにいると、子どもたちはじきに働きかけをやめて食事に戻りました。「え！　○○ちゃんが私に話しかけていたんだ！　気づかなかった」、実験に参加した園では、この日だけの様子だったのかもしれません。でも、日本の大半の保育施設ではこれが毎日のように起きている。保育者にとってもつらく、子どもたちにとっても深刻な現実が見えた実験でした。

## 新型コロナウイルス感染症流行の影響：2020年の新潟県１歳児実験[4]

　翌2020年、「では、１歳児４人に対して保育者１人ならどうか？」と考え、４対１と６対１を比較する実験を新潟県で行いました。国の基準６対１に対して、保育者を４人、５人にするための補助金を出している自治体が各地にあるからです。

　まず驚いたのは、比較の基準となる６対１の時の言葉かけが軒並み減少し、平均で見ると2019年の７割に過ぎなかった点です。前年同様、園は自主参加で、言葉かけに影響しうる要因はありません。参加園はどこも2019年の報告書を読んでいましたから、2020年は言葉かけが増えるとすら予想していました。ところが、子ども１人あたり10分間の言葉かけの数は2019年の平均31.5回に対して22.5回（71.4％）でした。

　唯一考えられた要因は、新型コロナウイルス感染症の世界的流行のために保育者が全員、常にマスクをして保育をしていたことです。マスクをしていると口を開きづらく、どうしても言葉が減ります。特に、各園が実験を行った2020年夏はこの感染症の原因などもまだはっきりわからず、保育者は自分や家族の感染、園の集団感染の恐怖におびえながら、それでも開所して保育をしなければならない状況に置かれていました。マスクによって物理的に、もしくは不安ゆえに心理的にも言葉が減った可能性は理解できます。

　2020年の子ども１人10分間あたりの言葉かけは、22.5回（６対１）に対して33.6回（４対１）と、４対１が統計学的に有意に多い結果でした。ですが、このままでは2019年の３対１と2020年の４対１を比較できないため、2020年のデータに0.7（上に書いた通り、2019年に比べて2020年は71.4％の言葉かけだった）の逆数1.4をかけて補正しました（４対１の33.6回を47.1回に補正）。この47.1回と比較しても、2019年の64.1回（３対１）は統計学的に有意に多く、３対１と４対１の差は無視できないことがわかりました。また、３対１、４対１、６対１の時の言葉かけはほぼ線型（直線）の関係であり、５対１であれば10分間あたり約40回と推計できました。

　もうひとつ、2019年同様に、同じグループ（テーブル）にいてもっとも多く言葉をかけられた子どもと一番かけられなかった子どもの差を見たところ、４対１では差が最大のグループで5.8倍、６対１では最大で13.3倍の差と、あいかわらずの大きさでした（2019年は、３対１の最大差4.6倍に対して６対１は最大差18.0倍）。

## 明らかな定義と根拠に基づく保育を

　本項をお読みになって、「（働いている園、子どもを預けている園は）１歳児の配置が６対１だから、保育の質が悪いのか？」と思った保育者、保護者の方もいると思います。私たちは「６対１では良い保育ができない」と言っているわけではありません。違います。保育士配置が３対１でも、たとえ１対１でも、保育者が１歳児に最適なかかわりの方法を知らないのでは無意味ですし、知識はあっても実際にしないのでは無意味です。逆に、現状の６対１でも、さまざまな方法で１歳児にとって良い保育をしている園はたくさんあります。たとえば、一斉の食事ではなく、子どもの生活リズムに合わせて食事時間を柔軟に設定し、保育者あたりの子どもの数を極力減らす方法は、小倉北ふれあい保育所も花園第二こども園も実践しています。

　けれども、「６対１でもできる」と言うことと「国の保育士配置は１歳児６対１でいい」と言うことは別です。もっと言えば、実験結果をもとに「３対１なら十分だ」と私たちが言っているわけでもないのです。「６対１でもできる園があるのだから、配置基準は６対１でいい」であれ、「何人いれば１歳児保育は足りるのか」であれ、それは保育や子育てを「効率」でしか見ない議論です。保育にも子育てにも不可欠なのは、効率ではありません。必要なのは余裕やゆとり、いえ、余裕どころか、おとなにとっては「ムダ」と感じられるようなことこそ、誕生したその時から子どもが「質」的に変化していく過程にはたくさん必要です。子どもの成長発達に「効率」を言い始めたら、子どもは育ちません。

　日本における保育システムの黎明期をご存知の各地の先生方に聞いても、日本の保育士配置基準には明確な根拠が見当たりません。そしていまや、「保育士のなり手がいないのだから、配置基準は増やせない」という逆転の論理まで出てくる始末です。自分で食事をできる、おとなしい１歳児が話しかけられることもなく食事時間を過ごしている証拠があっても、「今のままでいい」のでしょうか。

　私たちの実験は、子どもと保育者のかかわりがわかりやすい食事時間を対象にしましたが、同じことは保育全体に言えるでしょう。保育者はどの年齢でも足りません。おとなしく、手がかからないとみなされる子どもたちは一日じゅう、子どもたちだけで過ごしています（実際に見る姿です）。でも、身近なおとなによる十分なかかわり、助け、足場かけがなければ、どんな子どもも持って生まれた可能性を十分に伸ばしきることはできないのです。

「保育の質」という言葉の意味が人によって異なる、または同じであると数値で示した研究、国の保育士配置基準の課題を数値で検討した研究は、私たちが知る限りほぼありません。それは「保育の質」だけではなく、日本の保育や子育ての世界で漠然と使われているすべての言葉（概念）について言えます。社会をより良く変えるためには数値データ（証拠）が必須です。「保育の質」のみならず、「子育ての質」「支援の質」のような言葉も含め、明らかに定義をし、証拠を出し、証拠に基づいて進めていくことの大切さ、です。

※経済学上、保育は無形の商品を売る「サービス産業」に属する。俗に使われる「サービス」の意味ではない。
※※作業上の定義 operational definition：研究において、「ここでは、私たちはこれを○○と定義します。この定義に基づいて△△で測ります」と記述する、科学の第一歩。「作業上の定義」は日常にもたくさんあり、たとえば、「１センチはこの長さ」「１インチはこの長さ」という定義がなければ長さは測れず、センチで測ったのかインチで測ったのかがわからなければ、長さは比較できない。研究においては、作業上の定義をして初めて、他の研究データとの比較や知見の蓄積が可能になる。
※※※尺度に中点（真ん中の点。たとえば５点尺度の３点め）があると、東アジア文化の人は北米文化の人に比べて中点を選びやすいため[6]、中点のない６点尺度を用いる。また、日本語を使った尺度（「とても同意」「少し同意」など）は英語の尺度と異なり、尺度間の距離が同じとみなせないとわかっているため、日本語を両端にのみ使った尺度を用いている[7]。
※※※※たとえば、所得や給与の平均値は非常に高い額を得ている少数の人の値に影響され、一般の感覚よりも高くなる。そのため、平均値以外に「中央値」（すべてのデータ点を順番に並べた時の真ん中にある値）や「最頻値」（データ点がもっともたくさん集まっている値）なども見る必要がある。また、最初の実験のようにデータが散らばっている場合も平均値には意味がなくなるため、データのばらつきを示す標準偏差の値が重要。標準偏差の値は、平均値の両側の約68％の値が含まれる範囲を示し、値が大きいほどばらつきが大きい。
※※※※※信頼性 reliabilityとは、ある実験方法や介入方法が異なる対象集団に対してどの程度同じように使えるかを表す言葉。たとえば、「新潟県１歳児研究」の手法は、１歳児クラスにおいては信頼性が高いと考えられるが、５歳児クラスでは信頼性が低いと想定される。科学においては、信頼性と妥当性 validity が柱となる。妥当性は、その実験法や試験法が「測ろうとしているものを測っているか」の程度。信頼性も妥当性も、まず作業上の定義が明確でなければ保証できない。つまり、定義できないものは測ることができず、測ることができないものは、証拠を示すことができない。

1）髙木早智子他による研究論文. (2018).「家庭保育との比較性から見た保育の観察研究」、『保育科学研究』.
2）髙木早智子他による研究論文. (2019).「家庭保育との比較性から見た保育の観察に関する研究②」、『保育科学研究』.
3）新潟県私立保育園・認定こども園連盟による報告書. (2019).「１歳児の保育士配置の検討：３対１と６対１の比較」.
4）新潟県私立保育園・認定こども園連盟による報告書. (2020).「１歳児の保育士配置の検討（第２報）：４対１と６対１、３対１の比較及び関わり、見守りのシミュレーション」.
5）OECDによる記事. (2023). Early childhood education and care (ECEC)：A vital component of the family policy framework in OECD countries.
6）Chen, C. 他（米国）による研究論文. (1995). Response style and cross-cultural comparisons of rating scales among East Asian and North American students.
7）Smith, T.W.（米国）による学会発表 (2004). Methods for assessing and calibrating response scales across countries and language.

# 未就学児施設で
# 「してはいけないこと」は？

　前項で言葉かけの回数を取りあげました。最後に、保育現場における言葉の内容と、その考え方についてまとめます。言葉かけ以外の点も多少あります。

　未就学児施設は、子どもの成長発達を後押しする専門家が仕事として他人の子どもの命を預かり、育てる（支援をする）場です。その専門家が「してはいけないこと」は…。
　・暴力、暴言。差別や偏見、不勉強にもとづいた言動、行動（おとなに対しても）
　・乳幼児の心身の成長発達を妨げる言動、行動
　・乳幼児に精神的な傷を及ぼす言動、行動
　・乳幼児の心身の成長発達に必要な働きかけ、かかわりをしないこと
　暴力や暴言はもちろん、脅し、嘲笑、人格否定、行動の強要、あるいは報酬や罰の使用などがいけない理由は本書で示した通りです。こういったことさえしなければいい？　それでは本書が活かせません。基本となる考え方は以下の通りです。

## 1）子どもを「この文化の、おとなの心のものさし」で解釈していないか？
　未就学児保育・教育の場では、「子どもの心／思いを理解しましょう」という言葉が多用されます。「心」「思い」は実際のところ「脳」なので、生物学や脳科学がまず必須になりますが、乳幼児発達のカリキュラムにその分野は明示されていません。生き物としての違いをはっきり学ばないまま「心」へ行くと、「おとなの心」をものさしにしがちです。そして、おとなの心はその文化の価値観のもとで形づくられています[※]。
　乳幼児は全員、世界に興味を持ち、世界とかかわろうとしているだけです。けれども、ある行動がこの文化の価値観の中にいるおとなにとって「迷惑」で「困る」ものだと、たとえばそれを「いたずら」と名づけ、子どもを「悪い子」「手に負えない子」と呼び、「おとなの気をひきたいのか？」「落ち着かない」「まわりを気づかえない」と解釈して、対策（＝価値観に合った行動をするように変える方法）を考え始めます。反対にこの文化では、おとなが子どもたちに絵本を読んでいる間、静かに聞いていれば「学んでいる」と評価されたりもします。その子が明らかに部屋の壁面を見ていても。

本書をお読みいただければ、どちらの「解釈」も子どもの脳（＝心）の現実とはかけ離れており、効果がないばかりか有害ですらあるとおわかりでしょう。「子どもの心／思いの理解」とは、外から見える行動をおとなの価値観で解釈することではありません。

## 2）粗大運動、微細運動の発達の流れ、遊びのスキーマを無視していないか？

　ものをくりかえし投げる、食べ物で「遊ぶ」（この「遊ぶ」もおとなによる否定的な名づけ）、スプーンや箸を持てない、まっすぐ座っていられない…。保育現場で子ども、特に3歳未満児の「困った行動」と呼ばれるものの大部分は、遊びのスキーマを含む身体発達の流れ、目に見えない部分の発達に対する理解が不十分で、かつ、「小学校までに〜をできるようにしなければ」と考えるがゆえに生まれています。

　小倉北ふれあい保育所の取り組みのように、どれも0歳から積み重ねるものであり、未就学児施設だけでなく、家庭でも保護者が子どもと一緒にすべきものです。

## 3）子どもの認知スキル、非認知スキルの発達段階を無視していないか？

　4、5歳児も「心の理論」を持ち始めたばかりで、「自分」が世界の中心です。他人との比較はうまくできず、白か黒か、ゼロか百か、良いか悪いか、です。言葉は字義通りに受け取り、暗喩や皮肉、いやみの真意はほとんど理解できません（表情や声のトーンで、おとなの感情はわかるでしょう）。因果関係の理解もワーキング・メモリの発達も途上ですから、後になってくどくどとお説教をされても「なんのこと？」「怒られちゃった」と感じるだけ。

　自信を持ち始めた段階の子どもに「赤ちゃんみたい」と言う。「みんなはできるのに、〇〇さんはできないんだ。ダメだね」と嘲笑する。「言う通りにしないと鬼に食べられちゃうよ」「お母さんが迎えに来てくれないよ」と言う。こうした言葉を真に受けて恐怖を感じる子どももおり、主体としての意識が傷つく子どももいるでしょう。そもそも、おとなが伝えようとしている意味は伝わりません。無意味なだけでなく、有害です。

## 4）固定観念（ステレオタイプ）で見ていないか？　話していないか？

　性別、容姿、年齢、人種や民族にかかわる固定観念や偏見に基づいたことを言えば、その固定観念や偏見をさらに強め、言われた側は傷つき、言った人に対する信頼感を失います。「ほめ言葉ならいいのでは？」…、いいえ。たとえば「やせていて、きれい」が摂食障害を悪化させる場合もあります。誰かがほめられているのをまわりで聞いている「ほめられない」子どもたちは？　逆に、集団の中で誰かを怒ったりあざけったりしたら、まわ

りの子どもたちは？　固定観念や偏見で人を傷つけることが許されない社会も増えており、今の子どもたちはその世界の中で生きていくという現実を考えるべきです。

「言葉狩りだ！」「何も言えなくなる！」…、いいえ。丸めて表現せず、具体的な言葉にすれば、固定観念から自由で豊かな表現になります。38ページの左下に書いてある「名詞」「動詞」「形容詞」などを使い、「こそあど言葉」を使わない、の一例です。

例：×「○○ちゃん、それ、上手だね。女の子なのにかっこいいのを作るね！」
　　○「○○ちゃん。何を作っているの？　あ、ロケット！　出っ張ってるのは何？　エンジンか…。え、本で勉強したんだ。すごいね、先生にも教えて！！」。

## 5）声のトーンと内容は？

たとえば、赤ちゃんを抱きあげる時に「よっこいしょ」と口にしたら、「重い」というニュアンスを伝えてしまう？　いいえ。「よっこいしょ」を言わなければものは持ちあげられません。もちろん、うんざりした言い方（声のトーン）で「よっこいしょ。重いね！」と言うのか、明るく柔らかい声のトーンで言うのか、その違いは大切です。

かと言って、言葉がわかる月齢の子どもにも「○○ちゃん、体重、重いね！」と明るく柔らかく言えばいい…わけではありません。こちらは容姿に対する偏見の発露です。なぜか？　「△△ちゃん、体重、軽いね！」「□□ちゃん、体重、普通だね！」とは言わないからです。言われた子には意味がわからなくても、特定の子だけが言われる時点で（特に集団の中では）意味を持ってしまいます。

近い言い方に「大きくなったね」もありますが、こちらは偏見になりません。子どもは全員、大きくなるからです（大きくならない場合や、成長曲線が急に平坦になった／急なスパイクを示した時は専門医に相談を）。とは言っても、好きな子どもにだけ保育者が明るく声をかけるなら、言葉とは別に問題ですし、好きな子どもと嫌いな子どもで保育者の声のトーンが違うなら問題です。子どもは違いを感じとります。

一方、何かを真剣に伝えるべき時にニコニコ（ヘラヘラ）している人も見ますが、逆効果です。乳幼児にとっては表情や声のトーンのほうがわかりやすいため、言葉の内容にかかわらず笑顔を「かかわってくれている」と解釈するためです。日常、ニコニコと明るい声のトーンで子どもとかかわっていれば、まじめな表情と声のトーンに変えるだけで子どもには理解できるはずです。

続いて、園でよく目にするできごとから。すべて、本書の内容とつながります。

## 1)「そんなことをする／言うなんて、先生、〇〇ちゃんのこと、嫌い」

　した行動や言った言葉が良くないなら、「〜だから、やめなさい。〜のようにして／言って」と言うのは当然ですが、存在を全否定する言い方は絶対にしてはいけません。真に受ける子どももいますし、「有害な恥の感覚」（144ページ）にもつながりかねません。

　この文化ではおとなも、「注意された／アドバイスされた／議論になった。だから、私はあの人に嫌われた／あの人が嫌い」となりがちで、行動や言動についてお互いに言えない一因になっています。

## 2)「感情を切り替えられない子」「気分にムラのある子」

　子どもの脳はすさまじい勢いで毎日、変化しています。言葉という、自分の感情を自分でつかむ道具、つかんでコントロールする道具を学ぶ過程でもあります。感情的で当然、気分にムラがあってあたりまえ。「この子は感情的」というレッテル自体が、その子どもを見る色メガネ（＝偏見）になります。

　おとなでも感情的でない人はいませんし、ショックで感情が動いたら簡単には切り替えられません（コントロール・スキルや隠すスキルのうまいへたはあります）。そもそも、「〜さんは感情的」「女性は感情的」「〜さんは男のくせに感情的」…、このような言い方は偏見であると同時に、話題をそらして議論を封じる手段にもなります（声のトーンを攻撃対象にする tone argument、tone policing と呼ばれる）。

## 3)「気持ちに寄り添う」「気持ちを受けとめる」

　おとなは、言葉という大切な道具を子どもの脳にあげる役割を果たします。子どもだけで過ごしていたのでは、言葉は獲得できません。だからと言って、おとなが子どもに向かって一方的に話したり、本を読んだりしても効果は限られています。子ども主導のやりとりをおとなとすること。これが不可欠です。

　日本の場合、未就学児施設がこれを担おうとしても、今はきわめて困難です。「寄り添ってあげればよかった」「気持ちを受けとめてあげるべきだった」と保育者は言いますが、「どうやって？」という具体的な知識はこれまでほとんど存在せず、知識を得る場所も限られ、たとえ方法を知っていたとしても、今の職員配置や長時間保育では一人ひとりの子どもたちとのやりとりは難しいのが現状です。育児休暇が広がり、家庭で過ごす０歳児も増えている今、「３つのＴ」や「ソーシャル・アンサンブル」のような知識を家庭にも普

及することが必須です。

　そうは言っても、感情が揺れ動いた子どもに保育者が寄り添い、感情を受けとめて、子どもが感情を自分でつかみ、表現できるように促すことは大切です。「○○ちゃん、いやだったんだね」にもうひと言、たとえば「○○ちゃん、いやだったの？」、（子どもがうなずく）、「そうか。いやだったんだ。いやな時は『いや』って言っていいんだよ。言ってみようか」と足してみましょう。

### 4）「今は何の時間？」「みんなはどうしてる？」「その声の大きさはどうかな？」

　「心の理論」が育つ途中にある子どもたちにとって、こういった質問はまだ「？？？」です。でも、保育者の答えは決まっているわけですから、子どもにとっては「質問」ではなく「命令」。こうした命令に従える子どもは「空気を読める」「言う通りにできる」と評価されます。この文化のおとなの間にもみられ、「自分の考えを言う」「人の考えを聞く」「わからなければ尋ねる」といったスキルが育ちにくい土壌です。

　派生形に、「なんで泣くの？」「どうしてたたくの？」などがあります。言い方、声のトーンをよほど意識しても、問いかけではなく、「やめなさい」という意味になりがちです。

### 5）「かたづけて」「がまんして」「良い子にして」「じょうず」「えらい」

　こうした言葉が悪いわけではありません。あいまいな言葉で、子どもには「指示された」「叱られた」「ほめられた」以外の内容が伝わらないだけです。具体的な言葉で伝えましょう（先に書いた「ロケット」の例を参照）。

　また、子どもは模倣の生き物ですから、「かたづけて！」と急に言うより、おとなが徐々にかたづけ始め、次の活動の準備をし始めたほうが得策です。していたことを急にやめさせられて、いらだつ子どもも減らせます。保育者のいらだちも減ります。かたづけや次の準備を手伝い始めた子どもには、「えらいね」よりも「ありがとう」と。「ありがとう」には上下がありませんが、「えらい」などのほめ言葉には上下があるからです。

### 6）「危ない！　やめなさい」「ダメ！」

　「うわ！」と思えば、瞬発的に「やめて！」「ダメ！」と言いますし、それで子どもを止められるのなら意味はあります。子どもが車道へ飛び出しそうになったら「危ない！」と叫んで腕を引くでしょうし、結果、肘がはずれる（肘内障）こともあります。でも、緊急事態の後や、緊急ではない時、「やめなさい」「ダメ」と言うだけでは、子どもの脳に自分自身を止める道具（言葉）は入りません。「○○ちゃん、落ちたら痛いからやめて」「車に

ぶつかったらすごく痛いよ。必ず手をつないで渡ろう」、理由と代替案です※※。

　０〜１歳児のかみつきやひっかきも同様です。瞬間、子どもを引き離さなければならない場合もあり、「お友だちを噛まないで」と穏やかに伝えることも大事。ですが、この月齢はまだ「お友だち」を理解していませんし、噛んだりひっかいたりという行動自体、子どもの気質（＝動くものにパッと手を出すタイプ）由来です。つまり、この年齢の子どもたちに「思いやり」云々を言うより、気質とみなして反応のパターンを見つけるほうが予防にも役立ちます。保育者もいらだたないでしょう。

## 7）「楽しかった？」（閉じた質問）よりも「何が楽しかった？」（開かれた質問）

　「〜は楽しかった？」「うん！」よりも、「〜で何が楽しかった？」「（いろいろな答え）」のほうがやりとりの質が高いのは明白です。でも、未就学児施設の現状で「開かれた質問」のやりとりをできるかというと…。

## 8）「自分の保育が間違っていたのか？」「自分が育てられた方法で、子どもを育ててはいけないのか？」

　成長発達の科学、なかでも脳科学が特に進んだ過去20年間、日本の保育・教育は「質より量」の政策のもと、新しい知見をほとんど入れてこなかったのです。本書のような内容を現場に活かせる形で紹介する場も、日本にほぼありません。

　私たちが子どもだった頃、本書のような知見はもちろんありませんでした。けれども、デジタル機器は皆無で、子どものまわりには保護者以外にも誰かしらおとながいました。一方、今は、子どもが持って生まれた可能性を以前よりもずっと引き出せるはずの知識がたくさんあります。保育時間の長さも保育者の不足もデジタル機器の扱いもおとなの働き方も、社会の取り組みようで変えられるはずです。

　新しい情報を得てどうするのか。私もあなたも社会も、選ぶことができます。

---

※掛札は社会心理学の中でも健康や安全など、人間の認知バイアス（ものの見方の歪み）が強く働く分野を専門にしており、文化差にも詳しいので、このように書いています。
※※「死」の概念を子どもがおとな同様に理解するのは、10歳頃です[1]。特に、「死んだら二度と戻ってこない」という概念をわかっていない子どもたちに「そんなことしたら死んじゃうよ！」と言っても、命は守れません。

1）Speece, M.W.（米国）によるレビュー論文. (1995). Children's concepts of death.

この項の参考資料：『改訂 保育者の関わりの理論と実践:保育の専門性に基づいて』（2021年）、『保育内容 ５領域の展開:保育の専門性に基づいて』（2022年。いずれも高山静子著）

## おわりに：著者３人から

掛札逸美

　本書は「お母さん、もっとがんばれ！」「保育士さん、もっとがんばれ！」という本ではありません。生まれた瞬間から懸命に育とうとしている小さな人間たちが、今からほんの数十年先、「いい世界で育ててもらえたなあ。今の子どもたちにもいい世界で育ってほしいな。もっといい世界にしよう！」と思える、そんな世界をつくるため、今、すべてのおとなにできることがある、という本です。その世界は誰にとっても生きやすい世界のはずです、子どもがいようといまいと（私にはいません）。

　年々、いわゆる「気になる子」が未就学児施設で増え、保育者はその子たちから目を離せない。そして、「手がかからない子」は子どもたちだけで過ごしている。安全チェックでうかがった数百の園のあちこちで目にした光景です。「これで子どもは育つの？」…、2015年、疑問に答えてくれたのが『3000万語の格差』でした。子どもが持って生まれた可能性を引き出すのは、身近なおとなとのやりとり。特別な教育もお金も要らない。でも、保護者にも保育者にも時間がない。お金がない。知識がない。米国も同様。サスキンド博士がその後、『ペアレント・ネイション』を書いた理由です。
　この２冊を訳した者として「とにかくまずは、情報を新しくしなければ！」…、そう思って作り始めたのが本書です。乳幼児をめぐる科学は進歩が著しく、ほぼ毎月、新しい発見（論文）が出、どれも現実に役立ちます。でも、日本語にはなっていない。知らなければ変わることも変えることもできないのですから、最初の一歩は知識です。生まれた瞬間から始まる１秒、１分が脳に及ぼす変化を知ると、たとえば、電車の中で泣いている赤ちゃんに対する認識ひとつを取っても大きく変わります（私は変わりました）。

　乳幼児という、生物学的にも社会的にもきわめて弱い立場にいる人たちが十分に育つ権利を享受できる社会、乳幼児を育てる主たる立場にいる人たち（保護者、保育者）が自己犠牲を払わずに重要な責務を担える社会をつくるには、働き方や教育など、あらゆる側面を変えていく必要があります。「育ちたいんだから、手伝って！」と言いながら生まれてくる赤ちゃんの声は、変化を後押しするはずです。
　未就学児施設の安全にかかわるまで、乳幼児になど興味のかけらもなかった私に「０歳児も１歳児もすごいね！」と気づくきっかけをくれた日本じゅうの保育園の子どもたちみんなに、ありがとう。

酒井初惠

　ある日の保育室。１歳２か月児さん。床を足指でしっかりとらえて、すっくと立ちあがり、体を前後左右に揺らしながら危なっかしい足取り、しかし、絶妙なバランスを保ちながら、名前を呼び続ける私のほうへ歩いてきます。満面の笑顔かと思えば口を固く閉じた真顔。ころころと表情を変えながら、一歩一歩。私は笑顔で手を広げながら、ここまで１年２か月、確実に育ってきたさまざまな力が、今まさに現れていることを実感します。保育者冥利につきる一瞬です。

　子どもの育ちに立ち会うことができるから、保育者をやめられないのです。

　今回、私は保護者の次に子どもの近くにいる専門職として、世の中のおとなに、「子どもは小さなおとなではない、子どもを知ってほしい。理解してほしい」といった気持ちで、保育所の仲間とともにこの本に取り組みました。そして、多くの子どもたちと保護者の皆さんの協力をいただきました。

　保育に携わる日々は楽しいことばかりではありません。私たち保育者は、真摯に子どもと向かいあうほど、子どもの行動の理解に苦しむこともあります。でも、この本には子育てに関わるすべての人を満足させる、たくさんの応えと答えがあります。保育者にもきっと、「え！　知らなかった、そうだったの？　習ったことと違う！」という新しい発見があります。長年求めていた、「なるほど！　そうだったのか」もあります。「そうだったのか！」を実際の保育につなげるヒントも多くあります。私たちが実践のなかで培ってきた知恵が見えるように工夫もしました。

　子どもが自分の人生を自分で選び、粘り強く生き抜くため、根拠に基づいた援助を行うのが保育者の仕事です。まずは子どもが自分で考え、動けるように、好きなように、したいようにさせてみてください（安全な環境の中で）。そして、よく観察してください。子どもの行動にはすべて意味があり、何ひとつとして無駄な行動はないとわかります。すると、子どもをもっと知りたい、もっと支えたいと感じるようになります。

　子どもの成長は待ったなしです。この本を通して、保育に携わる全国の仲間がつながり、手をつなぎ、日本の保育を変えていくことを期待しています。ともに学び、実践する仲間がいることも忘れないでください。

　今や子どもは保護者だけ、保育者だけで育てるものではなく、すべてのおとなが子どもを理解し、愛し、大切に育てていかなくてはならない時代となりました。この本が一人でも多くの人々に届くことを願っています。

髙木早智子

　雨上がりの園庭に大きな水たまりができていることが、私たちの園ではちょくちょくあります。たとえば、真夏の夕立が通り過ぎた後、ちょうどお迎えの時間だったりすると、子どもは保護者さんたちの制止を振り切り、水たまりへ突進していきます。保護者さん（主にお母さん）の「やめてぇ～！　入らないでぇ～！　長靴もはいてないのにぃぃぃぃ～～！」の叫び声を聞くたびに、人の悪い!?園長（私のことです）は保護者さんの横へ行って、「いいですか、お母さん。水たまりに堂々と入れるのは今だけです。そのうちに入らなくなりますから。18歳になっても入っているようでしたら、私が責任をもってお子さんを全力で止めますので」と朗らかに言い放ちます。すると保護者さんも苦笑いをしながら、「そうですね…、今だけですもんね」としぶしぶ!?納得なさいます。

　この「今だけ」というのが0～5歳の子どもの育ちにとってとても重要であることは、この本をお読みの方々にはおわかりいただけることと思います。皆さんも思い返してみてください。昔は平気で虫をつかんでいたのに、今、躊躇なくつかめますか？　昔はずーっとアリの行列を見つめていても飽きなかったのに、今、真剣に見ていられますか？　私たちおとなは忘れてしまったかもしれませんが、あの時の興味関心、好奇心が今の私たちの基礎をつくったのだと言っても過言ではありません。目の前にいる子どもたちは、まさにその「今だけ」を生きているのです。

　一人の親としても、我が子の就学前の頃のかわいさは格別でした。私はもともと小さい子どもが好きではありますが、特に我が子の0、1、2歳の頃は毎日、「かわいい」の大洪水だったように思います。もちろん、24時間365日、この3年間には大変な時もありました。産んだことをちらっと後悔した瞬間もありました。けれども今、我が子が成人して、自分の人生を自分で歩き出した後、私に残されたのは、あの時に感じていた「愛おしさ」の記憶でした。「子どもは、産んでもらった恩を3年で返す」とどこかで聞いたことがあります。きっと産まれて最初の3年間のことなんだろうな、としみじみと実感しています。

　私たちが精いっぱい手をかけなくてはならない「子育て」は、どこかで必ず終わります。そして、その時代に戻りたいと思っても、子どもの時間も、私たちの時間も、二度と戻すことはできないのです。「今だけ」を生きている子どもたちにあなたが向き合っておられるならば、どうぞその時間を存分に楽しんで、愛おしんで、と切に願います。

掛札逸美：1964年生まれ。健診団体広報室勤務後、コロラド州立大学大学院に留学。2008年、心理学博士号取得（応用社会心理学／健康心理学）。2013年、保育の安全研究・教育センター設立。『保育者のための「ハザード」教室：子どもの「危ない！」の見つけ方・伝え方』（共著）、『ペアレント・ネイション：親と保育者だけに子育てを押しつけない社会のつくり方』（訳）等。https://kodomoinfo.org

酒井初惠：1961年生まれ。看護学修士（浜松医科大学大学院）。幼稚園教諭を経て、1999年、社会福祉法人正善寺福祉会小倉北ふれあい保育所（夜間部）主任保育士、現在に至る。養成校等で後進の指導にもあたる。『育児担当制による乳児保育 実践編』（西村真実、2021）に実践紹介、『子ども中心の実践に学ぶ保育内容総論』（共著、2023）等。

髙木早智子：1969年生まれ。民間企業勤務を経て、1998年、社会福祉法人花園福祉会入職。2002年、花園第二保育園（現・幼保連携認定こども園花園第二こども園）園長就任、現在に至る。「Nobody's Perfect～完璧な親なんていない！」NP-JAPAN認定ファシリテーター。2級キャリアコンサルティング技能士。国家資格キャリアコンサルタント。産業カウンセラー。

---

表紙と本文の写真はすべて、小倉北ふれあい保育所と花園第二こども園の子どもたちと職員。保護者に使用許可は得ていますが、子ども自身の許可は得られないため、目の部分を薄くぼかしてあります。

本文イラスト：柚木ミサト
英語の人名をカタカナ読みに変換：Kiyo & James

---

保育も子育ても新しく！
## 21世紀の証拠に基づく「子ども育て」の本

令和 7 年 1 月 9 日　第 1 刷発行
令和 7 年 5 月30日　第 4 刷発行

著　者　掛札逸美、酒井初惠、髙木早智子
発　行　株式会社 **ぎょうせい**

〒136-8575　東京都江東区新木場1-18-11
URL：https://gyosei.jp

フリーコール　0120-953-431
ぎょうせい　お問い合わせ　検索　https://gyosei.jp/inquiry/

〈検印省略〉

印刷　ぎょうせいデジタル株式会社　　　　　　　©2025 Printed in Japan
※乱丁・落丁本は、お取り替えいたします。

ISBN978-4-324-11478-0
（5108983-00-000）
〔略号：子ども育ての本〕